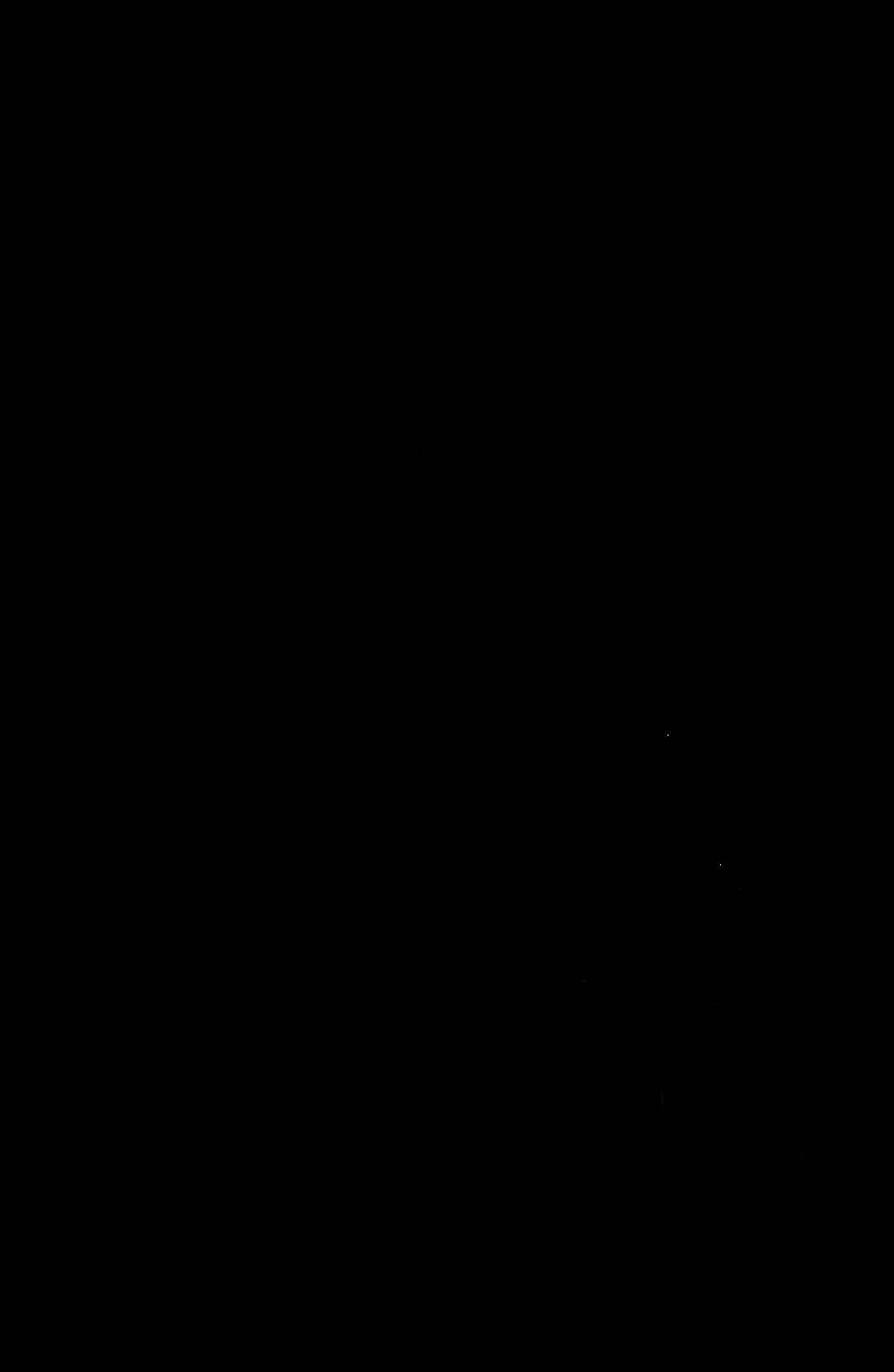

현자의 돌을 찾아서 3

연금술의 탄생

나남
nanam

한국연구재단 학술명저번역총서
서양편 467

현자의 돌을 찾아서 3
연금술의 탄생

2025년 10월 25일 초판 발행
2025년 10월 25일 초판 1쇄

지은이　　한스 베르너 쉬트
옮긴이　　이필렬·박진희
발행자　　趙相浩
발행처　　(주)나남
주소　　　10881 경기도 파주시 회동길 193
대표전화　(031) 955-4601
FAX　　　(031) 955-4555
등록　　　제1-71호(1979.5.12.)
홈페이지　http://www.nanam.net
전자우편　post@nanam.net

ISBN　　　978-89-300-4215-4
　　　　　978-89-300-8215-0 (세트)

책값은 뒤표지에 있습니다.

이 책은 2005년 대한민국 교육부와 한국연구재단이 우리 시대 기초학문의 부흥을
위해 펼치는 학술명저번역사업의 지원을 받은 책입니다 (2005-035-H00002).

한국연구재단
학술명저번역총서
467

현자의 돌을 찾아서 3

연금술의 탄생

한스 베르너 쉬트 지음

이필렬·박진희 옮김

AUF DER SUCHE NACH DEM STEIN DER WEISEN
ⓒ Verlag C.H.Beck oHG, München 2000
All rights reserved.

Korean translation copyright ⓒ 2025 by Nanam Publishing House, Paju
Korean translation rights arranged with Verlag C.H.Beck oHG
through EYA Co.,Ltd

이 책의 한국어판 저작권은 EYA Co.,Ltd를 통해 Verlag C.H.Beck oHG와 독점 계약한
한국연구재단 및 나남출판사가 소유합니다.
저작권법에 의하여 한국 내에서 보호를 받는 저작물이므로 무단 전재 및 복제를 금합니다.

현자의 돌을 찾아서 3
연금술의 탄생

차례

3장 수도원 그리고 그 밖의 다른 곳에서

1. 중세 초기: 비잔티움과 유럽 13
2. 화학적-기술적 문헌들 15
3. 중세 성기로 이어 주는 교량 21
4. 또다시 번역 29
5. 라틴 연금술의 분위기 40
6. 알베르투스 마그누스 43
7. 토마스 아퀴나스 47
8. 로저 베이컨 61
9. 아르날두스 데 빌라노바 66
10. 라이문두스 룰루스 74
11. 요한네스 데 루페스키사 81
12. 중세의 실험실 92
13. 화학 작업들 99
14. 새로운 연금술 물질들 116
15. 전문 문헌 120
16. 골칫거리 전통 131
17. 게베르 145
18. 플라멜 170
19. 연금술에서의 상징들 192
20. 돌 204
21. … 그리고 그의 기초 218
22. 연금술사의 성격묘사 222
23. 성 삼위일체 232
24. 아르스인가 스키엔티아인가? 244
25. 연금술사들과 사회의 다른 적들 251
26. 연금술에서의 그림 267
27. 예술과 연금술 289

원주 317
지은이 · 옮긴이 소개 327

현자의 돌을 찾아서 1
연금술의 탄생

옮긴이 머리말
머리말

1장 피라미드의 그림자 속에서
1. 찾아서
2. 궁전, 신전 그리고 박물관: 알렉산드리아
3. 연금술사의 실험실
4. 사원과 수공업
5. 두 개의 파피루스
6. 기둥 속의 금언
7. 표준제법
8. 테이온 히도르
9. 마지막 발걸음
10. 표준제법에서 표준이란 무엇인가?
11. 거장 아리스토텔레스
12. 스토아학파와 연금술
13. 조시모스의 편지
14. 조시모스의 꿈
15. 비교숭배
16. 창조의 신: 프타
17. 세 제국에 있는 신: 헤르메스
18. 그리스도교와 그노시스
19. 이집트의 연금술사들

옮긴이 해제
원주
지은이 · 옮긴이 소개

현자의 돌을 찾아서 2
연금술의 탄생

1장 피라미드의 그림자 속에서(계속)
20. 데모크리토스
21. 마리아
22. 클레오파트라와 이시스
23. 아가토다이몬
24. 시네시오스
25. 올림피오도로스
26. 연금술의 언어패턴
27. 연금술과 비잔티움 사람들

2장 낯선 세계에서
1. 승리와 파탄: 이슬람과 정복전쟁
2. 문화의 전달
3. 시리아의 연금술
4. 《카우사 카우사룸》과 황-수은 이론
5. 번역의 영광과 빈궁
6. 왕자와 수도승
7. 칼리드와 아랍 연금술의 자아상
8. 연금술에서 '알'(Al)
9. 바그다드와 이스마일파의 꿈
10. 자비르의 연금술 이론
11. 콘스탄티노폴리스에서의 모험
12. 자비르의 실험실 작업
13. 자비르의 철학
14. 두 개의 판
15. 순수의 형제회
16. 아르-라지
17. 연금술의 그림자들
18. 현자의 길
19. 외적 연금술과 위백양(魏伯陽)의 개
20. 금욕주의자와 연금술사
21. 철학자들의 총회
22. 신사들의 동업조합

원주
지은이 · 옮긴이 소개

현자의 돌을 찾아서 4
연금술의 탄생

4장 유럽의 새로운 세계에서
1. 근대와 헤르메스주의
2. 카발라
3. 구원의 역사
4. 시간과 연금술
5. 파라셀수스
6. 장미십자회단
7. 연금술사와 의화학자
8. 연금술 대가이면서 비연금술 대가: 판 헬몬트
9. 경험과 실험
10. 천문학자: 티코 브라헤
11. … 그리고 천체물리학자: 뉴턴
12. 사기꾼들
13. … 그리고 화학자
14. 괴테와 숙녀 폰 클레텐베르크
15. 혼란에 빠진 학생
16. '자기'를 찾아서
17. 분석심리학에 던지는 세 가지 물음
18. 화학과 연금술
19. 수수께끼와 비밀
20. 낭만주의로서의 연금술, 연금술로서의 낭만주의

반드시 필요한 저자 후기
원주
참고문헌
찾아보기
지은이·옮긴이 소개

일러두기

1. 이 책은 한스 베르너 쉬트가 저술하고 독일 뮌헨의 벡(C. H. Beck)출판사에서 2000년에 출간한 *Auf der Suche nach dem Stein der Weisen: Die Geschichte der Alchemie*를 번역한 것이다.
2. 외래어 표기는 대체로 국립국어원의 외래어 표기법과 용례를 따랐다. 또한 독일식으로 표기된 고유 명사는 가능한 한 본래 명칭으로 바꾸었다. 그러나 원서에 라틴어 이름으로 표기되었고, 그것이 낫다고 여겨질 경우 그대로 표기했다(예: '라몬 유이' 대신 '라이문두스 룰루스').
3. 원주는 미주로, 옮긴이 주는 각주로 처리했다.

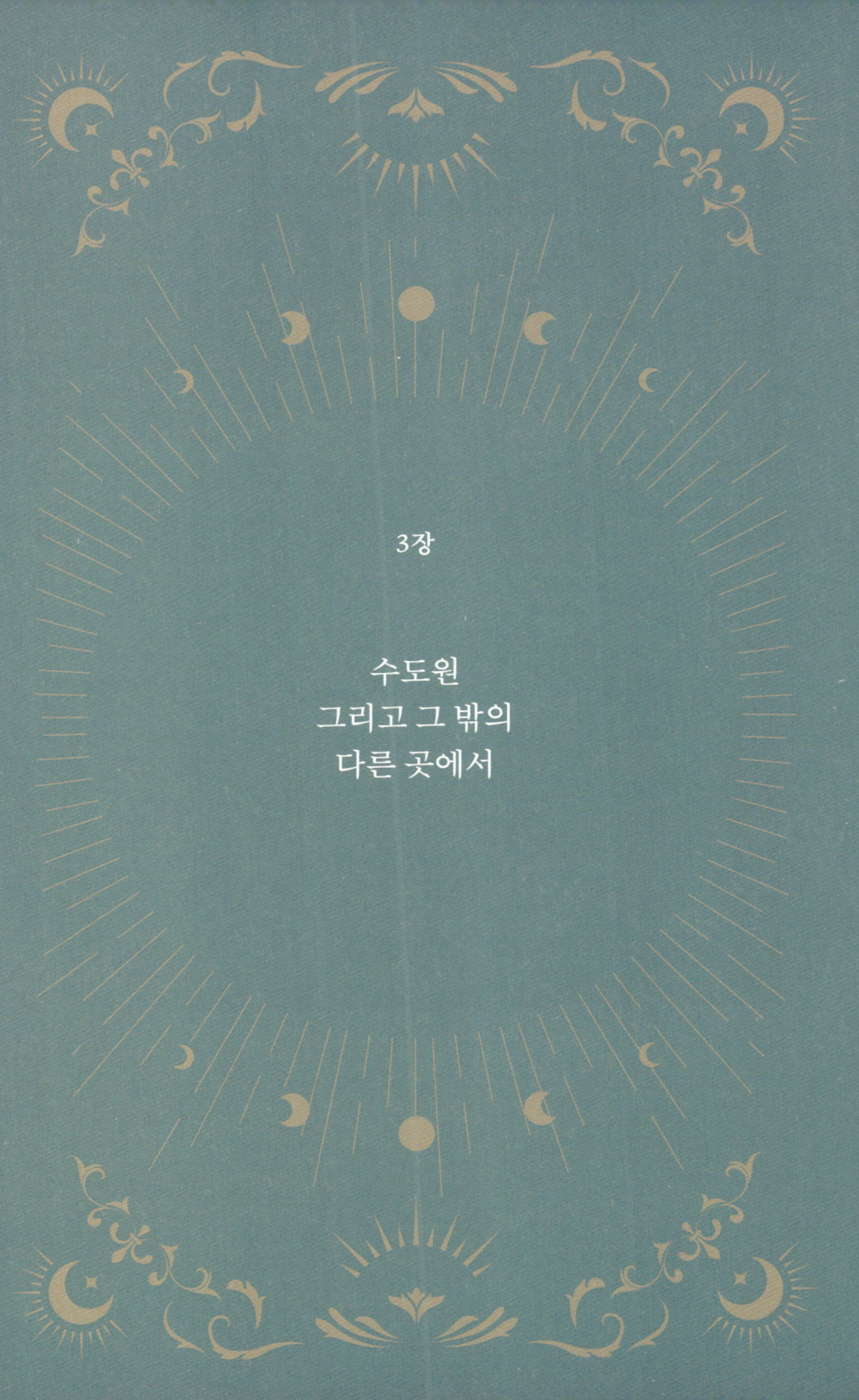

3장

수도원
그리고 그 밖의
다른 곳에서

플라스크를 든 철학자. 살로몬 트리스모신, 《스플렌도르 솔리스》, 16세기, 영국 국립도서관

1. 중세 초기: 비잔티움과 유럽

바그다드에서 톨레도로 가는 길은 물론 브레멘을 거치지는 않는다. 그러나 유럽 연금술의 원천을 찾는 도정에서 우리는 아주 작은 물방울이라도 소홀히 다루어서는 안 되며, 그렇기 때문에 수도사 아담이 그의 아달베르트 폰 브레멘(Adalbert von Bremen) 전기에서 우리에게 이야기해 주는 하찮은 개천도 그냥 지나쳐서는 안 된다.

아달베르트는 1054년부터 1072년까지 브레멘의 대주교였을 뿐만 아니라 유럽 북부 전체의 교황 대리자였으며, 따라서 몇 개의 교회, 오두막, 목조 창고를 목책성(木柵城)이 둘러싸고 있었을 것 같은 도시의 영적 주인이기도 했다. 1100년 직후에 아담에 의해서 작성된 이 유명한 교회 지도자의 삶의 기록에는 유럽이 비잔티움의 연금술과 접촉했다는 암시를 주는 언급이 있다. 거기에는 대주교가 '파울루스'라는 그리스 출신의 침례 받은 유대인을 궁정에서 맞이했는데, 그가 자신이 구리를 가지고 순금을 만드는 예술에 능하다고 주장했다는 말이 나온다. 대주교는 즉각 도덕적 고민 또는 그 밖의 다른 고민 없이 이 팔방미인의 꾐에 빠졌던 것 같다.

브레멘에서 일어난 작은 금 만들기 이야기가 그것 말고는 아무것도 말해 주지 않는 것처럼 보인다고 해도, 다음 두 개의 추측을 가능하게 해 줄 만큼 충분히 광범위한 내용을 담고 있다. 하나는 서유럽 연금술의 연륜과 관련된 것이고, 또 하나는 비잔티움 문화가 로마-가톨릭 유럽에 미친 영향과 관련된 것이다.

아담이 연금술적 측면에서 볼 때 꽤나 하찮은 비잔티움 출신의 이 사람을 비난할 만할 뿐 아니라 무엇보다도 언급할 만하다고 보았다는 점은, 그가 연금술사 패거리를 전혀 모르고 있었음을 드러낸다. 확실히 라틴 연금술은 중세 전체의 현상은 아니었다. 우리는 중세 성기(盛期)와 후기에 가서야 서양 연금술에 대해서 이야기할 수 있게 된다. 이에 대해서는 물론 설명이 필요하다. 그러나 이 설명은 우리가 연금술사와 연금술이 존재할 수 있었던 문화의 '상태'에 관해서 더 많이 알고 있을 때에 가서 시도해야 하는 것이다.

두 번째 추측은 파울루스의 출신과 관련된 것이다. 테오파노(Theophano) 여황 또는 그녀의 아들 오토 3세가 그를 자기 어머니의 고향으로부터 오도록 했을까? 아마 후자가 더 가능성이 있을 것이다. 그리고 이는 그리스의 교양이 라틴 서양의 비교적 조야한 문화와의 수줍은 접촉을 보여 주는 표시로도 볼 수 있을 것이다.

2. 화학적-기술적 문헌들

우리는 약간의 노력을 통해서 비잔티움이 알프스 북쪽에서도 외교 부문에서만 알려져 있었던 것은 아니라는 점을 보여 주는 두 번째 지표 — 물론 이름 하나로만 이루어진 — 를 끌어낼 수 있다. 유명한 제조법 모음집인 《다양한 예술에 관한 소책자》(Schedula diversarum artium)는 11세기나 12세기에 신부이면서 동시에 공예가였던 인물에 의해서 정리되었는데, 그는 아마 카셀(Kassel) 부근의 헬마스하우젠(Helmarshausen) 수도원 출신의 로거(Roger)라는 소박한 독일 수도사였을 것이다. 그런데도 그는 자기 자신을 테오필로스 프레스비테르(Theophilos Presbyter)라고 불렀는데, 이 예명은 어떤 지혜 — 의도하지 않은 것이 확실한 — 를 포함하고 있다. 왜냐하면 《소책자》(Schedula)는, 우리가 이미 두 개의 이집트 파피루스로부터 알고 있듯이 이론은 별로 없는 수작업적-기술적 제조법 모음에 속하는 것이기 때문이다. 이러한 종류의 모음 또는 적어도 이 저작 속의 많은 제법들은 아마 지중해 동쪽 구역에서 유래한 고대 후기의 더 오래된 원천으로부터 끄집어내 졌을 것이다. 그 이유는 황제시대의 공예작업은 로마 제국의 서쪽에서도 거의 예외 없이 그리스인이나 동방인의 것이었기 때문이다.

이 그리스인들의 지식은 대부분 직접 전수되었던 것처럼 보인다. 그런 까닭에 그전에도 그랬듯이 서로마 제국의 폐허 속에서 일어난 민족 이동의 폭풍 속에서도 유용하고 견고한 상태로 손상되지 않고 살아남았던 것이다. 게다가 유리채색 같은 특수 수작업은 중세에도 동쪽으로부터 온 것처럼 보인다. 중세의 제조법 모음이 파피루스와 구분되는 점은 무엇보다도 거기에서는 공예작업이 근본적으로 '위조의 의도' 없이 핵심 관심사로 다루어지고 있다는 것이다. 그렇지만 이는 대용 물질에 대한 이야기가 나오지 않는다는 것을 의미하지는 않는다.

8세기에 쓰인 〈모자이크의 색에 관하여 …〉(*Compositiones ad tingenda musiva* …)라는 소논문, 게다가 《금을 만드는 지침에 관한 열쇠 …》(*Mappae calvicula de efficiendo auro* …)라는 편찬서(10세기 또는 12세기), 그리고 《로마인의 색과 예술에 관하여》(*De coloribus et artibus Romanorum*)라는 모음집(10세기 또는 12/13세기)은 이에 대한 좋은 사례이다. 첫 번째 필사본에서 다루어지는 핵심 내용은 무엇보다 귀금속의 공예기술적 가공이다. 그러나 금은 없는데 교회나 세속의 주문자가 어떤 아름다운 것을 모조리 금으로 치장하고 싶어 하면, 사람들은 황 화합물로 처리했을 때 황금색으로 채색된 것처럼 보이는 구리박편을 대용물로 썼다. 또는 사프란, 웅황, 켈리도니움(*Chelidonium*)을 섞어서 만든 니스 — 이에 대해서는 〈레이던 파피루스〉에서 이미 언급되었는데 — 를 씌운 주석호일을 대용물로 사용했다. 켈리도니움은 애기똥풀(*Schöllkraut*) 즙 또는 그와 비슷한 것이다.

우리가 화학적 제법(製法) 모음집의 특징은 무엇보다 그리스 원전에 바탕을 두고 있고 놀랍도록 냉철하다고 주장한다면 이 주장은 그런대로 정당할 수 있지만, 그렇다고 해서 — 다행스럽게도 — 일탈자들이 존재하지 않았음을 의미하지는 않는다. 우리는 《소책자》에서 적어도 두 명의 이러한 '일탈자'를 만날 수 있을 것이다.

테오필로스는 그의 저작 중간쯤 — *Libers tertius*, Capites XLVIII et

XVIX(세 번째 책 48장 및 26장?) — 에서 금을 제조하는 두 가지 방법에 대해서 기술하고 있는데, 그중 하나는 '스페인의 금'과 관련된 것이다. 여기서 '스페인'은 아랍인을 의미하지, 비잔티움인을 의미하지 않는다. 그가 비잔티움 사람을 "이 예술 분야에서 크게 주목받을 만한 경험을 쌓은 이방인"(Theob. 97)이라고[1] 부르지는 않을 것이기 때문이다.

이는 충분히 주목할 만한 것이다. 그러나 더 주목할 만한 것은 테오필로스의 보고에 담긴 다음과 같은 내용이다. 페리티아(Peritia)는 무엇보다도 바실리스크[2] 사육이라는 고귀한 예술과 관련된 것으로, 그 효용은 오늘날의 우리에게도 명백한데, 왜냐하면 바실리스크는 금 제조를 위해서 유용할 뿐만 아니라 논쟁을 종료시키는 데도 유용하기 때문이다. 이를 위해서 필요한 것은 단지 적당한 자리에 있는 바실리스크와 적절한 순간이다.

이 순간이 오면, 예를 들어서 우리가 육체적 탈진 상태에 가까워지면 바실리스크를 우리 웃옷 주머니나 손가방에서 조심스럽게 꺼내면 된다. 그러면 우리 눈길이 가능한 한 먼 곳을 응시하는 동안, 바실리스크가 그전에 우리가 설득하려고 했던 고집에 찬 토론 상대를 강한 설득력을 가지고 바라보는 것이다. 이로써 토론은 그냥 끝이 나고, 그 동안에 우리의 적수는 아주 갑자기 그가 항상 되고 싶어 했을지 모르는 것, 즉 스스로 기념물이 된다. 바실리스크의 눈길이 살아 있는 사

---

1 Theob.는 Theobald의 약어이다.
2 바실리스크는 사람을 노려봄으로써 죽인다는 전설의 뱀이다.

람, 그렇기에 지껄이고 있는 사람을 돌로 변환해 버리기 때문이다. 그런데 부부싸움에서 바실리스크는 소용이 없다. 왜냐하면 그것이 거울 속을 들여다보면 스스로 죽기 때문이다. 반면에 그것은 가정 경제를 개선하는 데 아주 큰 도움이 되는데, 바실리스크는 글자 그대로 금으로 변환될 수 있기 때문이다.

그러기 위해서는 물론 그것을 먼저 소유해야 한다. 그것도 제대로 도움을 얻으려면 여러 개를 소유해야 한다. 그런데 바실리스크를 자유 시장에서 구하는 것은 쉽지 않은데 이는 충분한 이유가 있다. 그렇기 때문에, 사람들은 그것을 스스로 길러야 한다. 이는 테오필로스가 우리에게 이야기하듯이 다음과 같은 방식으로 이루어진다.

완전히 돌로만 이루어진 땅속 집에 늙은 닭 두 마리를 가두고 먹을 것을 풍부하게 준다. 이 닭들이 짝짓기를 해서 알을 낳는데, 알은 두꺼비를 통해서 부화시킨다. 바실리스크들은 이것들로부터 용의 꼬리를 지닌 병아리의 형상을 지니고 나타난다. 6개월 후에 그것들을 불태운 후 곱게 갈아서 가루로 만든다. 바실리스크 가루를 빨강머리 인간의 피와 아주 신 식초와 함께 섞어서 죽처럼 만든다. 이 혼합물을 얇고 작은 구리판 양쪽에 바른다. 이 판을 백열할 때까지 가열한 다음, 그것을 혼합물의 일부분을 가지고 끈다. 그리고 이 작업을 혼합물이 구리 속으로 뚫고 들어가서 금의 무게와 색을 갖게 될 때까지 계속한다. 테오필로스는 바실리스크-금이 "모든 작업에 사용될 수 있다"고 분명하게 말한다.(Theob. 98)

마찬가지로 스페인에서 나온 또 다른 금은 아주 다른, 똑같이 환상으로 가득한 방식으로 얻어졌다. 이에 따르면 특정한 모래를 수은과 뒤섞은 후, 이때 생겨난 죽 같은 것은 쏟아 내고 액체는 아주 고운 천으로 압착한다. 이때 금이 남는데, 이것을 용융도가니 속에 넣고 녹인다.

　우리가 이 모든 것을 편견 없이 바라본다면, 바실리스크 제법이 더 그럴듯하게 보일까, 아니면 아말감 제법이 더 그럴듯하게 보일까? 그렇지만 우리가 먼 동쪽 어딘가에서 제후에게 금화를 내놓는 나귀 동화를 꾸며 내서 믿게 만든 탐험가의 일화를 생각한다면, '편견 없이'란, 그리고 '쉽게 믿음'이란 무엇을 의미하는가? 하물며 그 제후가 반대로 탐험가에게 궁둥이에서 실을 뽑아내는 지렁이 이야기를 꾸며 냈을 때, 그가 물론 그 이야기를 믿지 않으려 했고, 그럼으로써 명주 제조의 발견을 놓치고 말았다면 말이다.
　그 밖에 바실리스크-이야기 속에는 테오필로스가 알아채지 못한 화학적-연금술적 핵심 내용이 숨어 있을 가능성도 있다. 바실리스크 재는 산화 아연을 의미할 수도 있을 것이다. 그렇다면 스페인의 금은 황동 이외의 다른 어떤 것도 아닐 것이고, 닭과 두꺼비 이야기는 모두 의식적 헛소리일 것이다. 만일 그렇지 않다면 그 이야기는 외부인에게는 비밀을 숨기고 그러면서도 선택받은 자들에게는 올바른 상상을 하도록 하려는 목적을 지닌 암호화된 말들을 포함하고 있을 것이다. 닭의 알은 연금술사들의 현자의 알 ― 그 속에서 금이 부화되는 ― 을 연상시킨다. 더군다나 인공적 진주는 때때로 비둘기나 닭에게 먹여서 정화시키기도 하지 않았던가. 그리고 바실리스크와 빨강머리 인간의 피도 연금술 제법에서 반복적으로 등장하는 인기 암호명이다.

바실리스코스(*Basiliskos*)라는 단어는 '작은 왕'을 의미하는데, 실제로 사람들은 바실리스크가 그 못생긴 머리 위에 순금으로 된 작은 왕관을 쓰고 있다고 믿었다. 그리고 레굴루스(Regulus)[3]가 그리스인들로부터 라틴 사람들에게로 넘어갔을 때, 바실리스크는 완전히 금으로 이루어져 있었다. 그런데 레굴루스는 금 합금을 도가니에서 태울 때 남는 금 구슬에 대한 명칭이었다. 빨강머리 인간의 피도 이와 유사하게 애매모호한, 그리고 그렇기 때문에 진짜인 상징이다. 그에게서 붉은색은 말하자면 이중으로 나타나는데, 이것은 아마 변환시키는 엘릭시에르를 희미하게 그러나 상당히 암시하는 것 같다.

그러므로 바실리스크-금을 얻기 위한 제법은 스페인의 연금술과 관계있을 가능성이 상당히 클 것이다. 만일 이 추측이 맞다면, 테오필로스가 자기 말의 진정한 의미를 꿰뚫어 보지 못했다는 사실은 '그토록 전형적인 중세' 연금술이 아랍에서 유래한 것이고 아랍인들과의 문화적 접촉 시기 전에는 서양에 알려져 있지 않았다는 사실을 보여주는 또 하나의 암시이다.

---

[3] 바실리스크의 라틴어 이름.

3. 중세 성기로 이어 주는 교량

그러나 도대체 왜 라틴 연금술은 더 일찍 생겨나지 않았을까? 우리가 사실 중세가 스스로 연금술에 도달할 수 없었고 그러기 위해서는 인접한 문화 영역으로부터의 자극을 필요로 했다고 가정한다고 해도, 이 물음의 무게는 줄어들지 않는다. 왜냐하면 12세기와 13세기 전에 이미 '자극의 가능성'이 존재했고, 기독교 서양세계와 비잔티움 제국 및 아랍 제국과의 접촉이 있었기 때문이다.

평화적인 접촉의 사례만을 든다면, 이미 9세기 초에 바그다드의 칼리프 궁정에 파견된 카를 대제의 사신들이 있지 않았던가? 그리고 이제 우리가 바그다드가 아니라 비잔티움을 바라본다면, 로마와 황제 도시 사이에는 11세기 중엽에 와서야 해체된 어느 정도 단단한 종교적 단일성이 존재하지 않았던가? 그리고 서로마 제국과 동로마 제국의 유산 사이의 문화적, 경제적 연결과 관련해서는 중세 초기에 공식적으로 비잔티움 황제의 봉신(封臣)으로 남아 있던 베네치아 공화국이 교량 역할을 하지 않았을까?

이 모든 것은 맞는 말이다. 그렇기는 하지만 연금술과 관련해서는, 가능성으로부터 기회가 싹터 오를 만한 상황이 아니었다. 우리는 서양-기독교 연금술이 비잔티움 사람들에게 빚진 것은 그다지 많지 않다고 가정할 수 있다 — 더 나은 문헌이 우리에게 더 나은 내용을 알려줄 때까지는. 그리고 이는 살마나스(Salmanas, 9/10세기), 미하엘 프셀로스(Michael Psellos, 11/12세기), 니코포로스 블레무데스(Nikophoros Blemmudes, 13세기)와 같이 나중에 아주 잘 알려지게 된 연금술사들이 아랍어 연금술 문헌 번역자들의 선임자이거나 동시대인이었음에도 불구하고 달라지지 않는다.

라틴 중세의 위대한 스승은 비잔티움인이 아니라 아랍인이었다. 그러나 서유럽인은 아랍인으로부터도 나중에서야 배웠다. 그러나 여름이 도래했음을 알려주었던 제비 몇 마리는 이미 10세기와 11세기에 있었다. 그래도 이는 무슬림과 서유럽인의 첫 번째 접촉 후 3세기 반이 지난 다음의 일이다.

여기서 거명할 만한 인물은 제르베르 도리약(Gerbert d'Aurillac)인데, 그는 무어인 치하 스페인에 머물며 3년간 학문에 전념한 후 아랍 숫자를 서양의 산수기술에 도입했을 뿐만 아니라 999년에 교황 실베스테르(Sylvester) 2세가 되었다.

또 하나 거명해야 할 사람은 아델라드(Adelard of Bath)이다. 그는 천문학 표들을 번역했을 뿐만 아니라 《자연적 문제들》(*Quaestiones naturales*)이라는 책에서 권위로부터 자유로운 것 같은 아랍인들의 박학함을 굼뜬 기독교인들에게 모범사례로 제시했다. 아델라드 같은 사람들 덕분에 아랍의 지식이 밀려오는 진정한 봄이 왔다. 왜냐하면 12세기의 초반부터 기독교 학자들은 아랍인들로부터 배울 만한 것은 어떤 것이나 배우려는 체계적 노력을 시작했기 때문이다. 그리고 그것은 아주 많았고, 당시에 알려진 모든 학문을 포괄하고 있었다.

그렇지만 어째서 배움의 과정이 더 일찍 일어나지 않았을까? 좀 더 그럴듯하게 표현하면, 왜 좀 더 일찍 위대한 번역의 시대에 나타났던 것처럼 강도 높게, **집중적으로** 일어나지 않았을까?

이는 무엇보다 문화에 대한 욕구와 관련이 있다. 이러한 종류의 욕구란 무엇보다 종교 영역에서는 우월하다고 느끼지만 문명적 뒤떨어짐을 통해서 불안하게 느낄 때에 생기는 것이다. 다시 말하면 문화적 자산을 넘겨받는다는 것은 열등함을 인정하는 것을 의미하는데, 이는 사람들이 그들의 자발적이거나 비자발적인 스승과 비교해서 최소한 더 강하다고 느낄 때, 즉 권력·정치적으로 우월하다고 느낄 때 가장 쉽게 생겨난다. 무슬림이 아프리카와 근동에서 그들의 군사적 승리 후에야 그들이 정복한 나라의 문화적 보물을 넘겨받았듯이, 기독교인도 그들이 군사적으로 우월하다고 느낄 수 있었을 때 무슬림의 지식을 체계적으로 전수받았다. 그리고 그들은 자신들이 전에는 기독교적이었지만 이제는 기독교-이슬람교 혼합 민족이 된 나라를 재정복해서 오랜 기간에 걸쳐 불신자들로부터 해방시킨 그곳에서 처음으로 그 지식들을 넘겨받았다.

물론 그토록 집중적인 '아랍-수용'과 관련해서는 다른 이유도 덧붙여야 하는데, 여기서는 다만 12세기에 도시들이 점점 더 강해졌다는 사실만 언급하겠다. 그런데 이들 중에서 가장 중요한 도시들은 12세기에는 성당학교를, 그리고 13세기부터는 대학을 그 성벽 안에 가지고 있었다. 문화에 대한 욕구, 아니 좀 더 분명하게는 독자적인, 열린 문화에 대한 욕구는 라틴 학자들이 남쪽, 즉 스페인과 시칠리아로 눈을 돌렸을 때 이미 일깨워졌다.

그러나 이것도 왜 몇 세대에 걸쳐서 저작들 — 중세 기독교의 철천지원수들이 기독교 편에서 볼 때는 이방인으로부터, 또는 대체로 잘 모르기는 했지만 의심스러운 초기 기독교 종파로부터 넘겨받아서 엄밀히 말하면 단지 보완하고 수정했을 뿐인 — 이 번역되고 수용되는 작업이 열광적으로 지속되었는지에 대해서 답해 주지 않는다. 단순화해서 말하면, 문제는 아리스토텔레스였는데, 그는 분명히 이방인이기는 했지만, 신앙과 지식의 연결문제를 가지고 씨름했던 중세 학자들에게는(1) 기독교 신앙의 틀 안에서 지적 보호처를 제공하는 것처럼 보였던 이방인이었다.

아리스토텔레스의 기독교화는 어느 정도 노고를 요하는 일이었다. 이를 위해서는 누구보다도 13세기에 토마스 아퀴나스가 뛰어난 작업을 수행했다. 그러나 사람들은 번역작업에 대한 열광에 빠져 아리스토텔레스의 가르침 속의 비기독교적 요소들, 예를 들어서 세계의 영원성이라는 가정 같은 것은 그의 자연철학의 무조건적 전제에 속하지는 않으며 수정 해석될 수 있을 것이라고 생각했다.(2) 이 전제하에서 아랍인들을 통해서 전수된 아리스토텔레스의 자연철학은 아주 풍성하게 발달할 수 있었다.

새롭게 번역된 아리스토텔레스의 많은 텍스트들은 뚜렷한 질적 도약을 가져왔다. 자연철학적, 형이상학적 개별 인식들의 양은 말하자면 새로운 질을 만들어 냈다. 아리스토텔레스적 전체 체계의 내적 논리, 보편성, 그리고 내적 완결성이 명백하게 드러난 것이다. 아리스토텔레스는 다른 어떤 사상적 시도보다 먼저 무언가 본질적인 것, 즉 그것이 참이라는 증거를 지닌 완결된 철학을 내놓은 것처럼 보였다. 그리고 동시대인의 눈에는, 그것이 참이라는 증거는 아리스토텔레스가 그 자신의 자연철학의 기본원리를 토대로 해서 구축한 자연에 대한 설명의 반증 불가능성과 완결성에 있는 것으로 보였다.

우리는 이 모든 것 속에 숨겨져 있던 지적 유혹에 대해 한번 상상해 보아야 한다. 이제 마침내 사람들은 정말 현자들의 '지혜의 돌'이었던 라피스를 소유하게 된 것처럼 보였다. 이 돌은 믿음과 앎에 대한 모든 의심, 또는 더 정확하게 표현하면 무지에 대한 모든 의심을 치유하는 만능약으로서의 현자의 돌이었던 것이다. 이것이 어떤 해방, 어떤 구원의 느낌을 일깨워 냈겠는가! 방금 설립된 대학들에서 그것이 어떤 개벽의 분위기를 가져왔겠는가! 그러니까 아리스토텔레스가 처음에는 기독교적 풍경과 어울리지 않았다고 하더라도, 그를 이 풍경으로부터 쫓아낼 수 있을 만한 세력과 철학은 존재하지 않았던 것이다.

아리스토텔레스, 즉 '새로운' 아리스토텔레스와 함께 아리스토텔레스의 원소이론과 물질변환이론이라는 외투를 뒤집어쓴 연금술도 유럽으로 넘어왔다. 이 외투 아래 있던 것이 모두 아리스토텔레스적인 것이 아니었다는 점은 더는 눈에 띄지 않았거나 방해가 되지도 않았다. 그러나 아리스토텔레스와 함께 유럽으로 들어왔던 다양한 점술 관련 저작들과 다른 저작들은 스타게이라(Stageira) 출신의 이 사람과는 그다지 큰 관계가 없었다. 그 밖에 이미 11세기와 12세기에 샤르트르(Chartres)의 학교에서는 고대 후기 이래 그리스어로부터 번역된 판으로 존재했던 《아스클레피우스》(Asklepius)라는 헤르메스 문헌을 가지고 심도 있는 공부를 하고 있었고, 이것을 그들이 좋아하던 플라톤의 《티마이오스》와 비교했다.

그러나 13세기부터 시작된 전성기 스콜라철학 및 그것과 함께 시작된 라틴 연금술은 그리스의 문화영역으로부터 직접 온 것이 아니라 아랍의 문화영역으로부터 넘어 들어온 번역본들의 자식이다. 이 이동이 어떻게 일어났는지를 명확하게 드러내기 위해서는 이슬람과 기독교 사이의 지리적 경계영역에 대한 몇 개의 핵심어로 충분할 것이다. 이것들은 또한 동시에 서양 기독교가 자신의 자의식을 쌓아올릴 수 있는 기반이 어떻게 11세기와 12세기에 분명하게 확산되었는지를 보여줄 것이다.

기독교는 자신이 그토록 열렬하게 갈망했던 것, 즉 성지에 발을 붙이는 일에 성공했지만, 이는 지속적이지 못했다. 1096년부터 일어난 여러 차례의 십자군전쟁에도 불구하고, 그리고 기독교 왕국과 공국의 건설에도 불구하고, 팔레스티나는 1291년 아카(Akka)의 함락으로 기독교의 마지막 요새가 함락된 후 이슬람교도의 수중에 들어갔다.

반면 스페인에서는 1031년 최후의 오마이자덴-칼리프국(Omaijaden-Kalifat)의 붕괴 후에 레콩키스타(Reconquista), 즉 이베리아반도 전체의 재정복 활동이 최초의 극적이고 지속적인 성공을 거두었다. 1085년에는 톨레도가 함락되었고, 1236년에는 수많은 실패 후, 그 번영이 최고조에 달했을 때에는 3천 개 이슬람 회당의 그림자 밑에서 50만 명이 살았던 옛 칼리프 도시 코르도바가 정복되었다. 권력과 영지의 증대는 '카스티야 이 레온'(Castilla y León)의 현자로도 불렸던 알폰소 10세(Alfons X)에게 힘에 기초한 외교정책 — 어느 정도 실패로 끝난 — 을 추구할 수 있는 가능성뿐만 아니라 문화와 문화적 접촉을 적극적으로 지원할 수 있는 가능성도 가져다주었다.

아랍 권력의 몰락은 왕이 죽은 후에도 계속되었고, 마침내 1492년의 그라나다 함락은 이베리아 반도에서의 아랍 지배에 종지부를 찍었다. 그런데 그라나다의 함락은 크리스토퍼 콜럼버스 같은 사람이 인도 발견을 위한 왕의 재가를 얻을 수 있게 해 주는 등 여러 가지 활동의 문을 열어 주었다. 이베리아의 레콩키스타로부터 아메리카의 콩키스타(Conquista, 정복)가 나온 것이다.

시칠리아에서는 일이 조금 다르게 진행되었다. 스페인인의 성공이 근성에 기인한 것이었다면, 시칠리아인의 성공은 모험가들의 만용에 기인한 것이었다. 11세기 초에 이탈리아 남부에 눌러앉은 노르만의 기사들은 1061년에 섬을 공격하여 30년에 걸친 전투를 통해 섬을 정복했다.

1194년에 노르만의 영역은 슈타우프가(Staufer)의 소유로 넘어갔는데, 루제루 2세[4]는 12세기 초에 이미 아랍인들과의 문화접촉을 의식적으로 장려했으며, 그 후 1197년 또는 1222년부터 1250년까지 일종의 르네상스 군주로서 섬을 다스린 황제 프리드리히 2세 치하에서 섬은 최고 번영의 시기를 누렸다. 여기서 문화의 중심은 살레르노(Salerno) 대학이었고, 대학에서는 특히 의학이 육성되었다.

성지는 아니지만 기독교라는 안장 위에 확고하게 올라선 스페인과 남부 이탈리아는 교량 역할을 해 주었고, 사람들은 이 교량을 통해서 아주 편안하게 골수 이단자들의 지식을 수입할 수 있었다. 수출할 것

---

4 루제루(Ruggeru) 2세는 1127년부터 시칠리아를 다스렸고, 1130년에 시칠리아 왕이 되었다.

으로 무력 말고 다른 것이 있기는 했는지 나는 잘 모른다. 적어도 연금술의 경우에 교량은 일방통행로 — 우월한 아랍의 학자문화에서 시작해서 프랑켄(*Franken*)의 글방에까지 이르는 — 였다. 그런데 이들 프랑켄의 학자들은 신앙과 지식을 서로 결합하려는 전형적인 스콜라적 노력을 계속하면서도 12세기에 퍼져 나갔던 지적 호기심을 품은 자들이었고, 따라서 그들의 시대와 그들 문화의 지식으로는 더 이상 만족하지 못한 사람들이었다.

4. 또다시 번역

아랍어에서 라틴어로의 번역이란 문제는 당연히 그리스어에서 아랍어로의 번역의 문제와 유사한 것이었다. 여기, 이슬람 문화와 기독교 문화의 접촉점에서는 특히 무엇보다 세 민족이 전달자 역할을 했는데, 스페인에 한정해서 말하면 이들 중 우선 모즈아랍인(Mozaraber)을 들 수 있을 것이다. 이들은 기독교를 계속 믿기는 했지만 관습, 의복, 언어는 아랍인에 동화된 기독교인들이다. 이베리아 반도는 아랍인이 정복하기 전에 기독교를 믿었고, 무슬림들은 정복당한 민족의 신앙을 대체로 그대로 두었다. 그러나 모즈아랍인에 대해서 이른바 모즈아랍인과 정반대의 방식으로 변화한 또 하나의 민족 집단이 있었는데, 이들은 무데하르(Mudejaren)로 20세대 이상에 걸쳐서 계속된, 다시 말하면 9세기부터 15세기에 이르기까지 지속된 레콩키스타(Reconquista)를 거치면서 독자적 민족으로 형성되었다. 무데하르는 강제 개종이나 이주할 때까지 무함마드의 가르침을 굳게 믿기는 했어도 관습, 의복, 언어는 기독교도인 스페인 사람들의 것을 받아들인 무슬림이었다.

특별히 주목받을 만한 세 번째 집단은 바로 스페인에서 마이모니데스(Maimonides)같이 높은 정신적 수준의 학자를 내놓은 유대인들이었다. 그런데 이들은 항상 연금술과 연결을 맺고 있었다 — 라틴 중세에도 아주 유명했던 예언자 마리아(Maria Prophetissa)를 생각해 보라. 기독교와 이슬람이라는 두 개의 커다란 문화 권력의 전쟁을 통한 또는 평화적인 다툼의 시기에 유대인은 좋은 의미에서뿐 아니라 나쁜 의미에서 전선 사이에 서 있었다. 그들의 유일신주의는 기독교만이 아니라 이슬람의 배경을 형성했는데, 그렇기 때문에 그들은 두 종교와 정신적으로 의사소통을 할 수 있었다. 그러나 그들은 두 문화영역에서 모두 기껏해야 관용되었을 뿐이다. 물론 기독교 지역보다는 전체적으로 이슬람 지역에서 상황이 더 낫기는 했지만 말이다.⁽³⁾

그런데 이제 유대인이든, 무데하르든, 모즈아랍인이든 또는 프랑크인이든 단순한 아랍어 지식 또는 안달루시아 방언 지식만 가지고는 아무것도 할 수 없었다. 아랍어 쪽 번역자들은 라틴어를 모르고 안달루시아 방언만 할 줄 알았던 경우가 많았으며, 반면 라틴어를 말할 줄 알았던 학자들은 대부분 아랍어를 말할 줄도 읽을 줄도 몰랐다. 이는 유대인 학자 요한네스 히스팔렌시스(Johannes Hispalensis)[이븐 다우드(Ibn Daud)]와 도미니쿠스 군디살리누스(Dominicus Gundissalinus)의 팀에서도 다르지 않았다. 요한네스(Johannes)는 아랍어 말고는 당시의 카스티야 방언(*Castellano*)만 할 줄 알았고, 도미니쿠스는 카스티야어 외에 라틴어만 할 수 있었다. 마찬가지로 12세기 중엽에 활동했던 게라르도(Gherardo da Cremona)도 아주 비슷한 방식으로 갈리프스(Galippus)라는 이름의 모즈아랍인과 함께 작업했다.

도미니쿠스와 게라르도는 중요한 대화상대를 알아보는 눈도 가지고 있던 중요한 학자들이었다. 그러나 시작언어 내지 목표언어에 대해서 무지하고, 게다가 원주민이나 이주한 자들이 충분한 철학적 배경 지식 ─ 이에 기초해서 주어진 텍스트가 쓰인 ─ 을 가지고 있지 않은 상황이라면, 그들 중 많은 이들은 돌을 굴리는 신화의 영웅처럼 보일 수밖에 없었다. 시시포스(Sisiphos)와 아주 똑같이 그들에게도 돌은,

말하자면 번역된 것의 의미는 계속해서 손으로부터 미끄러져 멀어지는 것처럼 보였다. 이 상황에서 상당수의 번역자들은 자신의 돌을 이해 가능성의 정상까지 굴려 가기를 그냥 포기했고, 문법이나 구문상의 규칙을 고려하지 않고 단순하게 축자적으로 번역했다. 그리고 단어를 모를 때는 그냥 원래대로 두었다. 그렇기 때문에 우리는 오늘날에도 여전히 알칼리, 캄퍼(*Campher*), 보락스(*Borax*), 탈크(*Talk*)에 대해 이야기하고, 또한 아르티초크(*Artischocke*), 커피, 자스민(*Jasmin*), 사프란(*Safran*)이라는 말을, 그리고 알고리즘(*Algorithmus*)과 대수(*Algebra*)라는 말을 쓴다.

물론 마음과 정신, 교양과 충분한 언어지식을 소유하고 일에 뛰어들었던 번역자들도 당시에는 오늘날과 마찬가지로 힘든 운명의 짐을 지고 있었다. 차이가 있다면 중세 사람들은 힘들고 전력을 다해서 수행해야 하는 번역 일을 아마 현대인보다 훨씬 더 경이로운 시선으로 바라보았으리라는 것이다. 함께 고통받는 전문번역자들 외에 우리 시대의 중요한 번역자들의 이름을 알고 있는 사람이 누가 있는가? 반면에 게라르도와 도미니쿠스 같은 위대한 번역자들이나 체스터의 로버트(Robert of Chester), 마이클 스콧(Michael Scot) 또는 빌헬름 폰 뫼르베케(Wilhelm von Moerbeke) 같은 사람의 이름을 중세 대학에서 누가 몰랐겠는가?(4) 이 인물들은 진정으로 기억될 만한 가치가 있다.

그런데 세계사의 중한 범죄자가 더 잘 기억되는 역사에서 이들에게는 오늘날에도 기억이라는 은총이 베풀어지고 있다. 그러나 그들은 하나의 문화에서 다른 문화로 전달하려고 했던 지식 덩어리를 오늘날의 번역자들보다 훨씬 더 높게 굴러 올려야만 했다. 왜냐하면 적어도 자연철학 영역에서는 이슬람과 기독교 문화 사이의 문화격차가 오늘날의 문화들 사이의 문화격차보다 컸기 때문인데, 사실 오늘날의 문화는 모두 어느 정도는 분명히 유일한 세계 문화의 변형본이다. 스페인의 번역학교 같은 곳에서 이룩된 업적을 그토록 인상 깊은 것으로 만들어 주는 것은 바로 이 문화격차이다.

모두 게라르도의 이름을 가지고 유통되는 몇 개의 서로 다른 번역본을 들여다보면, 우리는 어떤 한 학교, 아니 번역연구소에 대해서 이야기할 수도 있다. 그래서 우리는 이곳을 한 번 방문해야 한다.

많은 이방인들과 마찬가지로 우리도 1109년에 알폰소 6세가 건립하도록 명한, 지금까지 보존된 문을 통해서 톨레도로 간다. 그런데 이 문을 통해서는 점성술, 물리학, 철학 및 연금술의 내용을 지닌 수많은 두루마리 문서들이 당나귀를 타고 들어오고 나갔다. 우리가 어떻게 도시의 좁고 가파른 골목길에서 북적대는 군중들을 통과해서 우리 길을 가는지는 쉽게 상상할 수 있다.

거기에서 우리는 너덜너덜한 니커보커스[5]를 보고, 거기에서 우리는 카프탄(*Kaftan*)이나 두건 달린 외투(*Burnus*)를 입은 상인 또는 프랑크 지방의 여행용 숄을 걸친 상인도 본다. 거기에서 우리는 대부분의 남자들과 마찬가지로 거의 모두 머리 위로 터번 비슷한 천을 덮은, 얼굴을 가리거나 가리지 않은 여성들을 본다. 거기에서 우리는 넓은 바지와 긴 웃옷을 입은 아랍의 시장 여인들, 그리고 또 손으로 뜬 치마와 블라우스를 입은, 분명히 기독교 농촌 주민에 속하는 농촌 여인들

---

5 무릎까지 오는 품이 넉넉한 바지.

도 본다. 또한 우리는 띠 대신에 색 있는 천을 두르고 짐당나귀 ― 등 위에 과일과 곡식자루 외에 살아 있는 닭들도 매달려 있는 ― 를 몰고 가는 농부들도 본다. 그리고 물론 우리는 거기에서 당나귀와 노새의 다리 사이를 비비적대며 돌아다니는, 문자 그대로 비루먹은 개들도 보게 된다.

우리가 조금 전까지 아직 이슬람교도의 도시였던 이곳에서 기독교 도시에서 흔히 볼 수 있는 것처럼 길거리 쓰레기를 파헤치는 돼지들을 발견하게 될지는 잘 모르겠다. 반면에 우리는 분명히 도시경비대의 병사들을 어디에선가 볼 것이고, 쇠사슬이 들어 있는 갑옷을 입고 말에 올라탄 기사와 그 뒤를 정말 작은 당나귀를 타고 빠르게 굴러가는 산초 판사(Sancho Panza)의 조상 격인 종자(從者)도 보게 될 것이다. 물론 산초와 그의 기사는 진정한 로마 신앙의 수호자이지만, 이를 도외시하면 우리는 무장한 사람들 중에서조차도 누가 어떤 사람인지 항상 알아볼 수 있는 것은 결코 아니다. 이는 우리가 그곳의 이슬람사원이 정말 모즈아랍인 교회인지, 이 교회 비슷한 건물이 반대로 도시의 영적 주인 중 하나인 대주교 레이몽(Raymond de Sauvetat)의 것인지, 아니면 아직은 확실하게 용납되고 있는 이슬람사원인지 모르는 것과 같다. 끊임없이 움직이는 바닷속에 빠져 있는 것과 같이 다양한 방언과 언어의 이 모든 소란 속에 던져진 이 사람들이 어떻게 서로 이해하는지는, 우리가 일종의 쇠락한 라틴어 ― 이것은 나중에 또한 세르반테스와 칼데론(Calderon)의 언어가 되었는데 ― 에 꽤 잘 적응하게 된다는 것을 깨닫게 될 때까지는 하나의 수수께끼로 남는다. 그리고 또 우리는 도시 위에 드리워져 있는 서방-동방 공동체의 악취도 잊어서는 안 된다.

그러나 우리가 마침내 번역자 학교 안마당에 들어서면, 보이는 것, 들리는 것, 그리고 냄새가 얼마나 다른지! 중얼거리는 사람들, 어쩌면 마찬가지로 중얼거리는 것 같은 우물, 책먼지 느낌, 등잔기름, 그리고 성화 밑에 놓인 초의 왁스 같은 것들이 거기에는 있다. 건물은 분명히 십자 회랑과 교회가 있는 수도원과 유사하다. 어쩌면 그것은 대주교가 살고 있는 궁의 일부일지도 모른다. 우리는 번역연구소에 대해서 기술한 기록을 알지 못한다. 그러나 그것은 사람들이 경사책상 — 그것은 종종 여러 개의 텍스트를 올려놓을 수 있고 서서 일하는 널따란 사면 책상이었는데 — 앞에서 낮뿐만 아니라 밤에도 기름등잔의 불빛을 받으며 글을 썼던 중세의 일반적인 필사작업실과 다르게 보이지는 않았을 것이다. 물론 라틴 학자들이 그들의 정보원들 및 중개자들과 함께 텍스트와 초벌 번역한 것에 관해서 토론할 수 있는 방도 있었다.

여기 톨레도의 필사작업실에서 우리는 어쩌면 순수한 연금술 텍스트의 최초 번역자인 로버트 체스터도 발견할지 모른다. 클뤼니 개혁수도원 원장의 명을 받아 로버트는 그의 친구인 헤르만 폰 캐른텐(Hermann von Kärnten)과 함께 코란과 다른 신학 저작들을 라틴어로 옮겼다. 그러나 1144년 2월 11일에 그는 하나의 저작을 종결했는데, 그것은 — 적어도 나중의 인쇄본에서는 —《연금술의 구성에 관한 책: 로마인 모리에누스(Morienus)가 이집트의 왕 칼리드(Khalid)를 위해서 편찬했고, 로버트 체스터가 라틴어로 번역한》이라는 장황한 제목을 가지고 있다. 이 제목은 우선 두 가지 점을 보여 준다는 점에서 흥미롭다.

하나는 일반적 관점에 따라 로마인, 즉 기독교인인 모리에누스가 연금술의 구성을 이집트의 왕 칼리드에게 계시한다는 것이고, 또 하나는 역사적 가짜사실이 처음부터 아무런 비판 없이 '아르스 노바'(Ars nova)라고도 불린(5) 라틴 연금술 속에 받아들여졌다는 것이다. 이 저작은 아마 13~14세기에 조작된 아랍어 원본을 바탕으로 어떤 수도원에서 멋대로 꾸며졌을 것이다. 그런데 이때 경건한 기록자의 마음은 분명히 ― 그리고 이는 아주 중세적인 것일 터인데 ― 자신의 피아 프라우스(Pia Fraus), 즉 그의 그토록 경건한 속임을 통해서 하늘로 더 가까이 다가갔다고 믿었을 것이다. 어쨌건 중세에 사람들은 예를 들어서 성자 전설에 반영되어 있는 것 같은 더 높은 진리가 언제나 더 가치 있고, 그렇기 때문에 천한 사실보다 더 주목할 만하다고 생각했다.

게라르도 다 크레모나와 그의 학교에서도 중심 과제는 경건한 속임은 아니었고 신앙과 앎(fidem rationemque)이었다. 이들은 천문학(프톨레마이오스의《알마게스트》)에서부터 하늘의 방향이 인간의 운명에 미치는 영향에 관한 가르침인 흙점술(Geomantik)을 거쳐서 기하학에 이르는 모든 가능한 학문 영역에 걸쳐 70개의 번역을 한 것으로 되어 있다. 게라르도는 개별 연금술 텍스트들도 번역한 것처럼 보인다. 그는 자비르의《70의 책》(Liber de Septuaginta)의 번역 ― 물론 이해가 어렵고 단편적인 ― 을 남겼다고 하고, 그 밖에 아르-라지가 쓴 것으로 잘못 알려졌던 책을 적어도 두 권은 더 번역한 것으로 되어 있다. 아르-라지는 중세에 라제스(Rhazes), 부바카로(Bubacaro) 또는 부바카리스(Bubacaris)로 불렸다. 이 책은《명반과 염에 관하여》(Liber de aluminibus et salibus)와 이븐 시나(Ibn Sina), 즉 아비센나(Avicenna)가 썼다고도 하는 《책: 빛들의 빛》(*Liber: Lumen luminum*) 또는 《리베르 클라리타스》(*Liber claritatis*)이다.

아트-라지의 가장 중요한 저작이라고 할 수 있는 《비밀들의 책》은 《리베르 에부 바카르 에르 라이시》(*Liber Ebu Baccar er Raisy*), 또는 이국적 냄새가 덜 나도록 크게 변형된 형태로 《리베르 세크레토룸 데 보케 부브카리스》(*Liber secretorum de voce Bubcaris*)라는 제목을 달고 서양세계에 소개되었다. 다른 경우에서도 전형적으로 그렇듯이 《비밀들의 책》(*Liber secretorum*)은 후속 수정작업 때 《데 인베스티가티오네 페르펙티오니스》(*De investigatione perfectionis*)로 제목이 바뀌었고, 게다가 원저자도 자비르로 바뀌었다 — 이런 경우 아랍학자와 라틴학자는 수렁에 빠진다. 덧붙일 말은 1235년 무렵에 가짜-아비센나의 영향력이 큰 책인 《영에 관하여》(*De Anima*)도 번역되었다는 것이다.

그러나 로버트, 게라르도, 도미니쿠스 또는 헤르마누스(Hermannus) 같은 사람들의 스페인만이 아니라 시칠리아도 문화의 교량 역할을 했고, 우리는 방금 위에서 이야기된 것 같은 기록 작업실을 나폴리, 살레르노, 메시나(Messina)에서도 마찬가지로 방문할 수 있다. 시칠리아의 상황은, 그곳 거주민들이 라틴어와 아랍어의 원주민 방언뿐만 아니라 적어도 몇몇 언어의 섬에서는 그리스어도 제대로 구사했다는 점에서 스페인과 조금 달랐을 뿐이다.

실제로 이미 12세기 말부터는 그리스어로부터 직접 번역된 책들이 나온다. 그리고 몇몇 번역자들, 특히 유대인들은 이들 세 언어 모두로 쓰인 문헌들을 알고 있었다. 남부 이탈리아의 뛰어난 번역자는 마이클 스콧으로 그는 13세기 초에 아리스토텔레스의 생물학 저작들을 번역했고, 아마《연금술의 예술》(Ars Alchemiae)일 것으로 여겨지는 연금술 저작을 번역했다. 우리가 스콧에 관해서 알고 있는 몇 안 되는 확실한 사실 중의 하나는 단테가 그를 아주 싫어했고, 그래서 시인의 뻔뻔스러움을 발휘해서 그를 사랑하는 신에게 무고했다는 것이다. 신은 스콧이 마법 장난을 했다는 이유로 그를 가장 깊은 지옥에 떨어뜨렸다.(6)

의심스러운 힘들과 교류했고 게다가 연금술의 예술을 번역하는 작업에 빠져 있던 사람의 이름을 도용하여 그를 자신의 몇몇 저작의 저자로 만든 것은 놀라운 일이 아니다. 가짜-스콧의 연금술 전서는 알려진 것으로는 3개가 있으나, 이 중에서 눈에 띄게 새로운 것을 보여 주는 저작은 하나도 없다.

또한 아랍 연금술의 비의적 측면도 소홀히 다루어지지 않았다. 이미 1300년이 되기 전에《투르바 필로소포룸》(Turba Philosophorum),《타불라 케미카》(Tabula chemica), 그리고《에메랄드 판》(Tabula smaragdina)이 라틴어 번역본으로 나와 있었다. 그런데《에메랄드 판》은 그것이 이미 1200년 이전에 아랍어로부터 라틴어로 번역된 후에 기독교-서양 연금술 영역에서 일종의 신앙고백 같은 것으로서 엄청난 영향력을 획득했는데, 이렇게 되는 데는 아마《에메랄드 판》의 텍스트 전체가 아주 긴 분량이 아니라는 점이 중요한 역할을 했을 것이다.

이 판은 13세기에 알베르투스 마그누스, 그리고 14세기에는 호르툴라누스(Hortulanus)라는 이름의 연금술사 등에 의해서 주석이 붙여졌는데, 호르툴라누스의 주석판은 대단히 큰 인기를 끌었다. '순수의 형제회'의 몇몇 문헌도 이미 나와 있었고, 더 나아가서는 가짜-아리스토텔레스의 《비밀들의 비밀》(*Secretum secretorum*)의 연금술과 점성술 부분도 번역되어 있었다.

이로써 도대체 어떤 연금술 문헌이 번역되었는가 하는 물음은 거의 해결되었다. 답은 손에 넣을 수 있는 것 모두이다. 화학을 강조하는 아르-라지 스타일의 냉정한 저작들로부터 공상으로 들끓는 이야기들과 미신에 찬 주장들의 모음에 이르기까지 모든 것이 존재했다. 오늘날의 시각에서 볼 때 이 모든 공상에 또 하나 덧붙여지는 것은, 많은 원래의 아랍 저작들이 아주 일그러진 라틴어 형식으로 전해지고, 그로 인해서 우리는 종종 추측과 몰이해의 괴상한 혼합물 속에서 제대로 방향을 잡을 수 없으며, 또한 전통의 흐름을 더 이상 쫓아갈 수 없게 된다는 것이다. 그리고 잘못된 이해가 완전한 몰이해까지 가지는 않는다고 해도, 불확실성은 충분히 남아 있다.

중세의 다른 어떤 지식영역에서도 베끼는 자의 개인적 성향이 그토록 강하게 텍스트의 형성에 영향을 미치지는 않았다. 연금술 텍스트는, 그것이 일관성 있는 이론적 상론(詳論)에서부터 시작되었다고 해도, 종종 개별 제법들의 모음으로 끝이 났다.

이대 연금술사들은 누구나 단순히 개별 제법들에 대한 주변적 논평 같은 것을 하는 것만이 아니라 — 이는 자주 있는 일이었는데 —, 그가 목표에 부합하지 않는다고 여긴 것을 삭제하고 그 대신 다른 모음집들로부터 그에 더 적합하다고 여겨지는 것을 덧붙이는 것도 정당하다고 생각했다. 전체 저작의 요약, 즉 요약집들도 계속해서 만들어졌다.

요컨대 사람들은 연금술 문헌들을 학자들의 훼손되어서는 안 되는 정신적 재산 같은 것으로 다루는 것이 아니라, 가정주부가 자신의 기호와 경험에 부합하는 내용을 덧붙이고 뺌으로써 형상을 부여하는 부엌요리법의 모음처럼 다룬 것이다. 그러므로 초기의 번역에 기초한 라틴 연금술은 무엇보다도 아주 큰 다양성을 드러낸다. 그리고 이 다양성은 14세기 초부터 나온 라틴 연금술의 독자적 문헌들에서도 지속된다.

그 밖에도 우리는 대부분의 경우 필사본 자체를 가지고 있는 것이 아니라, 그것의 개별출판본의 재인쇄본이나 16세기부터 18세기에 많이 나온 커다란 저작집으로 재인쇄된 것을 가지고 있을 뿐이다. 이 저작집에 대한 비판적 검토기구는 존재하지 않았고, 저작집이 항상 가능한 가장 좋은 판을 재현했던 것도 아니다. 출판업자들은 그들이 손에 넣을 수 있던 것을 그냥 인쇄했을 뿐이다. 그리고 인쇄업자의 손을 거쳐서 나온 것이 원본에 나와 있던 것과 일치하지 않는 일도 흔히 있었다.

상당히 화학적인 것 또한 첨가되었다. 책들은 실험실에서 사용되었는데, 이는 그것들이 독특한 냄새가 날 뿐만 아니라 살짝 그슬려지고 산으로 얼룩져 있었음을 의미한다. 게다가 많은 저작들이 책의 파괴에까지 이르는 그 소유자들의 반달리즘으로 고통받았음도 분명하다. 왜냐하면 절망에 빠진 연금술사가 "자신이 시작한 작업을 [책과 함께] 구석에 집어던져서 망가뜨리는" 일도 꽤 자주 일어났기 때문이다.(Ganz. 37)

요컨대 풍성한 중세 연금술 문헌 중에서 우리에게 남겨진 것은 얼마 되지도 않고 종종 접근하기도 어렵다는 것이다.

5. 라틴 연금술의 분위기

아랍어 번역의 시대는 13세기에서 14세기로 넘어가는 때에 대체로 끝이 났다. 이 시기는 또한 스콜라철학의 전성기였다. 알베르투스 마그누스, 로저 베이컨, 토마스 아퀴나스 같은 사람의 시대였는데, 이들은 또한 모두 연금술에 대해서 언급했다. 이 시기는 최초의 대학이 설립된 시대이고, 그러나 또한 성과 없는 마지막 십자군 원정의 시대이기도 했다. 요컨대 이 시기는 불안정한 시대, 종교의 영역에서조차도 불안정한 시대였다.

이것은 13세기의 프란체스코 수도회와 도미니쿠스 수도회의 설립이 뒷받침하는데, 이 두 수도회는 기독교의 가르침의 수호를 자신의 과업으로 삼았고, 서로 경쟁하는 가운데 중세의 대학을 지배했다. 이들이 설교를 통해 경고하고 성전을 일으켜 대항할 것을 촉구한 위험 중의 하나는 카타르파(Katharer) 운동이었다. 이 운동의 중심은 남프랑스에 있는 투르바두르(Trubadour, 음유시인)의 고향이었는데, 그것은 선과 악에 관한 앎이 오직 선택된 자들에게만 그리고 선택을 통해서 구원받은 자들에게만 주어진다고 믿었다는 점에서 명확하게 그노시스적 성격을 지니고 있었다.(7)

카타르파 — '환락 뒤의 뉘우침'(*Katzenjammer*)이라는 단어가 십자군 원정 중에 받은 그들의 고통으로부터 유래했다고 하는 — 는 로마 기독교에 대한 일종의 대항문화를 대표했는데, 이 대항문화는 어느 정도 의식적이고 어느 정도 분명하게 볼프람 폰 에셴바흐(Wolfram von Eschenbach, 1200년 무렵)의 《파치팔》(*Parzival*) 같은 기사 서사시의 세계관에도 반영되어 있는 삶의 태도이다. 이 서사시에서도 은총받은 자들에게만 허용되는 절대적인 것에 대한 추구, 입문이 다루어진다. 그리고 민네(Minne), 즉 고귀한 자들의 불가능한 것에 대한 사랑도 덕과 결혼에 대한 기독교의 가르침의 자식이라기보다는 성지로 향한 십자군 원정에서 체험된 수준 높은 아랍 문명의 자식이다. 우리가 연금술사들과 카타르파나 트루바두르의 관계에 대해서 아무것도 모른다고 해도, 우리는 이들이 모두 희구, 암시 그리고 메타포의 동일한 분위기 속에서, 중세 성기(盛期) 문화의 중심이면서 동시에 주변이었던 이름 없는 문화경관 속에서 살았다고 추측할 수 있다.

그러므로 우리는 중세가 조용한 시기였다고 말할 수는 없지만, 이 시기의 일반적 주제가 기독교 종교였다고 주장할 수는 있다. 그리고 우리는 이 시기에 유럽의 지식 엘리트는 거의 예외 없이 성직자로 구성되어 있었다고 주장할 수 있다. 우리의 중세 연금술사에 대한 이미지, 수도원 지하실에서 책들과 레토르트들에 둘러싸여 현자의 돌을 찾는 학자 수도사의 이미지도 이러한 분위기로부터 유래한다. 18세기 말의 계몽하는 화학자의 이미지뿐만 아니라 19세기 초의 낭만적인 자연탐구자의 이미지에 깊게 영향을 준 것도 이런 이미지이다.

이때 계몽주의자들은 영감 받은 수도사의 이미지를 비학문적 미신의 표시로 보아 단호하게 부정적으로 평가했고, 반면에 낭만주의자들은 동일한 이미지를 아주 낭만적으로 보았기 때문에 그것을 단호하게 긍정적으로 평가했다.

이 두 평가를 거부하거나, 좀 더 정확하게는 그것들을 상당히 스콜라적으로 'sic et non'(그렇다 그리고 아니다)이라고 평하는 결정을 내리기 전에, 우리는 평가의 바탕에 놓여 있는 이미지를 한번 자세하게 들여다봐야 할 것이다. 그러나 이 이미지 중심에 누가 있고 중세 연금술사가 실험했던 그 주변이 어떻게 보였는지를 알기 위해서 우리는 먼저 짤막하게라도 몇몇 연금술사들의 이력과 저작을 살펴봐야 한다.

우리가 이름을 알고 있는 많은 연금술 대가 중에서 누가 거명될 가치가 있을까? 완벽하게 — 어느 정도 인정받을 만큼 — 거명될 만한 연금술 저자들을 정하는 일은 또다시 전문가들의 몫으로 남겨 두고, 우리 영웅들의 교육적 가치만을 바라보기로 하자. 그러면 우리는 로저 베이컨, 알베르투스 마그누스, 토마스 아퀴나스, 그리고 약간 한눈을 판 나중의 뉴턴과 보일 같은 아주 위대한 인물들을 스쳐 지나가게 된다. 한편으로 이들은 연금술이 아니라 다른 업적 때문에 유명해졌는데, 또 한편으로 더 중요한 것은 그들의 생애의 외적 상황이 이미 여러 개의 훌륭한 전기에 기술되어 있다는 것이다.

6. 알베르투스 마그누스

이는 그들 중에서 가장 나이가 많은, 키가 아주 작았음에도 불구하고 항상 우리에게는 '마그누스'(*Magnus*)인 큰 사람, '보편 박사' 알베르투스에게도 해당된다. 그는 1193년 무렵에 슈바벤 라우잉엔(Lauingen)의 귀족 가문 — 아마 볼슈테트(Bollstädt) 백작의 가문 — 에서 태어났고, 1280년 말에 쾰른에서 사망했다. 파도바에서 공부한 후 그는 30살에 도미니쿠스 수도회에 가입했던 것으로 보이며, 쾰른의 '일반 학문과'(*Studium generale*)를 비롯한 이 수도회의 여러 학문시설에서 교사로 봉사했다. 1245년 무렵 그는 파리대학에서 가르쳤는데, 여기서 토마스 아퀴나스가 그의 수제자가 되었다.

1248년에 알베르투스는 쾰른으로 다시 불려 갔고, 9년 후에는 수도회지방(Ordensprovinz)인 토이토니아(Teutonia)에서 수도회 교구장으로 선출됐으며, 1260년에는 레겐스부르크의 주교가 되었다. 그러나 2년 후 다시 쾰른으로 돌아와, 저술가로서 대단히 성공적인 삶 — 중세적 상황에 비추어서 비상하게 긴 — 의 나머지 생애를 보냈다.

물론 신학적 주제들이 알베르투스의 사고와 저술의 중심에 서 있기는 했지만, 그의 저작의 또 다른 중심은 자연철학이었다. 이 자연철학은 아리스토텔레스적 자연학이었고, 이것을 그는 자신의 많은 관찰과 연결했다. 이 관찰들 중 많은 것은 그가 샌들을 신거나 맨발로 조사여행하며 걷는 중에(*per pedes*) 얻은 것이다. 관찰은 탁발수도회의 일원이라면 당연히 해야 하는 것이었는데, 그는 몇몇 선입견 없는 실험을 통해서 자신의 관찰을 더 풍성하게 만들기도 했다. 그러나 선입견이 있었든 없었든 알베르투스 박사는 마술로 명성이 자자했고, 당시의 식자들은 그가 스스로 만든 호문쿨루스를 종으로 부렸다는 것을 알고 있었다.

마르셀 프루스트(Marcel Proust)는 "좋은 거짓말은 한 알갱이의 진리를 가지고 있다"고 말했는데, 그렇다면 이 미신적 구설수 속에도 한 알갱이의 진리가 들어 있다고 할 수 있다. 왜냐하면, 어떤 사람은 알베르투스가 그런 식으로 기여했던 것과 같이 자연 속 사물의 행태에 대한 올바른 통찰의 도움이나 그러한 사물을 올바르게 기술하는 언어의 도움을 빌려 이 사물들을 어느 정도는 자신의 의지에 복종시킬 수 있기 때문이다 — 적어도 사물들이 생명이 없고 사용된 언어의 문법이 수학적 논리에 바탕을 두고 있는 곳에서는.

연금술 역사에서는 종종 동일한 이름의 저자가 두 명씩 있는데, 알베르투스의 경우에도 어느 정도는 마찬가지이다. 그런데 그중 한 사람은 연금술 소논문을 30편가량 썼고, 또 한 사람은 연금술에 오히려 비판적이었던 정통의 인물이다. 정통의 알베르투스는 그의 《암석에 관한 책》(De mineralibus)에서 개별 금속은 언뜻 그 특성상 안정적인 것처럼 보이고, 따라서 각각의 금속은 고유한 본질적 형상을 지니고 있다고 말한다. 더 나아가 그는 종 개념을 문제 삼지 않은 채 본질적 속성들도 서로 이동할 수 있다고 주장하는데, 이는 정확하게 아리스토텔레스의 물질변환이론에 부합한다. 계속해서 그는, 연금술사들이 일을 하는 방식은 우선 비천한 금속으로부터 모든 특성을 제거하고, 이때 남게 되는 질료에 잠재적으로 존재하는 힘들을 이용해서 금속을 더 고귀하고 새로운 존재로 만들려고 시도하는 것이라고 말한다.

그런데 알베르투스는 근본적으로 이 작업을 완수하는 것은 자연이라고 강조한다. 우리는 자연의 행동을 뒤따라야 하고, 황-수은 이론 — 그 자신도 추종했다고 하는 — 을 따라야만 한다는 것이다. 실제로 연금술사들은 황과 수은을 끓임과 정제를 통해서 정화하려고 시도했고, 그 후 이 두 기본물질을 특성 없는 질료 — 이것은 제일질료와 다를 바 없는 것인데 — 와 아주 정확한 비율로 조합해서 원하는 방식으로 변환하려고 시도했다.

그러나 그것이 실제로 가능할까? 알베르투스는 회의적이다. 그는 연금술 문헌들 속에는 의견은 많지만 경험의 사실들은 적으며, 더 나아가서 모든 것이 알레고리와 암호명의 베일 아래 숨겨져 있다고 본다. 그는 또 금속을 적당한 액체로 채색함으로써 목표에 도달하려고 했던 사람들을 제외하면, 자연의 방식에 따라서 작업하는 연금술사들이 실제로 진정한 변환을 가져오는지 상당히 의심스럽다고 말한다.

이렇게 하나의 알베르투스는 비판적 관찰자이다. 그러나 이 알베르투스는 인간이 수행하는 금속 물질변환에 회의적이고, 반면에 다른 알베르투스는 인간에 의해서 수행된 금속 물질변환에 대해서 상당한 믿음을 보인다. 상당한 양의 연금술 필사본이 1300년 이후에 그의 이름이 붙은 채로 유통되었고, 그중에서 여러 개의 동일한 텍스트들이 여러 가지 판본으로 존재했는데, 이것들은《연금술의 올바른 길》또는《연금술에 관한 작은 책》이란 제목으로 유통되었다.《작은 책》이란 제목은 적절하게 붙여진 것인데, 실제로 그것은 짧고 간결하고 알레고리화하는 장광설이 없다. 이때 그것이 모범으로 삼는 것은 라틴 게베르(Geber)의 저작들이다.

《작은 책》이 무엇보다 중요한 이유는, 그것의 짧은 장들 안에 연금술적인 표준 실험행위와 진사나 연백(*Bleiweiss*) 같은 몇몇 화학적 기본 물질에 관한 정확한 기술이 들어 있기 때문이다.

그 밖에 우리는 대체로 화학적 내용밖에 없는 이 저작에서 아주 뜻밖의 숙고할 만한 가치가 있는 다음 문장을 발견한다.

"그렇기 때문에 불에 의해서도 그리고 부패에 의해서도 파괴되지 않는 '돌'에 도달하자. 그러면, 우리는 모든 불안으로부터 해방될 것이다."(Hein. 12)[6]

이때 그것을 '엘릭시에르'라고 부르든, '의약제'라고 부르든, 또는 '발효제'라고 부르든 그것을 통해서 얻어진 것은 사람들이 희구했던 것에 거의 근접한 것이었다. 모든 것은 근접이다.

가짜 알베르투스는 다음과 같이 말한다.

"이렇게 모든 금속은 금과 은으로 물질변환될 수 있는데, 이것들은 모든 천연의 금속과 마찬가지의 성질을 가지고 있다. 다만 ⋯ 연금술사들의 금은 인간의 마음을 흥분시키지 않고 또한 나병을 치유하지 못한다. 반면에 이 금에 의해서 유발된 상처는 부풀어 오르는데, 천연의 금에 의해서는 그런 일이 일어나지 않는다. 그러나 분명한 것은 이 금이 망치로 두드리기와 시금 같은 모든 다른 행위를 이겨내고, 색채도 영원히 유지되리라는 것이다."(Hein. 19)

바로 이 거의, 이 영원한 근접, 이것이 되풀이해서 맹수에게 희망을 먹이로 던져 주는 것이 아닐까?

---

[6] Hein.은 Heines의 약어이다.

7. 토마스 아퀴나스

'영국 박사'(Doctor Angelicus)이자 위대한 선생의 위대한 학생인 토마스 아퀴나스에 대해서도 약간의 언급을 하고 넘어가자. 1225년에 태어난 그는 모친 쪽이 호엔슈타우펜(Hohenstaufen) 가문과 친척 관계였고, 따라서 높은 정치를 할 운명을 지니고 태어난 것처럼 보였다. 이 젊은이가 나폴리에서 공부를 시작하고 또 성직자가 되려고 했을 때, 적절한 소문에 따르면 그의 어머니는 가택연금과 통상의 '육체적 유혹'으로 그의 결심을 바꾸려고 시도했다고 한다. 그러나 이는 아무런 소용이 없어서, 토마스는 1243년에 도미니쿠스회 수도사가 되었다. 1245년부터 1252년까지 그는 파리와 쾰른에서 알베르투스 마그누스 밑에서 공부했고, 그 후 교수가 되었다.

교수 생활은 주로 파리에서 했는데, 여기서 그는 보편문제 — 그것이 실체인가 관념인가? — 와 아리스토텔레스의 올바른 해석을 둘러싼 대 논쟁 — 종종 피를 불러오기도 한 — 에 말려들어 갔다. 엄밀히 말하면 그의 교수활동은 실패했고, 1266년에 파리대학의 감독인 대주교 에티엔 탕피에(Etienne Tempier)가 아리스토텔레스의 가르침과 그에 관한 여러 테제에 대한 가르침을 금지했을 때 논쟁의 열풍 속에서 토마스의 몇몇 주장도 그 속에 포함되었다. 토마스는 여행 중이던 1277년에 죽었을 때 아마 뼛속 깊이 실망했을 것이다.

그런데도 그는 로마 교회의 가장 위대하고 영향력 있는 사상가의 하나가 되었다. 그의 명성은, 깊이 있을 뿐만 아니라 그야말로 바싹 마른 나뭇가지처럼 날카로운 변증법적 사고를 담고 있는 저작인 《신학대전》(*Summa theologiae*)에 바탕을 두고 있다. 그렇지만 토마스 자신은 분명히 사람들이 그의 저작을 통해서 상상할지 모르는 것과 달리 그렇게 건조한 외양을 갖고 있지는 않았다. 그는 굉장히 뚱뚱했고, 그래서 사용하던 책상을 그의 체구에 맞게 둥글게 도려내야만 했을 정도였다.

토마스의 경우에도 두 명이 존재한다. 한쪽 편에는 냉정하고 조용한 신학박사가 있는데, 그는 연금술사들에 대해 그냥 지나가는 말로, 그들의 황-수은 이론은 맞는 것이며, 좀 의구심은 들지만 그들이 자연의 작용을 가속시키려는 것이 정당하지 않은 행동은 아니라고 판정했다. 다른 한쪽 편에는 《떠오르는 여명》(*Aurora consurgens*)이라는 제목의 책을 쓴 광분한 연금술 몽상가가 있다.

물론 이 두 번째 토마스의 해석자들 중에는 《아우로라》(*Aurora*)의 저자가 《숨마》(*Summa*)의 저자와 동일하다고 주장하는 사람도 있다. 《아우로라》를 편찬하고 주석을 단 심리학자 마리-루이제 폰 프란츠(Marie-Louise von Franz)는 그 책 속에서 죽음 앞에서 절망에 빠진, 폭력적으로 규율 잡힌 혼의 폭발을 발견한다. 물론 이 견해는 문헌학적으로는 거의 뒷받침될 수 없다. 단 하나 분명한 사실은 저자가 신학자였다는 것이다. 왜냐하면 이 저작은 성서의 금언들과 연금술 문헌들로부터 나온 비유의 덩어리였는데, 이 덩어리는 아주 혼란스럽고, 환상적-신비적인, 즉 개인적 체험으로도 느껴진 것이었기 때문이다. 다음과 같은 분출은 실제 실험을 하는 연금술사들에게 쓸 만한 것은 아무것도 제공하지 못한다.

두 번째 우화에서: "내 아들아 그러면 너는 오늘 즐거워하라. 이제부터는 아무 슬픔과 고통이 없을 것이기 때문이다. 왜냐하면 이전 것은 모두 지나갔기 때문이다. 귀 있는 자는 가르침의 영이 죽음을 불러왔다가 쫓아버린 여성에 대해서 학문의 아들들에게 이야기하는 것을 들으라. 철학자들은 이 말을 이렇게 해석한다: 그로부터 혼을 빼앗고, 그에게 다시 혼을 돌려주어라, 왜냐하면 하나의 분해는 또 하나의 생성이기 때문이다. 이 말은 그것의 분해하는 습기를 빼앗고 본래 그에게 속하는 습기를 풍부하게 하라, 그러면 완성이 오고 그의 생명이 생겨난다는 것을 의미한다."

세 번째 우화에서: "일곱 명의 여성이 한 남자를 붙들고 '우리는 우리 빵을 먹었고, 우리 옷으로 우리를 덮었는데, 어째서 너는 예루살렘에서 우리가 물을 쏟아붓듯이 흘린 피를 방어하지 않는가?'라고 말할 그날. 그리고 '아직 조금 기다려라, 이 책에 제시된 우리 형제들의 숫자가 완전해질 때까지. 그때 시온에 남을 사람은 구원을 받을 것이다. 왜냐하면 그때 주는 시온의 딸들의 오물을 지혜와 통찰의 영으로써 완전히 씻어 낼 것이기 때문이다'라는 신의 대답을 받아들였다고 말할 그날에."(Franz 61, 65f)

물론 이때 핵심 문제는 구원이고, 이것은 정말 연금술의 진정한 주제이기도 하다. 그럼에도 불구하고 《아우로라》는 영성적 방향을 향해 가는 노바 아르스(*Nova ars*)의 연장선상에서 가장 먼 지점을 나타낸다.

다섯 개의 다른 텍스트 외에 아퀴나스가 썼다고 하는 〈종의 증식에 관하여〉(*De Multiplicatione Species*)라는 제목의 또 하나의 소논문은 아마 14세기 중엽이나 후반에 작성되었을 것인데, 이 경우는 상당히 다르다. 여기서의 핵심 내용은 진짜 실험실 화학이고, 전적으로 아말감 형성에 관한 것이다.

의심할 것 없이 〈종의 증식에 관하여〉의 중심에는 수은이 있다. 그 이유는 이 작은 책에서 가짜-토마스는 순수한 수은 이론을 대변하기 때문이다. 물론 당시에도 이 이론을 대변하는 선행자가 있었지만 그는 이 이론을 극단적으로 밀고 나갔다. 이 이론의 원형은 이미 언급된 《명반과 염에 관하여》(Liber de aluminibus et salibus)에 등장한다. 그런데 보통 라제스(Rhazes)의 저작으로 알려진 이 책은 아마 어느 스페인 연금술사의 펜으로부터 나왔을 것인데, 그는 이 책을 11세기 말 또는 12세기 초에 아랍어로 썼다. 그런데 이는 또한 번역의 시기에 연금술에 관한 독자적 아랍어 저작들이 쓰였음을 의미한다.

이 책은 서양에서 커다란 영향력을 행사했다. 이는 부분적으로는 분명히 아르-라지가 썼다는 설에 기인할 터인데, 그가 저자라는 것은 이 저작이 정리가 잘되어 있고 화학 지식을 풍부하게 담고 있고 또한 대체로 아주 냉정하게 쓰였다는 점에서만 의미를 지닌다. 그 밖에 이 저작은 기본물질을 혼령, 육체, 암석으로 구분하는 아르-라지의 방식을 수용하고 있다.

금속의 구조와 관련해서 이 가짜-라지는 원칙적으로 황-수은 이론을 따른다. 그러나 그의 경우 특징적인 것은 수은이 전적으로 노바 아르스(Nova ars)의 중심으로 쇄도해 간다는 것이다. 그는 모든 물질 변환의 수단을 발견했다는 믿음에 들떠서 다음과 같이 수은 "하나만이 순수한 영"이라고 말한다.

"세계에서 어떤 것도 그 본성이 수은 같은 것은 없고, 수은이 작용하는 것과 같은 작용을 할 수 있는 것도 없다. 그리고 그것은 모든 물체[모든 금속] 속으로 들어간다. 그것은 깊이 들어가고, 올라가고, 물체를 고양시킨다. 따라서 그것이 어떤 임의의 물체와 섞이면, 이 물체를 살아 생동하게 만들고 아름답게 하며, 그것이 무엇과 결합하거나 섞이면, 그것을 하나의 상태에서 다른 상태로 변화시키며, 하나의 색에서 다른 색으로 변화시킨다. 그것은 모든 물체의 효모가 될 것이고, 그다음에 그것은 하얀 것과 붉은 것을 만드는 엘릭시에르가 될 것이다. ― 그리고 그것은 영원한 물(*Aqua permanens*)이고, 처녀의 젖이며, 정화하고 씻어 주는 약초이다.

그리고 그것은 살아 있는 것들의 원천이다. 왜냐하면 그것을 마시는 자는 영원히 죽지 않을 것이기 때문이다. 그것은 또한 색의 수단으로 색을 제어하며, 물체가 색을 갖도록 작용한다. 그리고 그것은 죽이고, 신의 의지를 가지고 살아나게 만든다. 그것은 건조시키고 습하게 만들며, 그것은 차갑게도 따뜻하게도 만든다. 그것은 또 처치방식에 따라서 서로 반대되는 작용을 불러오기도 한다. 그리고 그것이 살아 있으면 특정한 작업이 생겨나도록 작용한다. 또한 그것이 고양되면, 다른 작업이 이루어지게 한다. 그러나 죽어 있으면 그것은 훨씬 더 좋은 작업이 이루어지게 한다. 그리고 고양된 상태에서 그것은 다른 작업이 이루어지게 하며, 녹으면 가장 위대한 작업을 이루어 낸다. 그것은 자기 자신과 짝을 짓고 스스로 잉태하고 날이 차면 새끼를 낳는 뱀[우로보로스(Ouroboros)]이다.

그리고 그것은 자신의 독으로 모든 동물을 죽이고, 불로부터 도망치며, 길거나 짧은 시간 안에 모든 것을 죽인다. ― 그럼에도 불구하고 수은은 불 앞에서 스스로 도망치더라도 [불로부터] 전혀 분리될 수 없다. 그렇기는 하지만 현자들은 특정한 기술을 이용해서 그것이 불을 견디도록 하는 데 성공했다. 그러므로 그것이 불과 싸우는 동안 그들은 그것이 불에 대항해서 약간의 저항을 하게 될 때까지 그것에게 서서히 단계적으로 불을 먹인다. 그리고 나면 그것에 의해서 굉장한 작업고 변환이 일어난다. 왜냐하면 그것은 그것이 변환되는 것과 같이 그 자신을 변화시키기 때문이고, 왜냐하면 그러면 그것으로부터 검은색과 그것의 더러움 그리고 또 그것의 운동성이 제거되기 때문이다. 따라서 그것은 그것이 색을 갖게 되는 것과 마찬가지로 색을 지니고, 그것이 고정되는 것과 마찬가지로 고정되며, 그것이 해체되면 다른 것을 해체한다. 그리고 그것은 자신을 하얗게 만들고, 석회가 되고 마침내는 붉게 된다. 그리고 그것은 우유이고, 습한 오줌이다. 또 그것은 늘이는 연고이고, 또한 모든 굉장한 것들의 아버지이며, 구름이고, 안개이고, 도망치는 노예이다."(Haage 153f)

가짜-라지는 대화의 형식으로 다음과 같이 계속 써 나간다.

"그리고 그것은 금과 다투었고, 밀며 압박했다. 금이 말했다: 너는 나와 다투고 싶은 것이냐? 나는 돌들의 주인이고 게다가 불에 변형되지 않는다. 수은이 대답했다: 너는 진실을 말한다. 그러나 나는 너를 낳았고, 너의 근원은 바로 나이며, 나의 한 부분이 너의 많은 부분을 살아 있게 만든다. 그리고 너는 인색하다. 왜냐하면 너는 나와 관련해서 아무것도 주려고 하지 않기 때문이다. 그리고 누구든지 나를 나의 형제나 자매와 연결하면, 그는 살 것이고 즐거워할 것이다. 그리고 그에게 나는 아주 영원히 충분할 것이다. 그가 천 년의 천 배나 살게 된다 하더라도 말이다. 그리고 나는 전적으로 비밀이고, 내 속에는 지혜가 숨겨져 있다."(Haage, 154f)

그러므로 수은은 가장 순수한 영[프네우마, 스피리투스(*Spiritus*)]이고, 또한 이에 상보적으로 모든 금속들의 원천, 즉 물체(소마, *Corpus*) 자체이다. 대상의 이 같은 '양성성'(*Zwittrigkeit*)은 가짜-라지가 하는 말들과도 들어맞는데, 그는 이 말들로써 비교적 냉정하고 순전히 관찰에 기초한 설명을 하는가 하면, 다른 한편으로는 열광으로 크게 고양된 상태로 넘어가기도 하는 식의 기묘하게 부유하는 방식으로 수은의 본질을 서술하려고 한다.

이 떠돎, 이 흔들림은 나중에 등장하는 이런 식의 많은 소논문들의 특징이다. 이는 연금술 대가가 자신이 실험실에서 마주친 현상들을 위와 뒤에서 동시에 보는 것 같은 인상을 준다. 그러나 현상들 뒤에서 바라봄이란 시적이고 다의적인 감각을 동반한 예감으로, 이것은 어느 정도는 헤르메스-연금술 문헌을 통해서 연금술사들이 손에 넣은 이미지들에 의해서 미리 형성되고 그려진 것이다.

그런데 우리는 그사이에, 냉정한 인간조차도 선입견을 전혀 갖지 않은 채 보거나 관찰할 수는 없다는 지혜에 익숙해지게 되었다.[8] 그러므로 연금술사들이 우리와 다른 것은 그들이 선입견을 찬양했기 때문이 아니라 그들의 선입견의 종류가 다른 것이었기 때문이다.

우리의 자연과학적 선입견, 가정(假定)이라고도 불리는 선입견은 말하자면 연금술적 선입견에는 없는 두 개의 특징적 속성을 지니고 있다. 가정 속에 담긴 주장들은 ─ 적어도 일반적인 경우에는 ─ 특정한 규칙을 만족시켜야 한다. 예를 들어서 그것은 논리적으로 일관성이 있어야 하고, 단순한 사변 이상의 것이 되고자 한다면 시험 가능해야 한다. 시험 가능해야 함은 또한 반증 가능해야 함을 의미한다. 그러나 이에 비추어 보면, 하나의 현상이 **동시에** 그 반대라는 주장은, 가정으로서는, 즉 미리 앞선 판단으로서는 허용될 수 없는 것이다.

반면에 가짜-라지의 선입견은, 바로 그 속에 자기 자신에 대한 반박을 포함하고 있기 때문에 논리적-실험적 반박이 불가능하다. 연금술사의 선입견은 인간의 세속적 감정의 선입견이고, 이것은 사랑과 증오, 환상과 맹목, 열정과 정신적인 게으름 속에, 말하자면 인간의 자기모순 속에 존재하는 것이다. 그는 이 선입견을 자연 속에 집어넣는 것이다.

그런데 그동안 우리는 **우리가** "면밀하게 쓰인 책(*kein ausgeklügelt Buch*)이 아니라"(9) 자연이라는 것, 상당 부분은 적어도 무기물적 자연이라는 것을 배웠다.7 이것은 이미 갈릴레이가 주장한 것이다. 그리고 그동안 우리는 이 자연 — 자연이 바깥에 있을 때는 가장 안쪽의 자연 — 이 우리의 인간적 세속적 감정을 돌보지 않고 또한 그의 거울로서 봉사하려 하지 않는다는 것도 배웠다. 이 모든 것을 우리가 배운 이유는 우리가 우리의 패배를 승리로 포장할 수 있었기 때문이다 — 이 얼마나 놀라운 인간의 능력인가! 자연이 죽었다는 — 자기 의지도 없이, 인간과의 마술적 연결도 없이 — 깨달음은 말하자면 그것의 객관화를 통해서

---

7 '*kein ausgeklügelt Buch*'는 스위스의 문필가인 콘라트 페르디난트 마이어(Conrad Ferdinand Meyer, 1825~1898)가 인간을 책에 비유하여 묘사한 표현을 인용한 것으로, 인간의 자아가 복합적이고 모순에 차 있다는 의미이다.

왔다. 이 깨달음은 자연을 신뢰할 만한 것으로 만들었고, 자연을 기술적 간섭을 향해서 개방했고, 근대적 실험 — 이것이 없었으면 기술적 진보가 결국은 불가능했을 — 에 개방했다. 그래서 사람들은 인간-자연의 관계라는 문제를 해소한 것이 아니라 극복했다고 스스로 암시할 수 있었다.

그러나 연금술사가 그의 대상, 즉 화학물질을 보는 시야가 그보다 훨씬 더 성공적인 오늘날의 화학자의 시야보다 더 먼 곳을 향했다고 하는 말로써, 즉 《명반과 염에 관하여》(Liber de aluminibus et salibus)의 이름 모르는 저자의 말이 가리키듯이 그의 시야가 원래 '이중의 시야'였다는 언급으로써 순수 수은 이론이 정리된 것은 아니다. 책들이 그들의 운명을 지닐 수 있는 것처럼, 순수 수은 이론도 운명, 즉 시작과 절정과 종말을 가지고 있었다.

《명반과 염에 관하여》 또는 훨씬 앞선 자비르의 《70의 책》(Septuaginta)에 나오는 순수 수은 이론의 초기상태는 본래 배아(胚芽)단계라고 표현할 수밖에 없다. 이 두 책에서는 물질변환 과정의 기초로서 수은만 이야기한 것도 아니었고, 그것을 선호한 것조차 아니었다. 두 책에는 상당수의 다른 방법, 이것을 이용하면 돌이라는 목표에 도달할 수 있다고 하는 방법이 나와 있었으며, 이들 방법에서는 모든 가능한 염들과 식물계와 동물계에서 획득한 것들을 포함한 다른 물질들이 중요한 역할을 한다. 다시 말하면 두 저자의 수은 이론은 어떤 근본적 숙고에 기초한 것이 아니었다.

이는 1300년 무렵에 중세 연금술의 한가운데에 마치 등대처럼 서 있던 인물인 라틴 게베르(Geber latinus, 가짜-게베르)의 등장으로 바뀌게 된다. 이와 관련해서 여기서는 게베르의 물질변환 수단인 광물-'의약품'은 모두 수은으로 이루어져 있고, 이것이 아래에 나오는 세련된 물질이론에 바탕을 두고 있다는 언급만 하고 넘어가겠다.

그는 자신의 주저작인 《숨마》(*Summa Perfectionis Magisterii*, 완벽한 숙달의 정점)에서 이렇게 말한다.

"그러므로 분명한 것은 수은을 더 많이 포함하고 있는 물체[금속]는 완벽함의 정도가 더 높고, 적게 포함하고 있는 물체들은 완벽의 정도가 낮다는 것이다. 그러므로 너는 모든 작업에서 수은이 혼합물 속에서 우위를 점하게 하도록 노력하라. 그리고 네가 수은만으로 완벽함에 도달할 수 있다면 너는 고귀한 완벽함을 연구하는 자가 되고 작업을 완수하게 될 것이다."(Newm. 483, 731)[8]

《숨마》가 다른 많은 저작들에 영향을 미쳤다는 것은 상당히 확실하다. 하나만 예를 들면 아르날두스 데 빌라노바(Arnaldus de Villanova) — '가짜'인지 아닌지는 모르지만 — 의 《로사리움》(*Rosarium*, 묵주 또는 장미정원)이 있는데, 이것은 다시 예를 들어서 가짜-룰루스(Lullus)의 《테스타멘툼》(*Testamentum*)에 커다란 영향을 미쳤다.

그러나 순수 수은 이론은 우리 가짜-토마스 아퀴나스의 〈증식에 관하여〉(*De Multiplicatione*)라는 소논문에서 절정에 도달하는데, 여기서 눈에 두드러지는 점은 논문 전체를 통틀어서 수은의 파트너인 황이 완전히 부재하다는 것이다. 황이라는 단어는 한 번도 등장하지 않는다. 우

---

8 Newm.은 Newman의 약어이다.

리의 시각에서 볼 때 가짜-토마스는 그의 〈증식에 관하여〉에서 다양한 금 아말감을 만들었는데, 이것들은 최종적으로 어쨌든 열 도금용으로는 사용될 수 있는 것이었다.

제기되는 물음은, 전통적인 황-수은 이론이 폐기된 것은 아니지만 가짜-토마스 같은 연금술 대가에 의해서 특정한 방향을 향해 극단적으로 멀리 나아가게 되었는데, 말로 드러나지 않은 어떤 사고를 통해서 그렇게 되었는가 하는 것이다. 당시에 인정되던 견해들에 비추어 볼 때 상당히 그럴듯했던 황-수은 이론의 주된 문제는 수은의 다양한 양성형상 때문에 발생했다. 수은은 주로 프네우마적인 것으로서, 스피리투스로, 즉 영(靈)으로 여겨지거나, 또는 정반대로 주로 물체적인 것으로, 즉 물체, 금속으로 여겨질 수도 있었다.

그리스-이집트 연금술은 수은을 본질적으로 프네우마로 보았다. 황과 함께 그것은 두 개밖에 없는 주요 프네우마타 중 하나였던 것이다. 그렇기 때문에 그것은 황의 반대물도 아니었고, 황에 대한 보완물밖에 안 되는 것도 아니었다. 그러나 아랍의 황-수은 이론에서 수은은 바로 이 '반대물'의 자리로 옮겨 갔다. 그것은 황이 가지고 있지 않았던 것을 제공했는데, 그것들은 이 금속이 지닌 무거운 중량, 용융 가능성 또는 특별한 광택이었다. 이로써 수은은 황-수은의 조합 속에 본래의 금속적인 것을 가지고 들어왔다.

우리가 알고 있듯이 사람들은 이미 고대에 수은을 어떻게든 금속으로 분류하고 싶어 했다. 다시 말하면 7개의 표준 소마타 그룹 속에 받아들이려 했던 것이다. 우리는 또한, 7이란 숫자 때문에 수은을 금속이라고 선언하고 싶은 유혹이 컸으리라고 말할 수도 있다. 이와 관련해서 우리가 잊어선 안 되는 것은 연금술사들이 한 번도 분석적-실용적으로 사고한 적이 없다는 것이다. 그들은 이렇게 말하지 않았다.

"금속광택을 가지고 있고, 화학적으로 유사하지만 또한 서로 화학적으로 구별될 수 있는 물체들이 존재하는 것만큼 많은 금속이 존재한다. 그리고 우리는 처음부터 얼마나 많은 금속이 존재하는지 말할 수 없고, 또 겉보기에는 독자적 금속처럼 보이는 것이 언젠가 합금으로 판명될 수 있는 것도 아니다."

그들은 이렇게 말했다.

"일곱 개의 행성이 존재하는 것처럼 일곱 개의 금속이 존재한다. 그리고 우리의 과제는 어떤 금속이 일곱 개 그룹에 속하는지, 어떤 금속을 어떤 행성에 대응시킬 수 있는지를 밝혀내는 것이다."

그러나 수은은 또한 금속으로서의 그 표현형태 외에 그것을 다른 금속으로부터 분명하게 구별되게 해 주는 잠재적 속성들도 보여 주었고, 이와 반대로 '진짜' 금속의 중요한 정의적 특징을 가지고 있지 않았다. 금속은 망치로 치면 늘어날 수 있다. 그것은 아주 독특한 가단성(可鍛性), 간단히 말하면 벼려질 수 있는 것이다. 그런데 벼려질 수 있음은 금속광택 외에 금속의 본래적 기준으로 여겨졌고, 액체 수은은 벼려질 수 없었다. 한편 수은은 증류 내지 승화 가능했고, 이로써 다른 모든 금속과는 분명하게 다른 행동을 보여 주었다.

어느 누가 만일 그전보다 더 단호하게 수은을 황-수은 이론의 틀 속에서 금속으로만 보겠다고 마음먹는다면, 그는 경험적 딜레마가 아니라 논리적 딜레마와 맞부딪칠 것이다. 모든 금속이 황과 수은으로 이루어져 있고 수은이 금속이라면, 수은 자체도 황을 포함해야만

한다. 그런데 사람들은 단순한 시각적 판단에 따라 '모든 금속은 황이다'라고 말할 수 없었고, 따라서 사람들은 그에 반대되는 주장, 즉 모든 금속은 본질적으로는 수은이라는 주장 쪽으로 확고하게 마음을 정했다. 그리스의 연금술사 시네시오스가 4세기에 수은을 원질을 위한 '우리의 납'으로 보았고, 그렇기 때문에 모든 질료의 기본 구성물 자체로 보았다는 것을 상기하자.

토마스 이후 한 세대도 채 지나지 않아서 등장한 상당히 고전적인 중세 연금술 대가 아르날두스는 시네시오스와 비슷하게 생각했다. 물론 그와 관련해서는 원질이 아니라 원금속에 대해 이야기하는 것이 좋을 것이다. 왜냐하면 그는 수은이 여러 가지 성분으로 이루어져 있다고 생각했기 때문이다. 15세기에 연금술사 베르나르두스 트레비사누스(Bernardus Trevisanus)는 그의 《연금술의 책》(Liber de alchemia)이라는 제목의 책에서 똑같은 주장을 폈다. 그는 수은이 모든 금속과 같이 4원소를 포함하고 있고, 그렇기 때문에 황이 가지고 있다고 하는 남성적 원소인 불과 공기도 포함하고 있다고 언급한다.

그러나 더 고전적인 황-수은 이론의 추종자도 계속해서 존재했다. 두 연금술사 그룹 사이의 싸움은 14세기 전체를 거쳐 15세기에 이르기까지 계속되었고, 원래의 황-수은 이론으로 되돌아오면서 끝났다. 어쩌면 사람들이 **모든** 질료적 물질에 대해 다시 더 주의를 기울이게 된 것이 그런 결과를 낳는 역할도 했을 것이다. 사실 임의의 질료에 대해 적확하게 기술할 수 있기 위해서 필요한 것은 수은의 속성들만이 아니다. 황의 속성들도 필요한 것이다. 15세기에서 16세기로 넘어갈 즈음 파라셀수스는 황과 수은의 이원성(Zweiheit)을 황, 수은, 염 ─

용해성이라는 아직 없는 성질을 제공해 주게 될 — 의 삼원성(*Dreiheit*)으로 확장하기까지 했다. 가짜-토마스의 논문에는 이 가설적-연역적 사색은 전혀 들어 있지 않은데, 물론 이 작은 저작은 그것이 전문상징(*Fachsymbolik*) — 그것이 그것의 실험실과 가까운 냉철함에도 불구하고 우리가 파악할 수 있는 것보다 더 많은 것을 알려 주려 하고, 그럼으로써 우리의 시각으로 보기에는 그 의미의 과잉을 통해서 모든 사색의 자연철학적 배경을 가려 버리는 — 으로 자리 잡지 않았다면 연금술적인 것이 아닐 것이고, 그렇게 고명한 저자의 이름을 지닐 만한 가치가 없을 것이다.

8. 로저 베이컨

13세기의 거인 중 세 번째 거인인 로저 베이컨(Roger Bacon)의 저작들은《신학대전》(Summa theologiae)의 저자의 경우보다 더 냉정하게, 아니 여러 측면에서는 아주 영국적-실용적인 내용의 전개를 보여 준다. 그렇지만 또한 우리는 바로 그 '불가사의의 박사'(Doctor mirabilis)를 통해서 마침내 육신을 지니고 있고 분리되어 있지 않은 연금술 대가를 갖게 된다. 그의 생애에 대해서 짤막하게 살펴보자.

베이컨은 1219년에 영국 일체스터(Ilchester)에서 태어났다. 아마 헨리 3세와 권세 있는 귀족들 간에 벌어진 전투에서 왕의 편에 섰다가 재산을 날린 부유한 가문 출신일 것이다. 1241년부터 1247년까지 그는 새로운 학문의 메카인 파리에서 학자로서 활동했고, 박사가 되었다.

과연 당시에 미지의, 어쩌면 그 참여자에 의해서조차 제대로 평가받지 못한 순간들 중의 하나, 즉 위대한 알베르투스 마그누스와 로저 베이컨이 서로 만나는 그런 순간이 있었을까?[10] 그들은 무엇에 대해서 이야기했을까? 장 아누이(Jean Anouilh)가 우리에게 그럴듯하게 이야기하듯이 토머스 베켓(Thomas Becket)과 그의 왕처럼 날씨에 관해서?

베이컨은 분명 이 저명한 교수에게서 강의를 들었다. 그러나 그의 영향이 베이컨을 도미니쿠스 수도회로 끌어들일 정도로 멀리 미치지 않았음은 명백하다. 1247년에 로저 베이컨은 링컨(Lincoln)의 주교이자 위대한 자연철학자인 로버트 그로스테스트(Robert Grosseteste)

를 만나고 나서 프란체스코 수도회에 들어갔다. 베이컨이 도미니쿠스 수도회에 입회했다면 더 좋은 대접을 받았을지는 알 수 없는 일이다. 어쨌든 프란체스코 수도회의 지도자들은 그의 삶을 편하게 해 주지 않았는데, 이는 어쩌면 그가 상당히 날카로운 언변으로 유명했고, 최고 상층부의 사안에도 개입했기 때문일 것이다. 그는 아마 '업무적 경로를 피해서' 그와 친구 사이인 교황 클레멘스(Clemens) 4세와 서신 교환을 했고, 그가 교육개혁에 나서도록 설득하려고 했던 것 같다. 1268년에 교황이 죽자 수도회 감독은 베이컨이 의심스러운 문서를 작성했다는 이유로 그를 수도원 감옥에 투옥한다는 판결을 내렸다. 이들 문서 중에는 그의 대저작인 《오푸스 마이우스》(*Opus maius*), 《오푸스 미누스》(*Opus minus*), 그리고 1266년에 나온 《오푸스 테르티움》(*Opus tertium*) — 인간의 능력을 신의 능력과 대비해서 지나치게 칭송하는 내용을 담고 있는 — 도 있었다. 베이컨의 그 이후의 운명은 분명하지 않지만, 그의 텍스트들 중에서 1292년 그가 죽기 직전에 나온 《콤펜디움》(*Compendium studium theologiae*, 신학연구 개요)도 그의 플라톤적 색채를 지닌 아리스토텔레스적 사고의 변함없는 신선함과 독자성을 보여 준다.

'불가사의의 박사'(*Doctor mirabilis*)같이 아주 독립적인 인물은 당연히 마술과도 손잡았을 터인데, 실제로도 그는 자신의 '흰' 판본(*Version*)에서 마술을 거부하지 않았다. 그래서 사람들은 그가 악마를 가지고 여자를 만들 수 있다는 말을 했다.(11) 점성술과 관련해서 베이컨은, 날씨를 규정하는 해와 달을 포함하는 별들의 배열이 안 좋을 경우에는 인간이 예민해지고 변덕스러워지는데, 이는 싸움을 낳고, 싸움은 전쟁을 낳으며, 전쟁은 곤경, 페스트, 곤궁 등을 가져온다고 생각했다.

연금술에 관한 베이컨의 판정이 중요한 이유는, 그가 중세의 위대한 경험주의자로, 그리고 그와 이름이 같고 과학에서 귀납적 방법의 전파자인 프랜시스 베이컨(Francis Bacon)의 선구자로 여겨지기 때문이다. 기술의 예언자로서 그는 또한 잠수함과 비행기를 예측했다.(12) 아리스토텔레스는 연금술에 관해서 아무것도 쓰지 않았지만, 베이컨은 《오푸스 테르티움》에서 연금술을 매우 높게 평가한다.

물론 그는 그것이 갱신(Erneuerung)의 비밀과 상징적 의미에 익숙한 자에게만 열려 있다고 본다. 또한 중요한 것은 지상의 물질들의 조합 ─ 145개가 존재한다고 하는 ─ 인데, 그중의 하나가 '금 만들기'라는 것이다.

베이컨은 아르스 노바(Ars nova)를 두 개의 서로 분리된 영역, 즉 아르스 스페쿨라티바(Ars speculativa)와 아르스 프락티카(Ars practica), 다시 말해 이론적 부분과 실천적 부분으로 나누었다. 사변적 연금술은 광물들만을 다루는 것이 아니다. 그것은 생명 없는 사물은 ─ 이것이 4원소로부터 생겨난 것이면 ─ 모두 다룬다. 그리고 건강을 책임지는 4체액도 마찬가지로 결국은 4원소로 환원될 수 있으므로, 사변적 연금술은 생명 없는 자연의 자연철학적 기초일 뿐만 아니라 의학의 기초이기도 하다. 두 영역 중의 하나인 실천적 연금술은 말하자면 사변의 해석 같은 것이다. 물론 그렇다면 연금술은 단지 편집증적(monoman)으로 금만 가지고 씨름할 뿐만 아니라 일반적으로 야금학, 염료 그리고 의약품의 제조를 가지고도 씨름한다.

우리가 아르스 스페쿨라티바를 '화학의 이론적 기초'라고 부르고, 아르스 프락티카를 '응용화학'이라고 부른다면, 중세의 이 연금술 찬양자로부터 아주 멀어지는 것 같은 느낌이 들까?

실천 연금술(*Alchemia practica*)에서는 주로 생명연장과 부의 획득을 위한 수단에 대해서 가르쳤는데, 베이컨은 이것이 아르스 노바(*Ars nova*)의 더 중요한 부분이고, 그로 인해 연금술이 높은 가치를 갖게 된다고 강조한다. 베이컨은 라틴어 저자로서는 첫 번째로 돌 내지 파나케아(*Panacea*), 즉 전능 치유자 — 그리스어의 헤 파나케이아(*he panakeia*)가 지닌 의미에 부합하는 것과 같은 — 의 역할을 힘주어 찬양했다. 이로써 돌은 어떤 특별한 질병과 관계없는 일반적인 생명연장의 수단이 되었다.

그런데 베이컨은 그 이유를, 파나케아 속에 육화되어 있는 연금술적 금에 포함된 4원소의 비율이 자연적인 금의 경우보다 더 조화롭고, 따라서 이 금이 인간의 육신을 이상적 조화의 상태 — 그렇지 않을 경우에는 최후의 심판의 날이 되어야 부활을 통해서 도달하게 될 — 로 옮겨 놓을 수 있기 때문이라고 했다. 그러니까 예술은 자연보다 말하자면 더 적고 더 나쁜 것만을 실현할 수 있는 것이 아니라 더 좋은 것도 실현할 수 있는 것이다.

베이컨은 교황에게도 엘릭시에르의 제조에 관한 제법(製法)을 보냈다고 한다. 이 에피소드가 맞는다고 해도, 여기서 우리의 흥미를 끄는 것은 사실 연금술에 대한 믿음을 고백한 베이컨의 용기가 아니다. 왜냐하면 유명한 신학자이자 학자로서 그는 '금 변조자'로 의심받을 염려를 할 필요가 거의 없었기 때문이다.

여기서 흥미를 끄는 것은, 베이컨의 제법이 효력이 없었을 것인데도 이에 대해 불평하지 않은 것처럼 보이는 교황의 태도일 것이다. 그렇지 않으면 이 제법에 대해 알지 못하고 교황의 정신적 입장도 모르는 우리가 착각하는 것일까? 그래도 그것이 어느 정도는 효과가 있었을까? 플라세보 효과를 포함해서?

베이컨의 이름으로 여러 개의 텍스트들이 돌아다녔는데, 그중에는 〈연금술의 거울〉(*Speculum alchymiae*)과 〈기록된 화학 기술에 관하여〉(*De arte chymiae scripta*)라는 소논문이 있었다. 이 문헌들이 진짜인지 아닌지는 문헌학자들 사이에서 아직 판정이 나지 않은 것처럼 보인다.

9. 아르날두스 데 빌라노바

우리 목록은 아직 수십 개의 이름이나 저작으로 더 채워질 수 있는데, 이 목록 속의 진짜와 가짜 연금술사 중에서 네 번째 인물은 카탈루냐의 아르날두스 데 빌라노바(Arnaldus de Villanova)이다. 그는 1235년 또는 1240년에 태어났고, 1311/12년에 바다 여행 중에 난파를 당해 사망했다.

아르날두스는 신학자, 점성술사, 사회개혁자, 연금술사, 의사, 유럽 여러 궁정의 외교관이었다. 바로 그렇기 때문에 그의 삶은 다른 위대한 의사인 아비센나(Avicenna)의 삶과 비슷한 면이 많았다. 그는 왕이나 교황의 자문관 자리에서 감옥의 고통 속으로 떨어졌다가 다시 돌아오는 부침을 겪었다. 그는 아라곤 왕 페드로 3세의 마지막 병환 때 의사로서 그의 곁을 지킨 것에 대한 보상으로 1285년에 타라고나(Tarragona)의 성과 몽펠리에(Montpellier)에서 의학교수 자리를 얻었다. 또한 그는 언젠가 명성 높은 의사이자 학자로서, 교황 보니파티우스(Bonifatius) 8세 앞에서 연금술 실험을 했고, 이때 '금 막대들'을 만들었다고 한다.

그런데 그는 이로 인해서 단두대로 가지 않은 것은 물론이고, 오히려 교회 제후들 수장의 은덕을 입게 되었다. 물론 다른 성직자들도 그랬던 것은 아니다. 그는 성직자들의 행태에 대한 비판, 사회개혁 — 거의 개신교적-이단적인 것처럼 들리는, 구원자가 내려 준 직접적 영감에 의해서 나섰다는 — 을 위한 노력, 낱말 마술과 탈리스만(Talisman) 마술에의 경도(傾倒)로 인해 미움을 받았다. 아라곤 궁정에서 프랑스로 향하는 외교 여행 중 그는 1299년에 파리에서 체포되었다. 왜냐하면 점성술사인 그가 적(敵)그리스도의 도래와 1335년 또는 1345년의 세계 종말에 대해 예언했기 때문이다. 왕과 교황에게 항의한 후 그는 1301년에 파리를 떠나도 좋다는 허락을 받았다.

이로써 그의 생애가 진부한 것으로 퇴락한 것은 결코 아니다. 세속적인 것과 영적인 것이 얽혀 있는 음모, 권력, 미신의 다채로운 그물 속에서는, 어느 누가 그 그물에 걸려 목 졸려 죽지만 않는다면 사태가 결코 지루하게 전개되지 않기 때문이다. 자기 목숨을 구하기 위해서 아르날두스는 교황에게 적그리스도에 관한 자기 책의 수정본을 한 권 보냈는데, 이 책은 그가 먼저 약간 거부감이 드는 부분을 제거한 것이었다. 그의 성하(聖下)는 거기에서 특별한 것을 발견하지 못했지만, 파리에 있는 아르날두스의 적들은 보니파티우스(Bonifatius)가 원래의 저작을 읽을 수 있도록 일을 꾸몄다. 교황은 그의 손에 책이 들어오게 된 상황뿐만 아니라 좀 더 분명한 책의 내용이 전혀 마음에 들지 않았다. 이제 교황은 그의 약아빠진 박사를 체포하라는 명을 내렸다.

그러나 속담에서 이야기하듯이 "어떤 자에게는 올빼미지만 다른 자에게는 나이팅게일이다". 의사는 갑자기 담석으로 고통스러워하는 그의 성하를 병상에서 만나게 되는 것이다. 아르날두스는 그를 담석으로부터 해방시키는 데 성공했고, 교황을 치유한 자가 이단자일 리는 만무했다. 보니파티우스는 그의 주치의를 석방했을 뿐만 아니라, 소문에 따르면 그에게 아나니(Anagni)성까지도 선물했다고 한다. 교황은 1303년에 죽었는데 그의 후임자인 최초의 아비뇽 교황 클레멘스(Clemens) 5세는 그에게 신학보다는 의학을 하는 것이 좋겠다고 권했고, 아르날두스가 자신의 주장을 비밀 공의회 앞에서 부인해야만 했을 대 그리고 그의 책들이 불살라지게 되었을 때 아무런 조치도 취하지 않았다. 입에 재갈이 물려진 신학자는 유서를 썼지만, 그 후 6년을 더 살면서 이 기간을 대부분 외교 여행을 하면서 보냈다.

아르날두스는 여러 면에서 연금술 대가의 이미지 ― 연금술을 찬성하거나 반대하는 대부분의 예단이 근거로 삼았고 또 여전히 근거로 삼고 있는 ― 에는 들어맞지 않는다. 아르날두스는 수도사도 신부도 아니었다. 그의 유언에서는 그에게 부인과 자식들이 있었음이 드러나는데, 이는 정당하지 않은 것(contra legem)만은 아니었다. 특정한 관점에서 볼 때 또 비전형적인 것은, 그가 수은 중독과 헛된 희망들과 고독에 의해 혼미해져서 해가 갈수록 연금술사의 골방 속에서 멍하게 시간을 보낸 인물이 아니라, 경험도 많고 여행도 많이 한 외교관이었으며, 그가 쓴 많은 책에 비추어 볼 때 정신적으로도 확실히 명석한 인물이었다는 사실이다.

내가 보기에 또 비전형적인 것은 궁정인물 아르날두스가 아마 하층민 출신이었으리라는 점이다. 게다가 아르날두스는 근대에 등장한 제후의 궁정에 고용된 연금술사 타입에도 부합하지 않는다.

돌이켜보면 우리 모두가 경계인인 것은 아니겠지만, 아르날두스는 시대들 사이의 정신적 경계인이라고 칭할 만한 사람이다. 그러나 그는 자기 시대의 경계를 분명히 가시적으로 뛰어넘은 사람이고, 이는 또한 고전적인, 전통과 연결된 연금술사들에게는 들어맞지 않는 것 같다. 그래도 여러 면에서 아르날두스는 건조한 전성기 스콜라철학에 깊이 물든 시기보다 파라셀수스나 캄파넬라 같은 사람들의 16세기,

아니 판 헬몬트의 17세기에 더 가까운 것처럼 보인다. 그래서 그는 교육의 기초로서의 자연철학 공부를 열정적으로 지지했고, 게다가 실험(*experientia*)의 역할을 강조했으며, 의학에서 실험 수행의 어려움에 대해 한탄했다.

다른 한편 — 그러나 **오늘날에 와서야 비로소 우리가** '한편'과 '다른 한편'에 대해서 이야기할 수 있는 것인데 — 그는 낱말 마술, 점성술, 탈리스만(*Talisman*) 마술이 치유에 이용될 수 있다고 믿었다. 이때 그가 확고하게 믿었던 것은 적절한 탈리스만이 고위 성직자들의 방광 질환을 막는 데만 도움을 주는 것이 아니라 악마, 마녀 그리고 다른 사악한 사람들을 물리치는 데도 도움이 되고, 그 소유자가 재정적 어려움을 겪을 때도 버팀목이 되고, 번개, 폭풍, 홍수로부터 보호해 주고, 두통을 낫게 한다는 것이다. 간단히 말하면 모든 나쁜 것을 물리친다는 것이다. 그렇기 때문에 그것은 또한 사자의 형상으로 깎여야만 했다.

두통의 경우, 예를 들어서 심한 광기가 있을 때는 탈리스만이 제대로 듣지 않을 수 있는데, 이때는 나쁜 증기를 빠져나가게 하기 위해 두개골을 뚫는 특수처방이 제시되었다. 그리고 시력이 나빠지는 것은 게으름을 이용해서 멈출 수 있다고 했다. 즉, 머리를 너무 자주 씻지만 않으면 된다는 것이다.(13)

아르날두스가 썼다고 하는 연금술 저작으로는 가짜 저작들과 함께 확실치는 않지만 진짜로 보이는 몇몇 저작들도 유통되었다. 알려진 저작은 57개가 있었다. 아마 진짜 저작 중 하나는 〈자선 활동에 필수적이면서 부수적인 질문들 8개〉(*Quaestiones tam essentiales quam accicentiales ad bonifatium VIII*)라는 특이한 제목의 소논문일 것이다. 그것이 스콜라 저작이라는 것이 제목에서부터 드러난다. 거기서 다루어진 것은 주석을 통해서 답이 덧붙여졌던 학문세계의 통상적 '질문'이고, 거기에서 다루어진 본질적 속성들과 부수적 속성들의 아리스토텔레스적 구별이다. 《질문들》(*Quaestiones*)에서 아르날두스는 4가지 등급의 열을 구별하기도 했다.

"첫 번째 [불의 등급]은 느낌이 그것을 지배할 수 있는 상태의 것이다. 느낌과 조화를 이루고 있는 두 번째 등급의 열은 자연이 기뻐하는 것이다. 세 번째 등급의 열은 두 번째 것을 넘어가지만, 사람들에게 그것을 견딜 수 있을 정도로 상처를 입힌다. 느낌을 파괴하는 네 번째 등급의 열은 그 이상으로 더 높여질 수 없다."(Ganz. 193 f.)

그러나 아르날두스의 연금술에 관한 주 저작이《보물들 중의 보물과 철학자들의 묵주(장미정원)》(*Thesaurus thesaurorum et rosarium philosophorum*)라는 것은 의심의 여지가 없는데, 이것은 여러 측면에서 다른 아르날두스를 보여 준다. 이 아르날두스는 전형적으로 스콜라철학적인, 건조한 논변식(*Disputation*) 문체를 사용할 뿐만 아니라, 상당수 아랍 텍스트들의 소논문 문체로 서술한다. 그래서 그의《묵주》는《명반과 염에 관하여》와 여러 면에서 유사한데, 그가 이 책으로부터 자신의 몇 가지 생각을 넘겨받았다는 것은 확실하다. 게다가《묵주》가 그 가장 중요한 기본 가정, 즉 이미 이야기한 순수 수은 이론과 관련해서, 앞으로 다시 언급될 게베르의《숨마》(*Summa Perfectionis Magisterii*)의 영향을 받았다는 것도 있을 법한 일이다.

《묵주》는 이론적 부분과 실천적 부분으로 이루어져 있다. 이 책에서 아르날두스는 아무것도 숨기지 않겠다는 통상적 선언으로 시작한다. 그러나 그는 조심스럽게 독자는 숨겨져 있는 사고과정에 대해 준비하고 있어야 하며, 프톨레마이오스의 도서관들의 여기저기 흩어진 지혜를 다시 한번 생각하게 만드는 다른 연금술 책들도 읽어야 한다고 덧붙인다. 아르날두스는 스스로 자신이 플라톤, 아리스토텔레스, 피타고라스 같은 이들의 비밀을 해독했다고 믿는다. 그러나 그는, 《명반과 염에 관하여》가 이미 그랬듯이 자신이 가장 전면에 내세우는 순수한 수은 이론을 뒷받침하는 새로운 논거들을 내놓는다.

그는 보통의 황은 오히려 금속들에게 해를 끼치지만—그런데 이는 황화물의 형성에 대해서 생각해 보면 맞는 말이다—, 반면에 철학적 황은 이미 수은 속에 숨겨져 있다고 말한다. 그렇기 때문에 은과 금은 수은 하나만으로 만들어질 수 있고, 이것은 납으로 대치될 수 없으며, 그 전에 이미 아주 적은 양의 귀금속이 첨가되어야 한다. 이것은 씨앗 이론과 조금도 다를 바가 없다. 물론 수은과 철학적 수은이 존재한다. 아르날두스는 '철학적 수은'을 아쿠아 비타이 메르쿠리알리스(Aqua vitae mercurialis)라고 부른다—이것으로 무엇을 의미하는지 그리고 이것을 어떻게 얻는지는 분명하게 말하지 않은 채. 이 철학적 수은만으로도 천한 금속들을 금과 은으로 물질변환할 수 있다. 그러나 철학적 수은과 금이나 은을 섞어서 철학적 수은이 12부분, 금이나 은이 1부분이 되도록 만들면 엘릭시에르를 얻을 수 있으며, 이것은 다시 그 무게의 수천 배나 나가는 천한 금속들을 귀한 금속들로 변환시킬 수 있다.

금을 만드는 또 하나의 방법은 발효인자를 이용해서 철학적 수은을 4원소로 분쇄한 후 이것들을 다시 금의 표현 형태로 다시 구성하는 것이다. 이때 금이 나오기 위해서 필요한 비율은 물 1 공기 1, 물 2 불 1, 그리고 물 3 흙 2이다. 그러나 이때 또 주의해야 할 점은 상대적인 따뜻함, 차가움, 건조함 및 습함이다. 그리고 이 모든 과정은 최종적으로 아주 미세한 붉은 가루가 생성될 때까지 재료 속의 색채변화에 초점을 맞추어서 조종해 주어야 한다. 그러니까 제대로 된 혼합, 에우크라시에(*Eukrasie*)가 관건인 것이다.

이 모든 것은 실험실에서 실제로 구현될 수는 없는 것처럼 들리기는 하지만, 냉철하다는 느낌을 준다. 어쨌든 아르날두스는 실험을 했는데, 이는 피의 증류에 관한 그의 설명이 뒷받침한다. 이때 그는 분별증류를 통해서 물(순수하게 물 같은 액체), 공기(노란색 액체) 및 불(붉은색 증류액)의 원소를 얻었다. 그러나 그가 실험실에서 행한 모든 일은 우리가 익숙해져 있는 분위기와는 확실히 다른 '분위기'에서 일어났다. 그래서 그는 연금술 과정을 화려한 문장 속에서 그리스도의 수태, 탄생, 십자가 형벌, 부활에 비유하는데, 이때 비교라는 단어는 조금 약한 표현이다. 아르날두스는 사실 그가 보기를 원했던 것을 본 것이기 때문이다. 그의 이런 식의 비유는 그 후 많은 연금술사들이 계승했다.

이로써 우리는 다시 아르날두스가 그의 모든 숙고의 중심에 놓았던 수은으로 돌아온다. 수은은 '자연적 질서'에 들어맞지 않았기 때문에 — 그리고 오늘날에도 아직 우리의 일상 이해에 들어맞지 않기 때문에 — 상당수의 연금술사들은 이 프로테우스 같은 물질에 완전히 현혹되었다. 이 경우 그러한 질서는 우리의 배열에의 욕망, 사물들을 그룹별로 분류하려는 강박으로부터 유래한 것일 뿐이다. 금속들은 '금속광택이 나고' — 이는 정의적 동어반복에 지나지 않는데 — 그 밖에도 그것들은 단단하고 가단성을 가지고 있다. 이와 반대로 액체들은 흐르는 성질이 있고, 그 밖에 금속광택이 없고 통상의 금속들만큼 무겁지 않다. 이는 수은이 금속이나 액체로 분류될 수 있는 기본 조건을 하나씩 갖추고 있지만, 금속들이나 물로 배열되기 위한 다른 조건들은 가지고 있지 않다는 것을 의미할 뿐이다. 그리고 수은이 만들어 내는 합금은 사실 그 간과할 수 없이 많은 표현형태들, 그 다채로운 색들, 액체상에서부터 반(半)고체상을 넘어 고체에 이르는 여러 응집상태를 통해서 어떤 유일무이함을 보여 주는데, 이 합금 형성이 아말감 형성이라는 고유한 이름을 얻었다는 것도 마찬가지로 수은이라는 프로테우스가 현상들의 일상세계 속에 배치될 수 없었음을 보여 준다. 그렇다면 수은의 설명 불가능함을 통해서 위대한 비밀의 파악 불가능함을 넌지시 암시하는 것보다 더 쉽게 떠올릴 수 있는 것이 무엇이겠는가?

10. 라이문두스 룰루스

우리는 이제 아르날두스 데 빌라노바를 떠나서 다른 중요한 연금술 대가를 만나려 하는데, 이를 위해서는 멀리 돌아다닐 필요가 없다. 잠깐 동안 독립국이었던 발레아레스[9] 왕국 출신인 룰루스(Lullus)도 마찬가지로 카탈루냐인이었고, 1232/35년부터 1315/16년까지 살았다. 우리는 사실 그의 가짜-인물에 관심이 있을 터이지만, 진짜 룰루스의 이 도플갱어는 그의 모본의 역할을 상당히 잘 해냈고, 그렇기 때문에 그의 역할은 역사적으로 보아도 전승된 도플갱어의 삶과 원본의 삶이 완전히 동일할 정도로 완벽했다. 이후 세기의 어떤 연금술사도 그의 라이문두스 룰루스가 방탕한 청소년기 후에 자기 삶을 불신자를 개종시키는 일에 바친 프란체스코회 수도사였다는 것을 의심하지 않았다.

그런데 이 수도사 룰루스는 삶의 덧없음을 눈앞에서 목격한 충격적 체험 후에 유쾌한 한량생활에 종지부를 찍겠다는 결정을 내렸다. 한 여성, 그녀의 아름다움을 그가 무한에 이를 정도로 최고조의 허무한 자아도취에 빠져서 찬양했던 이 여성이 어떤 체념의 순간에 그에게 암에 파먹혀 들어가는 자기 젖가슴을 보여 주었던 것이다. 이 일은 1266년에 일어났고 일련의 환상들과 겹쳐서 일어났다. 그리스도를 본받기로 개심한 후에 룰루스는 아르메니아까지 가는 많은 여행을 했고, 많은 것을 배웠고, 많은 글을 썼고, 아라곤의 왕 후안 1세(Juan I)

---

[9] 현재 스페인의 마요르카섬과 그 주변의 섬들로 이루어진 지역.

의 아들들의 선생이 되었다.

그러는 중에도 그는 불신자들의 개종이라는 목표를 눈앞에서 놓치지 않았다. 그가 개종시키려고 마음먹었던 불신자들을 그는 잘 알고 있었는데, 이들은 그가 태어나기 조금 전까지도 그의 고향 섬을 지배한 자들이었다. 이 불신자들은 암흑의 아프리카 출신의 문맹자들이 아니라 무어인이었는데, 그들 중 상당수는 높은 교양을 지녔고, 따라서 사람들은 고도의 정신적 노력을 기울여야만 그들을 상대할 수 있었다. 아랍어를 배운 후 룰루스는 북아프리카로 세 번의 선교여행을 떠났고, 마지막 여행에서 그는 정말 성경적인 방식으로 돌에 맞아 죽었다.

룰루스는 언어와 논리학을 좋아했고, 이로 인해 그는 카발라적 신플라톤주의 쪽으로 끌려갔다. 이는 그가 자신의 세 주저인《아르스 마이오르》(*Ars maior*, 주요 예술),《아르스 게네랄리스》(*Ars generalis*, 일반 예술) 또는《아르스 마그나 에트 울티마》(*Ars magna et ultima*, 마지막 그리고 최종 예술) 및《아르스 베리타티스 인벤티타》(*Ars veritatis inventita*, 발견된 진리의 예술)를 쓸 때 도형, 숫자조합 및 철자조합을 많이 이용했다는 것에서 이미 외적으로도 드러난다. 이를 통해서 그는 하나의 아르스 인베니엔디(*Ars inveniendi*, 발명의 예술), 즉 진리 — 물론 기독교의 — 를 논리적, 기계적인 방식으로, 말하자면 동심(同心)의 회전 가능한 판에다 쓴 개념들의 조합을 통해서 발견하는 방법을 개발하려고 시도했다. 보편 언어를 추구했던, 그리고 추구하는 모든 자들에게 룰루스의 조합이 미친 영향은 결코 과소평가할 수 없다. 그러나 여기서 우리의 관심은 언어학이나 정보학이 아니라 연금술이어야 한다. 그리고 이 지점에서 그 자신의 유령은 우리 선교사의 전기적 외피 속으로 미끄러져 들어온다.

'진짜' 룰루스는 금속들이 개별 종의 시리즈 ― 오직 하나의 동일한 속에 속하는 ― 를 형성한다는 견해를 보였는데, 그러니까 그가 연금술을 비판적으로 대했으며, 연금술 저작을 하나도 발표하지 않았던 반면, 그의 유령인 도플갱어는 수백 개가 넘는 연금술 저작을 썼고, 그것도 종종 혼란스러운 룰루스적 방식이긴 하지만 진짜 룰루스적인 원형 도형과 스탬프를 통해서 인증받은 저작들을 남겼다. 여기에 더해서 아르스 인베니엔디(Ars inveniendi)의 발명자가 쓴 것으로 잘못 알려진 연금술 저작들, 예를 들어 《테스타멘툼》(Testamentum) 또는 《코디킬루스》(Codicillus), 즉 테스타멘트(Testament)를 위한 부록에서는 개념들과 대상들을 위한 철자들이 사용되고 있다.

그 외에도 가짜-룰루스의 연금술 저작들뿐만 아니라 그의 많은 저작들은, 문체를 통해서만이 아니라 서로 빈번하게 교차인용되는 것을 통해서, 밀접하게 연결되어 있음을 확연하게 보여 주기 때문에 그것을 보는 사람은 《자비르 전서》(Corpus Gabiricum)가 연상되는 느낌을 받는다. 그런데 이런 느낌은 룰루스가 썼다고 하는 모두 143개에 달한다는 의심스러운 양과 관련해서도 그렇다. 문헌학자들은 가짜-룰루스의 저작들이 14세기에 와서야, 아니 15세기에 와서야 세상에 나왔고, 그중에서 가장 오래된 것은 그의 제자 중 하나의 것 또는 (그리고) 다른 라이문두스의 것이라고 말한다. 어쩌면 《연금술적 룰루스》의 저자들은 연금술을 신앙수호자가 죽은 후 수세대 동안 잘못 이해된 조합예술(Ars combinatoria)의 일종의 물질적 짝으로 이해했을지 모른다. 그러나 저자들의 모티프와 희망뿐만 아니라 논문들의 탄생시기와 영향 자체가 생각할 거리를 던져 준다. 경건한 근대의 연금술사는 어느 한 저작의 완성과 다른 저작의 완성 사이에 수십 년 또는 수백 년의 세월이 흘러간 것을 알아채지 못했다. 어떤 확연한 진보도 저작이 그 전의 것인지 그 후의 것인지를 그에게 가르쳐 주지 않았던 것이다.

가짜-룰루스가 발을 디디고 서 있던 전통은 '정말 어떠했는지'는 따지지 않고, 그 대신에 일종의 플라톤적 현자들 — 지구상에 불완전하게 출현함으로써 영원한 이념을 희미하게 빛나게 했던 — 의 제국으로 눈을 돌리는 전통이었다고 볼 수 있다.

그러나 어째서 그토록 많은 사람들이 이 현자들의 제국에 스스로를 복속시켰는가, 다시 말하면 연금술 문헌의 정통 저자들의 이름이 드러나는 경우는 왜 그토록 드물었는가? 왜 연금술의 전체 역사에 걸쳐서 익명과 '가짜'의 기운이 떠다닐까?

여러 개의 답이 나올 수 있을 것이다. 연금술 논문들의 경건한 독자들은 사악한 동시대 글쟁이들 — 이들에 대해서는 거듭해서 강하게 주의하라는 경고가 있었던 — 의 다툼과 종잡을 수 없는 인물들보다 현자들의 세계 속에서 더 확실하게 대접받는 것처럼 느꼈다.

전통의 문제는 우리가 나중에 다시 다룰 터인데, 그렇지만 나는 여기서 벌써 물론 증명될 수 없는 추측에 대해서 이야기하고 싶다. 내 눈에 띄는 것은 위대한 예술의 지혜가 태곳적인 것이었음에도 불구하고, 각 시기가 근대 초기에 이르기까지 '위대한 거장'의 이름이 붙은 가짜-비문(Pseudepigraph)들을 가지고 있었다는 것이다. 나는 이것이 연금술 독자에게 전통이 단절되지 않았다는 것, 즉 비밀 지식의 횃불이 세기에서 세기로 전달되었다는 것을 무의식적으로 확인해 주는 작용을 했다고 생각한다.

그러나 문학에는 독자만 있는 것이 아니라 저자도 있으며, 이는 연금술 문헌에도 마찬가지로 해당된다. 나는 저자들이 단지 비판받거나 마술사로 여겨지는 것에 대한 두려움 때문에 위대한 이름이라는 외투 속으로 들어간 것은 아니라고 생각한다. 구설수에 오르지 않으려는 사람은 침묵할 수 있지 않았겠는가. 게다가 저작권이 없던 시대에 자기 논문에 대한 물질적 이득을 거의 약속받을 수 없었던 상황에서 말이다. 물론 나중에 서적인쇄의 시대에 와서 출판업자들이 그들의 책들과 전서들을 멋진 이름으로 장식하는 데 꽤 큰 관심을 가질 수 있게 되었을 때에는 상황이 달라진다는 말을 빠뜨려선 안 되겠지만.

썼던 사람은 성공을 거두고 싶어 했다. 그리고 이를 위해서는 말할 것도 없이 위대한 이름을 붙이면 되었다. 그러나 계속해서 가정적으로 가정법을 써서 말하면, 가명을 써서 그의 저작으로 성공을 거둔 사람은 나중에 이렇게 고백할 수도 있었을 것이다.

"이러저런 학위자인 나는 XY라는 논문을 이런저런 이유에서 이 사람이나 저 사람의 이름으로 썼다"라고.

그러나 나는 그런 경우는 하나도 알지 못한다. 그리고 나는, 연금술 대가들이 일종의 미학적 겸손 때문에 가명으로 출판했으리라고 보지도 않는다. 나는 그들이 진리에 대해서 다른 관계를 가지고 있었으리라고 본다. 적어도 중세의 인간에게는 진리가 단순히 사실들의 합만은 아니었다. 일단 조심스럽게 말해서, 어떤 수도사가 개연성이 적은 일들로 가득한 성자 신화를 썼다고 해도 그가 거짓말쟁이가 되지는 않았던 것은 분명하다. 아니다, 그는 더 높은 진리의 성당의 대목장이었다. 이런 저런 건축구성물이 서로 잘 맞아 들어가지 않는다면, 그것은 강력하게 조정되어야만 했던 것이다. 피아 프라우스(Pia fraus, 경건한 사기)? 아니다, 그것은 사기가 아니었다. 경건한 사기도 절대 아니었다. 책상 앞에 앉은 수도사가 주관적으로는 거짓말쟁이가 아니라 성자와 그의 메시지의 봉사자로 느낀다면, 책상 앞의 연금술사도 현자와 그의 가르침의 봉사자로 느끼지 못할 이유가 어디 있겠는가?

그리고 사람들이 사실적으로 일어난 사건, 사실적으로 수행된 일에 대한 고려 없이 그런 식으로 진리에 봉사했다면, 환상적 주장들도 진짜의 것으로 등장할 수 있었다. 이는 무엇보다 돌의 팅크투르(Tinktur), 즉 색을 부여하는 힘에 해당된다. 《테스타멘툼》(Testamentum)에는 "바다가 만일 수은이라면 나는 그것에 색을 부여할 수 있다(Mare tingerem, si mercuriusesset)."(Read 29)라는 아주 희망으로 가득 찬 파토스가 나온다.(14)

그런데 이것으로 다 끝난 것이 아니다. 팅크투르는 어떤 질병이든 그 심한 정도에 따라 하루에서 한 달까지의 기간 안에 치유할 수 있다. 게다가 팅크투르는 일종의 건강한 삶의 원리로서 성장을 가져올 수 있다.

"돌은 봄의 계절에 그것의 위대하고 놀랄 만한 따스함을 이용해서 모든 식물을 되살린다. 그리고 네가 한 그란(Gran)[이것은 귀리 씨앗만큼의 양이다]의 양을 물에 녹이고, 다시 이 물에서 그만큼을 취해 포도나무 주위에 흩뿌리면, 개암껍질에서 그런 일이 일어나듯 잎과 꽃들

이 생겨나고, 5월에는 잘 익은 과실이 맺게 될 것이다."(Ganz, 183)

그 밖에도 팅크투르는 거장 룰루스를 즉흥적으로 붉은 수탉으로 변신시킬 수 있었다. 그것은 정치에서도 아주 유용할 수 있었을 것이다 — 물론 경건한 목표에 사용되었다면 말이다. 그런데 우리 앞에 마침내 한 사람의 선교사가 등장했다. 그래서 이 선교사 룰루스는 스스로 친히 영국 왕 에드워드 3세(또는 2세)가 튀르키예인들과의 전쟁에서 전비로 사용할 수 있도록 런던탑에서 22톤의 천한 금속을 금으로 물질변환했다. 왕은 연금술 금으로 로즈노블(Rosenobel)[10]을 제작하도록 했다. 그러나 안타깝게도 그는 그것을 불경한 목적, 즉 다른 기독교인들과의 전쟁에 사용했고, 결국 그것은 어떤 이유에서인지 사라져 버렸다(Sic transit gloria auri, '그리하여 금의 영광은 사라져 버리고').[15]

---

10 장미무늬가 있던 영국의 옛 금화.

11. 요한네스 데 루페스키사

여기에 소개하는 연금술사 그룹의 여섯 번째 인물은 종종 룰루스나 아르날두스의 이름과 함께 거론된다. 특기할 만한 점은 우리 시대에 이르기까지도 사람들이 그 또한 카탈루냐인이라고 믿었다는 것이다. 오늘날 우리는 그가 오베르뉴(Auvergne) 출신임을 확실히 알고 있다. 이에 반해서 우리는 그가 — 우리의 연금술 정의에 따를 때 — 원래 연금술 대가였는가 하는 물음과 관련해서는 확신하는 바가 없다. 우리가 요한네스 데 루페스키사(Johannes de Rupescissa)에 관해서 알고 있는 약간의 지식은 대부분 그의 저작들로부터 나온 것이다. 거기에서 그는 자신이 언제 그리고 어떤 여건에서 태어났는지 알리는 것조차도 필요하다고 여기지 않았다. 확실한 것은 그가 5년간의 공부가 끝난 1332년에, 프란체스코회 수도사가 되었다 — 이로 인해서 자기가 공부한 툴루즈대학을 떠나지 않고도 — 는 것이다.

1344년에 그는 한 수도원으로 추방당했다. 이유는 그가 자신이 관여되어 있는 일과 그 일의 명칭을 너무 진지하게 받아들였기 때문이다. 프란체스코 수도회는 스스로를 공식적으로 '천한 형제회'(Ordo Fratrum Minorum)라고 불렀다. 그런데 여기서 '천한'이란, "금을 향해 돌진하고 / 금에 집착하는" 세계에서는, 그리고 적어도 요한네스 형제가 이해하기로는, 가난함도 의미한다. 그는 콘벤투알회 수도사들(Konventualen)과 달리 옛 규칙 — 수도회의 개별 회원들만이 아니라 수도회가 공동으로 그리고 공동체로서도 가난해야 한다는 — 을 엄격하게 지키기를 원했던 스피리투알회 수도사들(Spiritualen) 편에 섰다.

그런데 그는 고집을 굽히지 않음으로써 수도원 연금을 당한다면 그럴 각오도 되어 있었다. 이런 방식으로, 말하자면 수인(囚人)으로서 그는 짧은 석방기간으로 작용하는 자유의 기간에 수도원에서 수도원으로 돌아다녔다. 단단한 수도원 담 안에 갇힌 그가 마지막으로 체류한 곳은 교황 도시 아비뇽이었다. 여기서 요한네스 형제는 1365년 말 또는 1366년 초에 죽었다고 전해진다.

그가 얼마나 오래 살았는지 그리고 그가 임종의 침상에서 어떤 약을 자기 치료약으로 생각했는지를 아는 것은 흥미로운 일이다. 왜냐하면 그의 이름을 달고 돌아다니는 두 개의 의학-연금술 책 — 아마 실제로 그가 썼을 것 같은 — 의 핵심 주제가 바로 그것이기 때문이다. 빼놓지 말아야 할 것은 살아 있을 때 요한네스 형제는 다른 저작 때문에 유명해졌는데, 이 저작은 또한 아르날두스의 기호를 연상시킬 뿐만 아니라, 루페스키사가 페스트와 쓰레기와 미신 한가운데에서 얼마나 무섭고 두려움에 사로잡힌 세기에 살았는가를 상기시켜 준다.

이 책들은 그보다 200년 앞선 인물인 피오레의 요아킴(Joachim von Fiore)의 스타일로 쓰인 예언문서(*Vatizinien*)인데, 거기에서 그는 특히 1360년과 1367년 사이에 일어나서 '천사 교황'의 등극과 함께 끝이 날 종말의 재앙을 예측했다.

예언문서는 아무리 성서 연구를 많이 해도 신령한 영감을 받은 개인적인 계시 없이는 이루어지지 않는다. 그런데 그것은 또한 프란체스코 형제 요한네스에게 '새로운 예술에 관한 철학'을 보여 준 계시이기도 했다. 그의 새로운 관심영역의 첫 번째 열매는, 간단하게《데 퀸타 에센티아》(*De Quinta Essentia*)라고도 불리는《모든 사물 속의 정수

《제5원소)의 비판적 고찰에 관한 책》이었다.

여기서도 우리는 아르날두스의 경우와 마찬가지로 이론적 부분과 실천적 부분의 분리를 볼 수 있다. 이론을 다룬 장에서 루페스키사는 다음과 같은 물음, 즉 엘릭시에르가 예를 들어 특수한 질병에 대한 특수한 수단으로서가 아니라 생명 그 자체를 연장하는 수단으로 작용할 수 있으려면 어떠한 최소 속성을 가지고 있어야 하는가 하는 물음에서 출발한다. 요한네스는 육신의 쇠락을 멈추기 위해서는, 그러한 수단은 변화하는 혼합물로 이루어져서는 안 된다고, 다시 말하면 '순수' 해야 하며, 또 '파괴되지 않는' 것이어야 한다고 말한다. 이러한 종류의 물질은 아리스토텔레스적 아이테르, 즉 세계에테르 또는 제5원소가 다른 4원소로 이루어진 달 아래 세계에 대항해서 행동하는 것처럼, 육체의 변화하는 히포크라테스적 체액혼합물에 대항해서 행동해야 한다.

여기서 우리는 잠깐 멈춰야 한다. 왜냐하면 원래 4원소의 자리만 있는 세계 영역 속의 제5원소(*Quinta essentia*)라는 것이 우리를 어리둥절하게 만들 것이기 때문이다. 정의에 따라서 네 개만 있어야 하는 곳의 이 다섯 번째는 형용 모순, 그 자체의 모순이 아닌가?

그렇기도 하고 또 그렇지 않기도 하다(*Sic et non*). 실제로 제5원소는 우리 주위의 세계만이 아니라 아리스토텔레스 이후의 자연철학의 역사에서도 상당히 불안정한 위치를 차지하고 있다. 이 역사는 이미 헬레니즘 시대에, 아리스토텔레스가 한 번도 말하지 않은 것을 그의 사상 속에 밀어 넣었던 저자들 — 우리에게는 알려지지 않은 — 도 포함한다. 정통 아리스토텔레스 물리학에서는 천상의 물질 — 근대적으로 표현하면 영원한 원심력 없는 회전운동을 통해서 행성들을 원운동으로 이끄는 — 은 지구상에 등장할 수 없다. 왜냐하면 그것이 달의 천구(天球) 아래 있다면 글자 그대로의 엄밀한 의미에서 틀린 장소에 있는 것일 테고, 게다가 그것이 보여 주는 자연 운동이 지상에서 결코 관찰될 수 없기 때문인데, 반면에 옛 거장의 몇몇 에피고넨은 바로 그것이 가능하다고, 심리학의 범주 속에서 그렇다고 선언했던 것 같다. 즉 혼(魂)의 물질이 천상의 물질과 동일하다는 것이다.

그런데 그렇다고 하더라도 우리가 본래 아주 세속적이기 때문에, 어머니 자연은 우리에게 속한 거의 비물질적 질료인 혼 물질을 어떻게든 4개의 정당한 원소들의 혼합물 속으로 은밀히 가지고 들어왔을 것이 분명하다. 엄격한 아리스토텔레스주의의 관점에서 볼 때 그것은 아주 시적인 모순이긴 하지만 자기모순이다. 그러나 그것은 시스템 속의 오류(*Lapsus*)로서도 모든 비판을 이겨 내고 살아남았는데, 아마 그것이 신플라톤주의자들과 스토아철학자들에게 잘 들어맞았기 때문일 것이다. 그런데 그들은 그것을 아마도 일반적인 절충주의에 따라, 즉 종종 아주 이질적인 소품들로 이루어진 철학들의 조립작업 중에 스스로 발명했을 것이다.

우주의 신플라톤주의적 위계질서 속에서 제5원소는 물질계와 비물질계 사이의 연결고리로 여겨질 수 있었는데, 이는 어쩌면 자비르의 빛천구물질(*Lichtspährensubstanz*)을 연상시킬 수도 있다. 게다가 제5원소는 혼을 육체와 연결하는 일종의 접착물로서도 훌륭한 역할을 했다. 연금술사들과 관련해서 우리는 물론 그들이 정보가 부착된 질료로부터 계속해서 뽑아내려고 마음먹었던 절반쯤 질료적인 스토아적 프네우마를 떠올린다. 그런데 이 경우 노력으로부터 주장에 이르는 길은 흔히 아주 짧았다. 예를 들어서 르네상스 시대에 하인리히 코르넬리우스 아그리파 폰 네테스하임(Heinrich Cornelius Agrippa von Nettesheim)은 금으로부터 제5원소를 뽑아냈다고 끈질기게 주장한다. 제5원소는 또 여러 다른 우주들 사이의 중개자로서 소우주-대우주 이론에도 아주 잘 들어맞는데, 이는 다른 많은 인문주의자들과 함께 아그리파도 마찬가지로 받아들일 수 있는 것이었다.

그런데 여기서 또 하나 덧붙여야 할 것이 있다. 왜냐하면 제5원소의 종말이 연금술 및 그 사고방식의 종말과 함께 오래전에 완수된 것이 아니기 때문이다. 그것은 오히려 다양한 발산체로 분산됨으로써, 무게를 잴 수 없는 에테르로 증식되기까지 했다. 그런데 이 에테르는, 모든 것을 거칠고 계량 가능한 질료와 운동으로 설명하려고 했던 17세기와 18세기의 기계론자들이 전기와 자기, 또 빛과 열처럼 설명할 수 없는 현상들 — 작용하기 위해서는, 그리고 거리를 넘어서까지 작용하기 위해서는 하나의 매개자를 필요로 했던 — 에 직면해서 항상 내밀 수밖에 없었던 것이다. 복잡한 역사를 요약하면 다음과 같다.

19세기의 마지막 수십 년에는 무엇보다도 세계 에테르만 남았는데, 이것은 전자기파 등의 담지자로서 우리가 별들을 볼 수 있는, 정말 볼 수 있도록 하는 책임을 져야 하는 것이었다. 그것은 별들과 물체들의 운동에 대항해서 정지 상태로 있는 일종의 교질물 — 그 안에서는 파장이 에너지 손실 없이 진행되는 — 로 여겨졌다. 이 유용한 세계 에테르의 종말은 마이컬슨(Albert A. Michelson)과 몰리(Edward

W. Morley)가 1881~1887년에 우주공간을 지나가는 지구의 진행방향과 그것을 가로지르는 방향에서의 광속을 측정함으로써, 우주공간으로부터 방사되는 빛의 속도는 우주선 지구의 운동방향과 상관없는 것처럼 보인다는 것을 확인했을 때에도 아직 도래하지 않았다. 마이컬슨과 몰리는 아마 그럼에도 불구하고 아인슈타인 같은 어떤 꾀보가 세계 에테르를 이론적으로 어떻게든 구원했다면 좋아했을 것이다.

그러나 아인슈타인은 1905년에 상대성이론으로 에테르를 간단히 제거해 버렸다 — 물론 이때 그럼으로써 잘 알려진 소화하기 아주 어렵고 기묘한 것들을 시간과 공간 속으로 집어넣었지만.[11] 오늘날 에테르는 화학에만 남아 있는데, 여기서 그것은 조용하게, 전적으로 물질적으로만 향기를 발하고 있다.

그러나 이제 다시 대우주와 소우주, 그리고 두 우주의 상호 관계로 돌아가자. 태양과 나머지 행성들을 담고 있는 것은 대우주의 세계 에테르이고, 이것을 통과해서 행성들의 힘 또는 덕이 지구에 영향을 미친다. 그런데 모든 것이 우리 지구에서 어떻게든 그 거울상을 가지고 있고(ano kai kato), 금은 태양처럼 광채가 나고 달처럼 빛나며, 납은 토성처럼 느리고 슬픈데, 우리가 금속들 속에서 지구의 별들을 본다는 것은 얼마나 그럴듯한가?

그렇지만 도대체 지구상의 천체물질이란 무엇인가? 무엇이 지상의

---

[11] 1905년에 발표된 아인슈타인의 특수상대성이론은 시간의 팽창, 길이의 수축 같은 일이 일어남을 보여 주는데, 저자는 이것을 기묘한 것들이라고 말한다.

제5원소인가? 요한네스는, 그것은 철학자들이 포도주 또는 영의 혼(*Anima vini seu spiritus*), 즉 주정(酒精) 또는 불타는 물(*Aqua ardens*), 즉 불의 물, 또는 생명의 물(*Aqua vitae*), 즉 아쿠아비트(*Aquavit*)라고 부르는 것이라고 말한다.

그렇지만 우리가 여기에서 알코올 증류 지식에 대한 오래된 증거를 발견한다는 사실을 제외하면 좀 실망스러운 것 아닐까?

우리의 비판을 예상하기나 한 것처럼 요한네스는 그의 엘릭시에르를 추가적인 전처리 없이 사용하지는 않는다. 명확한 의학적 목표에 적용하기 위해서 그는 자신의 제5원소에다 알려진 행성작용을 지닌 금속들을 첨가하고, 또한 점성술에 의해서 규정되고 조종될 수 있는 성질들을 지닌 약초들도 첨가한다.

그런데 이때 만들어지는 것은 실제로 혼령들을 되살리는— 그걸 누가 부정하겠는가 — 베네딕트파 리큐어(*Bénédictine*)의 프란체스코파적 변형인 것처럼 보인다. 그러면 이것이 연금술일까?

그의 술[화주] 속에 숨겨져 있는, "제5원소는 타는 물이면서 타는 물이 아니다"(*Quinta essentia est aqua ardens et non est aqua ardens*)라는 비밀로 가득한 모순에 대해 올바른 연금술적 감정을 가지고 마신다면 그렇다.

그런데 화주는 또한 화주가 아니다. 보통의 브랜디는 아직은 결코 진정한 제5원소가 아니다. 기적의 묘약(妙藥)이 되기 위해서 그것은 순환용기 속에서 지루하게 환류증류되어야 한다. 특정한 대체의학 의약품들의 보고 속에서는 지금도 한자리를 차지하고 있을지 모르는 이 기적의 물약은 아직도 진정한 제5원소가 아니고, 아직도 아주 '순수'하지 않다. 그런데 그 이유는 기술적인 것이 아니라 원칙적인 것,

3장 수도원 그리고 그 밖의 다른 곳에서

즉 영원한 삶은 신만이 보장할 수 있다는 데 있다.

그 밖에도 제5원소가 하나만 존재하는 것이 아니다. 그와 같은 것은 수없이 많다. 왜냐하면 모든 천연물은 하나의 제5원소를 가지고 있기 때문이다. 그러니까 약초들뿐만 아니라 예를 들어서 요한네스가 아르날두스와 똑같이 정수(精髓)를 뽑아내기 위해서 증류했던 인간의 피도 그걸 가지고 있는 것이다. 이를 위해서 요한네스는 먼저 4원소를 서로 분리하기 위해 분별 증류를 하는 것이 가장 좋다고 언급한다.

우리는 이제 루페스키사와 그 이후의 다른 많은 사람들이 아주 헌신적으로 이야기하는 이 지구적 제5원소가 스토아철학자들의 생명을 주는 프네우마타 내지 종자 로고스(Logoi spermatikoi) 또는 아예 플라톤-신플라톤적인 모든 물적인 것을 통과하는 세계혼(Anima mundi)에 얼마나 가까운가에 대해서 끝없이 사색할 수 있을 것이다. 적어도 르네상스의 헤르메스주의에서는 ― 중심인물 아그리파(Agrippa von Nettesheim) ― 이 세계에 형상을 부여하는 모든 본체들이 아주 자연스럽게 서로 섞여 들어갔다.

이때 한 가지는 항상 논쟁의 여지가 없는 것인데, 이는 이러한 종류의 모든 관념은 다음과 같은 믿음, 즉 동물계, 식물계, 광물계라는 세 자연의 왕국에서 그 스스로 무엇을 향해서 변화하는 것은 모두 일종의 생명력(Vis vitalis)을 가지고 있음에 틀림없다는 믿음의 영역에 속한다는 것이다. 요한네스는 제5원소에는 모든 거친 질료를 초월해 있는 그 무엇, 즉 천상의 창조력을 지구에서 실현하는 오묘한 것이 들어 있다고 보았다.

우리가 루페스키사의 주정(酒精) 때문에 연금술로 연결해 주는 끈을 상실했다는 것을 인정할 수밖에 없게 되기 전에 해야 할 일은, 형제 요한네스가 그의 《숙고에 관한 책》(Liber de Consideratione)에서 금으로부터 제5원소를 추출하려 할 경우에 권하는 것이 무엇인지를 살펴보는 것이다. 그가 권하는 것은 아르겐툼 비붐(Argentum vivum), 즉 수은을 가지고 금을 아말감으로 만들고, 그 생성물을 '증류한 철학자의 식초'(Acetum philosophicum distillatum) — 이것이 무엇이든 상관없이 — 또는 오래된 오줌 속에 녹이고, 이어서 햇빛을 쬐게 하는 것이다. 이것은 상당히 연금술적인 것처럼 들린다. 물론 여기서 이야기되는 것이 진짜 금속 물질변환에 적합한 색조를 금으로부터 뽑아내고, 그다음에 금을 적당한 방법을 써서 증식시키는 시도가 아니기는 해도 말이다.

루페스키사는 제재 획득을 위한 가장 값싼 방법을 제시한다고 말함으로써 가난율(Armutsgebot)을 거듭 강조하는데, 우리가 이 가난율을 잊어버리지만 않는다면, 우리는 그의 금 제5원소가 천한 금속들의 물질변환에 사용되지 않으리라는 것을 확신할 수 있다. 루페스키사는 자신이 "수도회 규칙에 대한 배려에서"[Benz. (1) 19],[12] 연금술의 야금학적-물질변환적 측면에 관해 더 많이 이야기하지 못하는 데 대해서도 사과한다. 그러나 우리는 나중 세기들의 독자들이 프란체스코회 형제의 경건한 몸사림을 항상 가슴에 담아 둔 것은 아님을 확신할 수 있다.

요한네스 자신도 이 몸사림을 항상 정확하게 행한 것은 아니다. 두 번째의, 주 저작의 부록 역할을 하는 것 같은 작은 저작인 《빛의 책》

---

12 Benz.는 Benzenhöfer의 약어이다.

(*Liber Lucis*)에서 그는 통상의 연금술을 향해 아주 멀리 나아간다. 여기서 그는 여섯 단계 내지 일곱 단계의 과정을 소개하는데, 이것은 다음에 올 세기에 훨씬 더 심각해질 문제를 미리 보여 준다. 루페스키사 추출 연금술의 연금술 과정의 본래적 어려움은 이제는 투사(投射)에 적합한 엘릭시에르나 돌의 제조에 있는 것이 아니다. 문제 — 그리고 영업비밀 — 는 어떤 면에서는 그 자체가 이미 돌인 제일질료의 제조에 있다.

요한네스는, 현자의 돌의 질료는 그가 순수한 수은 이론에 따라 메르쿠리우스(*Mercurius*) 또는 아르겐툼 비붐(*Argentum vivum*)이라고 이름 붙인 천한 물질[*Res vilis*(*vilia*)]이라고 말한다. 이것은 명백하게 '철학적 수은'인데, 그것을 어떻게 얻는지는 언급되지 않는다.

천한 물질에 대한 이 침묵은 갈구하는 독자를 향한 냉소일까? 그것은 모순을 이해 가능하게 만들려는 시도일까? 그렇지 않으면 어쩌면 언젠가 한 번은 자연적인 철학적 수은을 손에 넣게 되는 우연을 맞이하리라는 희망과 결합된 체념일까? 다른 수은보다 더 성공적으로 정화할 수 있는 수은의 변형들은 존재하는 것일까? 그런데 무엇을 변화시켜야 할까? 온도? 시간? 증류의 빈도? 우리가 정말 철학적인 수은을 가지고 있다고 가정해 보자. 그것을 우리가 어떻게 증명해야 하는가? 답은 어린애 장난(*Ludus puerorum*) — 이를 통해 사람들이 현자의 돌을 만들어 낼 수 있을지 모르는 — 을 통해서라는 것이다.

물론 이에 덧붙여서 이야기해야 할 것은, '우리가 철학자의 황 (*Sulphur phi'osophirum*)도 소유하고 있다는 것을 전제한다면'이다. 그것은 특수하게 제조된 로마 비트리올 — 이것이 무엇이든 상관없이 — 이다.

이 로마 비트리올을 가지고 우리는 첫 번째 단계에서 어떤 승화된 메르쿠리우스를 만들고, 두 번째 단계에서는 이 메르쿠리우스를 그것의 제5원소가 남도록 환원하고, 세 번째 단계에서는 그것을 액체로 만들고, 네 번째 단계에서는 계속 증류하여 처녀의 젖(*Lac virgins*)으로 만든다. 다섯 번째 작업에서는 처녀의 젖을 화덕 불로 가열해서 팅크투라 아드 알붐(*tinctura ad album*, 흰색으로 염색)으로, 그러니까 은으로의 물질변환 수단으로 변환시키고, 여섯 번째 단계에서는 흰 팅크투르를 데코크티오(*Decoctio*, 달임) ― 증발 농축 또는 건조, 그러나 또한 증발을 의미할 수도 있을 터인데 ― 를 통해서 팅크투라 아드 루베움(*Tinctura ad rubeum*, 붉은색으로 염색), 즉 금으로의 물질변환 수단으로 바꾼다. 그다음 일곱 번째 단계에서는 메르쿠리우스와 팅크투라 알바(*Tinctura alba*, 흰색 염색제) 또는 팅크투라 루베아(*Tinctura rubea*, 붉은색 염색제)로부터 메디키나 페르페크타(*Medicina perfecta*, 완전한 의약제)를 얻는 일이 뒤따른다. 여기서 '메디키나'가 의미하는 것은 우리가 추측할 수 있듯이 금속들을 위한 약제가 아니라 우리가 생각하는 의미의 의약제이다. 그리고 이로써 요한네스 형제는 금 제조라는 위험한 암초를 피해 간다.

루페스키사의 서술은 그가 연금생활을 했던 수도원들 중 적어도 한 곳에서는 그에게 실험실이 제공되었다는 것을 보여 준다. 그리고 당시에 이룩된 새로운 진전, 즉 냉각을 동반한 증류를 위한 그의 일관적 노력, 그리고 무기산에 대한 그의 일관된 노력을 생각하면, 우리가 중세 실험실의 실험방식 및 거기에서 사용되었던 기구들에 대해 호기심을 갖는 것이 마땅할 것이다.

12. 중세의 실험실

그러면 적당한 실험실을 하나 찾아보자. 가서 머무를 장소를 선택하고자 할 때 우리는 아랍 시대에 머물던 우리와 달리 자유롭다. 로마, 파리, 런던 또는 독일 제국의 대도시 쾰른의 라틴 연금술에 대한 위상은 헬레니즘 연금술에 대해 알렉산드리아가 가지고 있던 위상, 그리고 아랍 연금술에 대해 바그다드가 가지고 있던 위상 같은 것은 아니었다. 수도원, 대학, 그리고 또 권력자, 주교, 공작, 왕의 궁정, 또한 어쩌면 이곳저곳의 야금장, 이 모든 것은 유럽 전역에 흩어져 있었고, 이것들이 연금술사들과 그들의 실험실이 활동할 수 있었던 장소였다.

수도원이든, 어떤 대학의 어느 구석진 곳이든, 어떤 권력의 중심 가까운 곳이든 우리는 어디에선가 우리가 찾고 있던 실험실을 발견할 것이다. 그리고 그것은 3세기부터 13세기까지의 천년과 그다음 세기들이 연금술적 실천의 흔적을 남기지 않고 지나가버린 것은 아닌가 하는 생각이 들 정도로 우리 눈에 익숙하다. 그러나 그런 만큼 더 차이들에 유의해야 할 터인데, 그렇지 않으면 이 차이는 전혀 눈에 띄지 않을지도 모르기 때문이다.

작은 기구들, 그러니까 비커, 분리 비커, 흡액기(*Saugheber*), 적하 깔때기, 접시, 넓적한 그릇, 피올레, 푹 파인 그릇, 도가니, 머플로(爐), 항아리, 절구, 주물용 국자, 도가니집게, 젓기 막대, 주걱과 숟가락, 자루와 여과천, 삼각대 등과 관련해서는 지난 시대와 아무런 차이도 확인할 수 없다. 예외가 있다면 세라믹이 약간 다른 것이고, 절구가 돌이 아니라 황동으로 되어 있다는 것이다. 여전히 배가 나오고 목이

긴 피올레, 그러니까 여전히 고전적인 헤르메스 용기 내지 철학자의 알은 그전에 흔히 그랬듯이 유리로 되어 있었다.

커다란 목탄 화로에서부터 발네움 마리아이(*Balneum Mariae*)라고 불린 중탕냄비, 또는 두엄용기에 이르기까지 다양한 화로와 가열기구도 대부분의 면에서는 동일했다. 12세기 말에 사람들은 연금술사의 다양한 작업을 위한 증류화로, 승화화로, 용융화로, 하소화로, 하강화로, 용해화로, 고정화로를 구분했다. 여기에 시험화로와 장기가열화로가 더해진다. 그리고 물론 연금술사 부엌에는 아주 평범한 요리화로와 벽난로도 있었다.

근대 초기의 어떤 그림에서 볼 수 있듯이 증류화로는 탑처럼 생겼고 위가 열린 모양이었으며, 불은 아래에서 때고, 그 속에 물중탕용기, 모래중탕용기, 재중탕용기를 매달 수 있는 형태를 가지고 있었다. 증류할 때 플라스크는 대부분 불에 직접 노출시키지 않고 중탕용기 속에 넣었다. 승화화로는 증류화로와 대체로 동일했고, 다만 약간 넓었다. 용융-용해화로의 구조는 달랐다. 왜냐하면 그것은 대부분 목탄이 채워지는 함지가 달려 있고 벽으로 둘러쳐진 화로로 되어 있었기 때문이다. 용융될 금속이나 광석은 직접 또는 도가니에 담겨 목탄 불 속에 들어갔다. 자연적 공기공급을 통해서 원하는 온도를 얻을 수 있으면, 사람들은 용융화로를 풍로로 사용했다. 그렇지 않은 경우에는 풍구를 덧붙였다. 즉, 그 전체를 용광로로 사용한 것이다.

하소화로 또는 반사로는 대부분 직사각형 형태의 구조를 하고 있었다. 이것은 하소, 즉 노출된 불 속에서 물질을 태우는 데 이용되었는데, 이때 이 물질은 위쪽에서 반응용기 속으로 튕겨져 떨어졌다. 즉 반사되었다. 하강화로에서는 금속이 하강에 의해서 정화되었다. 조(粗) 생성물은 오지로 된 받침살대 위에 놓였고, 아래쪽이 열린 오지 깔때기 속에 넣어져 화로 속으로 밀어 넣어졌다. 그 후 화로의 윗부분이 가열되었는데, 이때 용융되는 금속이 아래에 놓인 용기 속으로 흘러들어갔다.

근대가 시작된 이래, 그리고 광산업에서는 그전에도 시험화로와 머플화로가 있었다. 이때 시험은 연금술사의 가장 실망스러운 작업 중 하나였을 것이 분명한데, 그 이유는 이를 통해서 이루어지는 작업이 천한 금속 속의 귀금속 함량을 확인하거나 이 금속들이 연금술사의 모든 노력에도 불구하고 더 천한 것임을 확인하는 것이었기 때문이다. 동일한 작업방식에 따라서 금이나 은 속의 금속 불순물도 밝혀질 수 있었다. 이를 위해서는 뒷벽은 닫혀 있고 측면은 터진 머플 — 벽 속에다 예를 들어서 투티아(*Tutia*) 또는 광독연(*Hüttenrauch*), 즉 불순물이 섞인 산화 아연(ZnO)을 집어넣을 수 있던 — 을 지닌 터널처럼 굽은, 속이 빈 벽돌 형태의 작은 화로를 사용했다.(16) 이 화로 속에 시험물질이 담긴 도가니가 넣어졌다. 도가니는 작은 용기였는데, 여기에 재가 채워졌으며, 사람들은 그것을 '재받이'라고 불렀다. 그것 대신 평평하고 삼각형으로 생긴 오지그릇도 사용되었는데, 이것은 보통 '시험단지'라고 불렸다.

쿠펠라티오(*Cupellatio*, 회취법)를 통해 시험물의 귀금속 함량을 확인하기 위해서는 납이 첨가되었는데, 이것은 시험과정 동안 귀금속을 흡수했지만, 그 스스로 일산화 납으로 연소되었고, 일산화 납은 불순물과 함께 재나 다공성의 오지 재질에 의해 흡수되었다.

우리 목록의 마지막 화덕, 그리고 모든 연금술사 실험실의 콘디티오 시네 쿠아 논(conditio sine qua non, 이것 없이는 아무 일도 이루어질 수 없다)이라고 할 수 있는 것은 고정화로이다. 그 속에서는 현자의 돌을 향한 도정에서 가장 중요한 반응단계가 수행되어야 할 것이었기 때문에, 그것은 현자의 화로 또는 아타노르(Athanor)라고도 불렸다. 아타노르는 아랍어의 아트 타누르(At Tannur)로부터 온 말이다. 그것은 대부분 탑처럼 생겼고, 그 속에 철학자의 알, 즉 용융되어서 막힌 목을 지닌 알 모양의 피올레를 지니고 있었다. 알은 보통 재나 모래 속에 박혀 있었고, 그럼으로써 부드러운 열 속에서 그 귀한 생성물을 부화시킬 수 있었다. 이때 가열의 정도는 재 층의 두께에 의해서 결정되었다.

'게으른 하인츠'(Fauler Heinz)라는 좀 고상하지 않은 이름을 지닌 화로는 근대에 와서야 나타났다. 그것은 측면에 연료공급 통로가 붙은 화로였고, 여기서 연료인 탄은 필요한 것만큼 통로에서 미끄러져 전달되었다. 그런 다음 전체를 결합하여 복합화로로 만들 수 있었다. 어쩌면 수수께끼 같은 파텐트화로(Patentofen), 즉 피르 아우토마톤(Pyr automaton)이라고 하는 이집트 연금술사들의 계속 타오르는 불은 게으른 하인츠 같은 것이었을지 모른다.

중요한 개선 중 하나는 근대 초기에 와서야 이루어진 것처럼 보이는데, 이것은 공기 공급과 배기의 조절을 위한 공기조절판의 사용이다. 화로 공기조절판 기술은 15세기에 토머스 노턴(Thomas Norton)이 도입했다고도 하고, 17세기의 루돌프 글라우버(Rudolf Glauber)가 도입했다고도 하지만, 더 오래전에 도입되었을 가능성이 높다.

가열이나 중탕 재료는 새로운 것이 전혀 없다. 그전이나 다름없이 나무, 목탄, 토탄, 피치, 왁스, 기름이 사용된 것이다. 태양의 열도 이용되었고, 여러 가지 발효 중인 두엄도 사용되었는데, 이것으로는 섭씨 60도를 얻을 수 있었다. 가짜-토마스가 그의 〈증식에 관하여〉에서 제시하는 것과 같이 적은 양의 물질은 등불로 가열했는데, 이는 투입되는 등불의 숫자를 통해서 온도를 조절할 수 있다는 장점이 있었다. 높은 온도를 얻기 위해서는 이미 언급했듯이 풍구를 사용했고, 이것의 라틴 변형본은 아랍 것과 모양이 다르지 않았다.

위에 기술된 화로들을 모두 우리 실험실에서 발견할 수는 없다. 왜냐하면 이 모든 훌륭한 것들을 마련할 만큼 충분한 돈을 가진 연금술사는 거의 없었기 때문이다. 이에 대해서 가짜-알베르투스 같은 사람은 이런 시를 읊었다.

"작업이 위험에 처하면, 치명적인 곤궁이 자라난다: 네가 많은 것을 알지는 모르지만, 돈이 없으면 너는 아무것도 아니다."(Heines 6)

그러므로 우리는 화로 산업의 전시회를 기대할 수는 없다. 그러나 우리의 관심을 더 끄는 것은 화로들 위, 또는 그 속에 투입되었던 장치들이다.

이 중에서 특별히 우리 눈에 띄는 것은 레토르트들인데, 그 형태는 아랍의 카라스에서 유래한 것이다. 언제인지 모르지만 증류 플라스크와 증류 투구의 조합물은 한 개로 합쳐졌고, 중세 실험실에 전형적인 것이 되었다. 그런데 레토르트든 아니든, 중세에도 제대로 설비를 갖춘 실험실에는 당연히 증류화로 속에 유리로 된 증류 장치가 들어 있었다. 라틴 중세에 사람들은 그런 장치들을 쿠쿠르비타(Cucurbita), 즉 '호박'(17)이라고 불린 증류 플라스크, 긴 주둥이가 붙은 증류 투구인 알렘비쿠스(Alembicus), 그리고 수용기(Recipiens 또는 Receptaculum)로 구분했다. 이 모든 것을 사람들은 루툼 필로소피아이(Lutum philosophiae)를 이용해서 서로 접합했고, 그 결과물을 흔히 알렘비크(Alembik)라고 불렀다. 한 부분을 가지고 전체를 나타낸 것이다(pars pro toto).

증류 화덕 옆의 작은 벤치 위에서 우리는 증류용 유리 보조기구 몇 개를 볼 수 있다. 거기에는 배수관이 없지만 작은 꼭지가 붙은 유리 투구가 있는데, 이것은 환류증류를 하기 위한 이른바 '눈먼 투구'(Alembicus caecus)이다. 그 옆에는 금속으로 된 뾰족하고 삼각뿔 형태를 한 장미모자가 있다. 그런데 이 모자 안에는 물받이가 있고 그곳으로 배수관이 이어져 있다. 밑이 열린 장미모자를 받쳐 주는 증류기 접시는 바로 그 옆에 있다. 이것 전체는 분명히 공기로 냉각하는 증류에 사용될 것이다. 이에 반해서 우리가 마찬가지로 도구 모음에서 발견하는 모렌콥프(Mohrenkopf)는 물 냉각이 가능하다. 이미 조시모스가 사용했을 가능성이 있는 모렌콥프나 튀르켄콥프의 경우에는 물을 채울 수 있는 용기 속에 투구가 들어가 있다.

모렌콥프 옆에는 작은 벤치 위에 커다란 나무통이 놓여 있고, 그 속에는 나선형으로 감긴 유리관이 들어 있는데, 이 관은 위쪽에서 나무통 안으로 들어가고 아래쪽에서 나무통 밖으로 빠져나오도록 구성되어 있다. 나무통 밖의 관의 아래 끝에서 우리는 철학자들의 접착제로 접착된, 삼각플라스크처럼 보이는 유리 용기를 볼 수 있다. 그런데 우리가 이제 관의 윗덮개가 알렘비크의 코와 연결되어 있고, 나무통이 물로 채워져 있다고 상상하면, 우리는 13세기 중엽의 중세 증류기술에 엄청난 진전이 일어났다는 것을 알게 된다. 그런데 이 진전은 부분적으로 의사 타대우스 플로렌티누스(Thaddaeus Florentinus)의 덕인데, 그는 개선된 냉각보조장치로 알코올 추출물을 증류했던 것이다.

증류 화로 옆의 바닥에서 우리는 지금까지는 알려지지 않은 용기인 '펠리칸'을 발견한다. 이 용기의 이름은 새끼에게 피를 먹이기 위해 자기 가슴을 쪼아 파헤친다는 펠리칸이라는 새의 유명한 전설과 연관되어 있다. 중세 후기에 와서야 탄생했을 것 같은 화학 펠리칸은 병처럼 생긴 용기로 그 긴 목은 병의 배 속으로 되돌아가는 모습을 보이고 있다. 그러니까 이것은 요한네스 데 루페스키사가 분명히 사용했을 것 같은 순환용기이다. 이중의 순환용기, 말하자면 이중 펠리칸도 있었는데, 이것들의 목은 각각 다른 펠리칸의 배에 붙어 있었다.

실험실 구석에 놓여 있는 '알루델'(Aludel)도 눈에 띄는데, 이것은 아마 두꺼운 유리나 유리화된 오지로 만들어졌을 것이고, 그것의 아랍 모델과 거의 구별되지 않았을 것이다. 이 장치에도 둥근 머리나 투구 속에 배수관 대신 작은 공기구멍만 있었는데, 이는 닫힌 투구가 흔히 공기구멍을 가지고 있었던 것과 같다. 알루델의 바닥은 또한 사발 형태로 만들어졌고, 많은 경우 떼어낼 수 있었다.

13. 화학 작업들

설비가 잘 갖추어진 연금술 실험실의 많은 다른 장치들이 뒷받침하듯이 증류와 승화만이 작업의 전부는 아니었다. 그 밖에도 많은 수의 다른 기초 작업들이 존재했다. '데스틸라티오'(*Destillatio*), 혹은 '디스틸라티오'(*Distillatio*)라는 상위개념 아래의 데스틸라티오 페르 필트룸(*Destillatio per filtrum*)이라는 개념도 나오는데, 물론 오늘날 우리는 이 작업을 그렇게 표현하지 않을 것이 분명하다. 그것은 순전히 외형상으로는 종이 크로마토그래피와 유사하다. 왜냐하면 용기 속의 액체가 종이띠에 의해 용기의 끝부분을 넘어가도록 끌어올려졌고, 거기에서부터는 수용기로 방울져 떨어졌기 때문이다.

증류 작업의 범위 속에는 이미 우리가 초기의 연금술로부터 알고 있는 또 하나의 과정이 들어간다. '영을 부여하는' 작업을 하려 할 때 실험자는 증류 후에 증류 찌꺼기와 증류물 — 플레그마(*Phlegma*)와 스피리투스(*Spiritus*) — 을 다시 합쳐서 또 한 번 증류했다 — 프리드리히 실러가 사람들의 다른 많은 노력에 대해 판단한, "스피리투스는 악마에게 가고 찌꺼기(phlegma)는 남았다"는 것 같은 일이 그 전에 일어나지 않았다면 이렇게 함께 증류하는 일은 코히바티오(*Cohibatio*) 또는 인히비티오(*Inhibitio*)라고 불렸는데, 이것은 '포함해서 붙잡는다'(*cohibere*) 내지 '뒤에서 잡는다'(*inhibere*)라는 말과 연관이 있고, '포함해 넣는다'는 말과도 연관이 있다.

쿠펠라티오(*Cupellatio*)와 데코크티오(*Decoctio*), 그리고 하강화로 속에서의 하강은 우리가 이미 알고 있는 것이다. 분액깔때기를 이용한 분리, 여과 그리고 증류를 통한 세파라티오(*Separatio*)에 관해서나 일반적 침전 방법 — 산 첨가 등을 통한 — 을 이용한 프라이키피타티오(*Praecipitatio*)에 관해서, 그리고 키르쿨라티오(*Circulatio*), 즉 알렘비쿠스 카이쿠스(*Alembicus caecus*) 또는 펠리칸 속에서의 환류증류에 관해서는 화학적-기술적 면에서 말할 것이 별로 없다. 마찬가지로 '씻기', '완전히 씻어 내기' 또는 '정화'라는 의미의 아블루티오(*Ablutio*) 또는 라바티오(*Lavatio*)에 대해서도 말할 것이 별로 없다. 그런데 이 작업은 수은을 천이나 가죽 수건으로 압착해 짜내는 것 같은 작업을 말하기도 한다.

칼키나티오(*Calcinatio*)는 가열을 통해서 물질을 용해 가능하게 만드는 것이었다. 그것은 흔히 산화와 같은 것을 의미했고, 이때 보통 고운 가루가 만들어졌다. 여기에 또 솔루티오(*Solutio*) — 용융 과정, 통상적으로는 대체로 중간 정도 온도의 산 속에서 진행되는 용해 과정을 표현하는 — 및 마찬가지로 해체 과정 — 개별적인 — 을 나타내는 디게스티오(*Digestio*)가 덧붙여졌다. 디게스티오가 추출물 또는 제5원소를 만들어 내는 작업을 나타내기도 했고 서로 최대한 합쳐져야 하는 고체와 액체의 혼합작업을 나타내기도 했다는 사실은, 실험실 기술 분야에서조차 연금술 언어가 다의적이었음을 전형적으로 보여 준다. 디게스티오 수행 시 연금술사들의 핵심 관심사는 고운 것으로부터 거친 것을 갈라내는 일이었던 것으로 보인다.

상당수의 연금술 대가들은 또 화학적으로 해석하기 어려운 다른 작업들, 말하자면 마케라티오(*Maceratio*) — 반죽하다, 부드럽게 하다는 뜻의 마케라레(*macerare*)에서 온 — 내지 케라티오(*Ceratio*) — 왁스라는 의미의 케라(cera)에서 왔고, 용융 불가능한 물질을 부드럽게 만듦 또는 액체로 만듦을 의미한 — 도 수행해 보라고 권했다. 이는 기름 속에 넣고 젓는 일, 소금 — 아마 조해성의 — 을 첨가해서 섞는 일을 통해서 이루어질 수 있었다. 그 밖에 몇몇 연금술사들은 케라티오를 물질을 으깨어 간 후 특정한 액체들로 처리하는 작업을 의미한다고도 보았다. 케라티오 또는 인케라티오(Inceratio)라는 개념은 또한 돌을 나중에 왁스처럼 만들어서 천한 금속들 속으로 흘러들어갈 수 있도록 처리하는 작업에 대해서도 사용되었다. 이때 액체는 보통 라피스(Lapis)의 액체적 원리인 '철학자의 수은'이었다. 그러니까 대부분 수은으로 작업했던 것이다.

더 나아가서 아주 중요한 '픽사티오'(Fixatio)라는 작업도 있었는데, 이것은 글자 그대로는 '머리 습격'이라는 의미의 프라이키피타티오(Praecipitatio) 및 코아굴라티오(Coagulatio) 내지 콘겔라티오(Congelatio)라는 기본 작업들을 나타내는 상위개념이었다. 코아굴라티오 내지 콘겔라티오는 결정화 같은 것인데, 또 증류 — 이때 고체 생성물이 생겨날 경우 — 를 통한 물질의 고체화도 의미했다. 연금술사들은, 열이 가해지면 날아가는 황과 수은 같은 물질들이 고체가 되는 경우에 픽사티오라는 말을 사용했다.

삶과 죽음과 분명한 관계가 있는 몇 개의 개념이 아직 남아 있다. 코룹티오(Corruptio)는 일반적으로 대상이 지닌 속성들의 파괴를 가져오는 반면, 푸트레팍티오(Putrefactio), 즉 부패 또는 발효는 물질들을 분해해서 그것들의 모든 화학적 반응능력의 상실을 가져오는 것이었다. 그것은 페르멘타티오(Fermentatio)의 의미로 사용될 수 있었을 뿐만 아니라 모르티피카티오(*Mortificatio*), 즉 '죽임'의 의미로도 사용될 수 있었다. 이때 페르멘타티오라는 개념은 해석하기가 어려운데, 그것은 특별한 작용물질(*Agens*)이 첨가되면 푸트레팍티오 같은 것을 의미할 수 있다. 그러나 그것은 또 이미 언급된 증식에 관한 가짜-토마스의 문헌에 나와 있듯이 금과 은의 씨앗작용을 표현할 수도 있는데, 물론 이 작용 — 죽어라, 그리고 되어라! — 은 그쪽에서 보면 푸트레팍티오로 여겨질 수도 있다.

그리고 마지막으로 페르멘타티오는 변환되어야 할 물질 속에서 일어나는 돌의 작용과 연관 지을 수 있다. 모르티피카티오는 물질을 굳게 하여 단단해지게 만드는데, 이때 이 물질은 다른 물질들과 반응하는 능력을 상실한다. 반응 능력은 흔히 수은의 함유량에 기인하는 것으로 여겨졌기 때문에, 모르티피카티오는 메르쿠리우스(*Mercurius*)의 추방으로 이해될 수 있었다. 또 한편 모르티피카티오는 수은을 실온에서 단단하고 은 같은 물체로 변하게 만드는 과정을 나타냈다.

위대한 작업 — 우리 눈으로 보기에 — 이 완성되면, 대체로 두세 개의 반응단계, 즉 케라티오(*Ceratio*), 물티플리카티오(*Multiplicatio*) 및 프로엑티오(*Proiectio* 또는 *Projectio*)가 뒤따라왔다. 연금술의 다른 많은 것들과 마찬가지로 '물티플리카티오'라는 개념도 다의적이다. 이는 동일한 저작 내에서도 그러한 경우가 꽤 많다. 여러 가지 판본 중 하나의 핵심 관심사는 최종적인 것, 즉 수퍼 엘릭시에르였는데, 이것은 수은을 금으로 변환시킨 후 이 '금'으로부터 엘릭시에르 내지 돌 — 최초의 엘릭시에르에 비해서 여러 배나 증식된 힘을 지닌 — 을 뽑아냄으로써 얻어졌다. 그렇기에 연금술사 귀도 데 몬타노르(Guido de Montanor)

가 주장한 것처럼 페르멘타티오를 통해서 이루어질 수 있는 물티플리카티오에 대해 이야기하는 것이 가능했던 것이다.

이 연금술사는 그러나 또 코아굴라티오(Coagulatio)에 대해서도 언급했는데, 이때의 핵심 관심사는 그 전에 물질변환된 금의 변화와 추출물이 아니라, 그 후의 디플로시스 스타일의 수은 첨가를 통한 금의 증식이었다. 이것은 양적 물티플리카티오일 것이다.

마지막으로 프로엑티오는 이미 오래전부터 우리에게 알려져 있는 과정으로, 여기서는 돌 — 대부분 붉은 가루이고 대체로 종이나 왁스에 싸여 있는 — 이 적합한 질료 — 대부분 납이지만 아주 간혹 수은인 — 를 향해서 던져진다.

상당수의 라틴 연금술사들은 질료의 고귀화를 위해서는 모든, 또는 적어도 가능한 한 많은 기초 작업을 수행해야 한다는 견해를 가졌던 것 같다. 이와 관련해서는 유비(類比)의 틀을 따라가는 전체 작업 도식이 존재했다. 예를 들어서 4원소에 대한 유비로 4도식이 매우 빈번하게 제시되었다. 마찬가지로 유비에 기초해서 7개의 행성을 반영하고 이 행성과 연관을 지닌 7가지의 금속을 반영하는 7도식도 있었다. 여기서 예로 들어야 할 12도식은 다음과 같은 순서를 따르는 — 이에 의하면 춘분점부터 시작해서 하늘에 등장하는 — 별자리의 12개 궁과 연결되어 있다.

① Calcinatio - 양자리(Aries)
② Congelatio - 황소자리(Taurus)
③ Fixatio - 쌍둥이자리(Gemini)

④ Solutio - 게자리(Cancer)

⑤ Digestio - 사자자리(Leo)

⑥ Destillatio - 처녀자리(Virgo)

⑦ Sublimatio - 천칭자리(Libra)

⑧ Separatio - 전갈자리(Scorpio)

⑨ Ceratio - 사수자리(Sagittarius)

⑩ Fermentatio - 염소자리(Capricornus)

⑪ Multiplicatio - 물병자리(Aquarius)

⑫ Projectio - 물고기자리(Pisces)(Holm. 154)[18]

어떤 순서가 어떤 도식 속에서 지켜졌는가와 상관없이 연금술 과정에서는 항상 색채변화의 놀이가 핵심 사항이었다. 물론 언제나 그랬듯이 이 놀이는 '천한 금속'을 녹여서 의식적으로 은색의 흰 구리[예를 들어서 흰 네덜란드 황동(Tombak 내지 Petong), 구리 46~63%, 비소 37~54%], 또는 발그레한 색부터 연노란 빛에 이르는 황동 종류(구리 72~95%, 나머지는 아연)로 만듦으로써 틀린 것이 될 수 있었다. 사람들이 합금의 특성을 어떻게 생각하는가는, 돈 계산이 들어맞기만 하고 아무도 통상의 시험방법으로 또는 질산(*Aqua fortis*)이나 왕수(*Aqua regia*) 같은 것으로 '우리 은'과 '우리 금'을 향해서 달려들지 않는 한은 무시되었다.

그런데 유사한 문제들은 진정한 연금술 대가들에게도 있었다 — 물론 '진짜' 색채의 본질에 대해 그들이 가지고 있던 생각이 그들에게 순결한 마음을 선사했다고 하더라도. 어떤 설득력 있는 과학 이론도

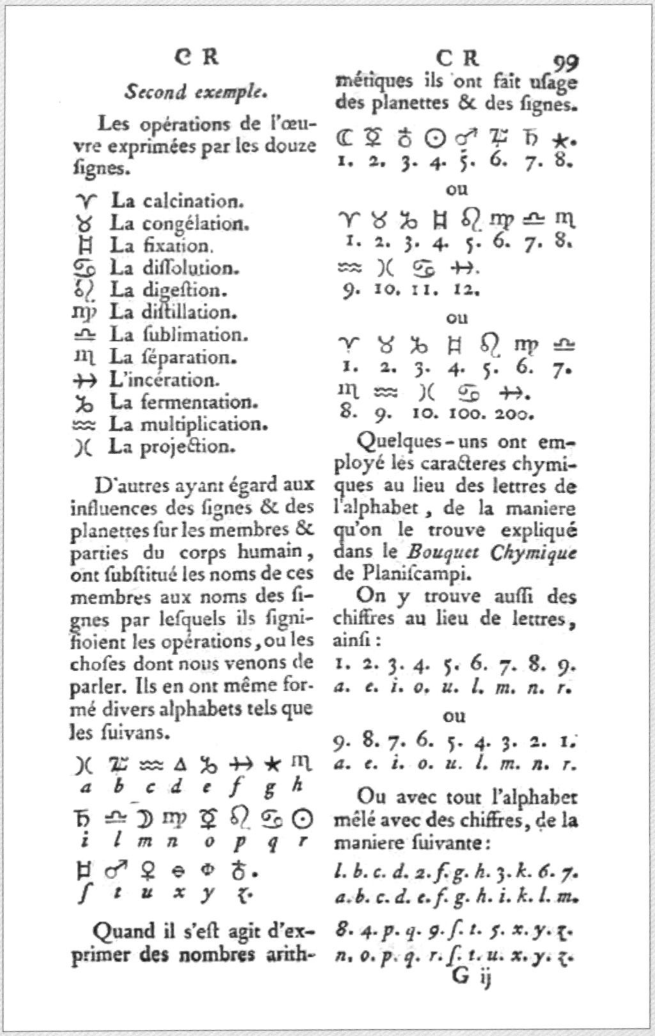

CR CR 99

Second exemple.

Les opérations de l'œuvre exprimées par les douze ſignes.

♈ La calcination.
♉ La congélation.
♊ La fixation.
♋ La diſſolution.
♌ La digeſtion.
♍ La diſtillation.
♎ La ſublimation.
♏ La ſéparation.
♐ L'incération.
♑ La fermentation.
♒ La multiplication.
♓ La projection.

D'autres ayant égard aux influences des ſignes & des planettes ſur les membres & parties du corps humain, ont ſubſtitué les noms de ces membres aux noms des ſignes par leſquels ils ſignifioient les opérations, ou les choſes dont nous venons de parler. Ils en ont même formé divers alphabets tels que les ſuivans.

♓	♃	♒	△	♑	♐	★	♏
a	*b*	*c*	*d*	*e*	*f*	*g*	*h*
♄	♎	☽	♍	☿	♌	♋	☉
i	*l*	*m*	*n*	*o*	*p*	*q*	*r*
♊	♂	♀	⊖	⊕	♁.		
ſ	*t*	*u*	*x*	*y*	*z*.		

Quand il s'eſt agit d'exprimer des nombres arithmétiques ils ont fait uſage des planettes & des ſignes.

☾ ☿ ♁ ☉ ♂ ♃ ♄ ★.
1. 2. 3. 4. 5. 6. 7. 8.

ou

♈ ♉ ♑ ♊ ♌ ♍ ♎ ♏
1. 2. 3. 4. 5. 6. 7. 8.
♒ ♓ ♋ ♐.
9. 10. 11. 12.

ou

♈ ♉ ♑ ♊ ♌ ♍ ♎
1. 2. 3. 4. 5. 6. 7.
♏ ♒ ♓ ♋ ♐.
8. 9. 10. 100. 200.

Quelques-uns ont employé les caracteres chymiques au lieu des lettres de l'alphabet, de la maniere qu'on le trouve expliqué dans le *Bouquet Chymique* de Planiſcampi.

On y trouve auſſi des chiffres au lieu de lettres, ainſi :

1. 2. 3. 4. 5. 6. 7. 8. 9.
a. e. i. o. u. l. m. n. r.

ou

9. 8. 7. 6. 5. 4. 3. 2. 1.
a. e. i. o. u. l. m. n. r.

Ou avec tout l'alphabet mêlé avec des chiffres, de la maniere ſuivante :

l. b. c. d. 2. f. g. h. 3. k. 6. 7.
a. b. c. d. e. f. g. h. i. k. l. m.

8. 4. p. q. 9. ſ. t. 5. x. y. z.
n. o. p. q. r. ſ. t. u. x. y. z.

G ij

앙투안 페르네티의《신화-헤르메스주의 사전》에 나오는 12도식과 12개 궁.

(원서에 없으나 이해를 돕기 위해 실은 도판 — 옮긴이)

색채변화가 물질의 변환을 나타내거나 적어도 그것을 암시한다는 연금술사들의 믿음이 꽤 탄탄하게 지속되는 것을 막지 못했다. 여기서 변환이 본질적 속성의 것이든 단지 비본질적 속성의 것이든 이러한 것은 아무 문제도 되지 않는다. 왜냐하면 이 속성도 하위종인 납, 구리, 은 등에게 그 고유의 이름을 만들어 줄 정도는 충분히 되었기 때문이다. 그러나 상당히 그럴듯한 이유에서 이 문제는 한 번도 제대로 숙고된 적이 없었다.

라틴 연금술에서는 4개의 주요 색채의 배열(Sequenz)로부터 3개 색채의 배열이 나왔다. 에리트로시스(Erythrosis) — 키트리니타스(Citrinitas) 라고 불린 — 와 이오시스는 보통 '붉게 만들기'(Rubedo)와 겹쳐졌다. 그 대신에 검은색과 흰색 사이에 여러 가지 다양한 색채들 — 공작꼬리의 색이라고 표현하면 딱 들어맞는 — 이 끼어들었다. 그 외에는 그들이 갈구했던 색채 변화의 순서는 그대로 유지되었다.

처음에는 여전히 제일질료 — 영적인 것으로 되어 가는 도정의 제일질료 — 의 상태를 상징했던 검은색 — 이에 대해서는 코르부스(Corvus) 또는 카푸트 코르비(Caput corvi), 즉 '까마귀' 또는 '까마귀 머리'라는 이름이 암시하는 — 이 왔다. 그다음에는 흰색으로 이끄는 색채 변화가 왔다. 익명의 문헌에는 다음과 같은 말이 나온다.

"그러나 철학자들에 따르면 반대되는 것에서 출발하면 어떤 것도 중간단계 없이 다른 것으로 넘어갈 수 없다. 그러므로 돌이 검은색으로부터 흰색으로 넘어간다면 다양한 과도적 색채들이 나오고 등장하는 것이 적절하다."(Goltz. 80)

상당수의 다른 문헌들처럼 알베르투스 마그누스가 저자로 되어 있는 《철학자의 돌에 관하여》(*De lapide philosophorum*)라는 문헌에는 스피리투스(*Spiritus*)와 아니마(*Anima*)가 흰색의 상태에서만 제대로 결합한다는 주장이 나온다. 그 이유는 흰색 속에 모든 색이 모여 있기 때문이라는 것이다. 그런데 바로 그 뒤를 이어서 흰색의 힘으로부터는 붉은색만 나올 수 있다는 주장이 없다면, 이 말은 마치 올림피오도로스로부터 나온 것처럼 들리고, 아이작 뉴턴의 《광학》(*Opticks*)을 미리 예견한 것처럼 들린다.

알베도(*Albedo*)에서 아니마는 죽은 검은 물체 — 스피리투스(*Spiritus*)의 찌꺼기로 장식된 것이라고 생각해야 하는 — 와 다시 합일했다. 이미 언급한 익명의 저자가 주장하듯이 이 합일은 그 물체 — 그 속에 이미 합일대상들이 감추어져서 잠재적으로 존재하는 — 자체로부터 일어났다. "이 흙은 겉보기에는 검지만 오성(悟性)으로 보면 정말로 희다."[Glotz. (2) 34]

검은색에서 흰색으로의, 하나의 극단으로부터 그 반대로의 이러한 바뀜은 우리가 지금까지 제대로 주의하지 않았던 연금술적 사고의 아주 중요한 지점으로 인도한다. 즉 몇몇 라틴 텍스트에서 특별한 의미를 지닌 콘베르시오 오포시토룸(*Conversio oppositorum*), 즉 '반대되는 것들의 변환'으로. 반대되는 것들의 뒤바뀜으로서의 콘베르시오(*Conversio*) — 딱딱한 것이 유동성 있게, 단단한 것이 부드럽게, 감추어진 것이 드러나게 — 는 연금술 역사에서 이미 항상 있었다. 그리고 이는 중세 연금술의 인용문 모음인 《투르바》(*Turba Philosophorum*)에서는 오르풀투스(Orfultus)의 입을 통해서 다음과 같이 분명하게 제시된다.

"철학자[보통 아리스토텔레스를 의미한다]가 말하듯이, 원소들을 변환하라, 그러면 너는 네가 찾는 것을 발견할 것이다. 그러나 원소들을 변환하는 것은 습기를 건조시키고, 휘발하는 것을 고정하는 것을 의미한다."[Ruska (2) 165]

가짜-토마스의 〈증식에 관하여〉에서 이 콘베르시오는 '불의 힘'(*virtute ignis*)에 의해서 일어난다.

콘베르시오라는 개념은 14세기에 종종 등장하는데, 우리가 생각하는 것만큼 이상하게 보였던 것은 아니다. 왜냐하면 반대되는 것을 가지그 노는 것은 중세 시인들이 즐겨 쓰던 문체 수단이었기 때문이다. 여기서 콘베르시오는 요구사항으로 주어진다 — 물론 이때 콘베르시오가 자연철학적으로 보면 비변증법적 양극성의 영역에 속하게 되고, 그럼으로써 세계 비밀의 핵심영역으로 들어간다는 언급은 없이.

여기서 비변증법적이란 말은 어떤 것으로부터 다른 것으로 바뀌는 것이 궤멸의 과정이 아니라는 것, 이로부터 그 후 제3의 것이 생성되는 과정이 아니라는 것을 의미한다. 15세기에 니콜라우스 쿠자누스(Nicolaus Cusanus) 추기경은 — 콘베르시오를 신학적으로 넘어서서 — '반대되는 것들의 일치'(*Coincidentia oppositorum*)에 대해서 이야기했는데, 이는 우리가 이 세계에 구조와 현실을 제공해 주는 반대되는 것들, 즉 양극성의 것들을 고찰함으로써 신의 무한성의 타재(他在, *Anderssein*)에 다가갈 수 있음을 암시하기 위해서였다. 즉, 무한 속에서 반대되는 것들이 일종의 파악 불가능한 것으로 고양되는 것이다.

예를 들어서 정의에 따르면 무한한 원에서 구부러진 원주는 직선이고, 이 원의 중심은 모든 지점일 수 있다. 마찬가지로 콘베르시오에서도 바뀜의 지점이 존재하는데, 이 지점에서는 찰나의 순간 동안은 어떤 하나가 다른 하나이다. 그러므로 여기서는 반대되는 것들의 합일이 마찬가지로 모순의 영역, 말하자면 '동시성'과 '동소성'(同所性)의 영역에서 일어난 것이다. 즉, 다른 것들이 동시에 동일한 장소에 있는 것이다. 이 반대되는 것들의 합일 — 상보적으로 파악된 — 많은 연금술 대가들이 현자들의 돌 속에서 현현되는 것으로 본 합일을 우리는 나중에 더 정확하게 살펴보아야 한다.

알베도가 완성되면 동일한 콘베르시오를 통해 흰색, 즉 달과 밤의 상징 — 심리학적으로 바꾸어 말하면 의식과 무의식 사이의 혼미 상태의 상징 — 은 깨어남, 즉 '떠오르는 여명'(Aurora consurgens)의 붉음으로, 조화로운 자기됨으로 넘어가는데, 이는 아니마(Anima, 영), 스피리투스(Spiritus, 혼) 및 코르푸스(Corpus, 육)의 완전한 통일성 속에서 발견된다.

콘베르시오 오포시토룸, 즉 '반대되는 것들의 변환'은 또한 특별한 전략 — 상당수의 연금술사들이 이미 전통에 의해서 미리 제시되었던 길 위에서 택하고 따랐던 — 과도 관련이 있었던 것처럼 보인다. 연금술사들의 전통과 영적 갈구에 따르면 오직 하나의 길만 존재해야 했지만["una res, unum vas, una via"(하나의 일, 하나의 그릇, 하나의 길)](Glotz. 64) 문헌에서는 종종 다양한 가능성들이 서로 관련 없이 나열되었는데, 이는 하나의 길이란 그곳으로 가는 경로나 사람들의 전략이 아주 다를 수 있다고 해도 계곡으로부터 정상으로 가는 길이라는 모토를 따르는 것이었다. 예를 들어서 가짜-룰루스의 저작인

《엑스페리멘타》(*Experimenta*)에서는 저자가 독자에게 믿거나 말거나 34개의 돌에 도달하는 다양한 가능성을 약속하고 있다. 이것은 물론 희망에 들뜨게 하면서도 동시에 상당히 의기소침하게 만드는데, 그래서 가짜-알베르투스의 〈돌에 관한 철학자들의 일치〉라는 특기할 만한 제목의 소논문은, 차이들은 오직 사용된 불의 세기에 따라 생겨나고, 이로부터 서로 다른 작업들이 나오며, "동일한 것에 대한 상이한 이름들"이 생겨난다고 주장함으로써 그 모든 것을 조화시키려고 시도한다. 연금술의 본질에 관한 글을 쓴 18세기의 저자인 베네딕트회 수도사 앙투안 페르네티(Antoine Pernety)는 이를 다음과 같이 표현한다.

"증류, 승화, 하소(煆燒), 아사티온(*Assation*) 또는 삶음, 레베르베라티온(*Reverberation*, 반사), 융해, 하강(*Descension*) 및 코아굴라티온(*Coagulation*)은 하나의 동일한 용기 속에서 수행되는 하나의 동일한 작업, 즉 질료의 가열일 뿐이다…."(Eco. 107)

그런데 여기서는 용기도 모든 가능한 것에 대한 집합적 표현일 수 있고, 용기 속에서 일어나는 모든 일에 대해서 말할 때에도 거듭해서 '녹이고 결합하라!'는 일종의 집합 표현을 사용할 수 있다. 그리고 결국 최종적으로는 모든 것이 동일한 것에 관한 것이기 때문에, 바로 모든 것이 하나이고, 하나이며, 하나이다.

다른 문화적 환경들 속에서 일어나는 모든 변화, 진전, 그리고 또 모든 망각에도 불구하고 연금술사들은 하나의 올바른 정통의 길이 존재한다는 것을 고수했다. 이는 연금술의 길이 임의성으로도 떨어질 수 없고 비존재로도 떨어질 수 없다는 것을 의미하며, 이는 또 한편 사람들이 그토록 희구하는 구원 — 믿음의 불확실 상태에서의 수동적 기다림의 대상일 뿐만 아니라 자기구원으로서의 자기 노력의 대가인 — 이 존재함을 의미한다. 요한 알슈테트(Johann Alstedt)는 1630년에 나온 그의 《엔키클로파이디아》(Encyklopaedia)에서 '고귀한 키미아(Chymia)'는 '우남 비암'(Unam viam, 하나의 길)을 믿는다고 선언한다. 만일 그렇게 하지 않는다면, 그것은 단지 '천박한 키미아'일 뿐이다.

고귀한 화학자의 접근방식 중 하나는 '페르멘트'(Ferment, 효소)라는 아이디어로부터 영양을 공급받았는데, 이 아이디어는 또한 금속 씨앗 — 고대 후기에 이미 은가루나 금가루의 형태로 물질변환의 대상 금속에 첨가된 — 이라는 전통적 관념과 긴밀한 연관이 있다. 여기서 이 흩뿌려진 은이나 금은 스토아주의적 또는 아우구스티누스적-신플라톤주의적 원류로부터 나온 프네우마 스페르마티콘(Pneuma spermatikon, 씨앗 같은 프네우마) 같은 것이었지만, 또 금속성의 발효종(Zyme) 같은 것이기도 했다.

그 밖에 엘릭시에르도 자주 페르멘툼(Fermentum)이라고 불렸는데, 이는 그것이 적은 양으로 많은 양의 다른 질료를 자신의 포르마(Forma, 형상)로 끌어당기는 능력이 있었기 때문이다. 페르멘툼은 낯선 물질 속에서 새로운 표현 형태를 불러낼 수 있기 때문에 아니마를 풍부하게 가지고 있다. 그것은 다른 측면에서 그것과 유사한 물질보다 더 풍부하게 아니마를 가지고 있다. 그러므로 금의 페르멘트는 혼이 많이 들어 있는 금 추출물 같은 것이어야 한다. 그런데 혼을 색채로 본다면 이는 금의 산호(Koralle)를 연상시킨다. 간단히 말하면, 사람들은 귀금속들로부터 페르멘툼 알붐(Fermentum album) 또는 페르멘툼 루베움(Fermentum rubeum)으로서의 은과 금의 페르멘트를 뽑아내려고 시도하는 것이다.

가짜-토마스는 이 씨앗이 수은의 성질에 특별히 관여한다고, 그것이 메르쿠리우스의 자매들 및 동반자들(Sorores et compares)이라고 믿는다 — 당연히 그럴 것이다.

모든 것이 아주 복잡하게 보이는 것 같아도, 그것은 단지 하나의 '여성들의 작업이고 어린애들의 장난'일 뿐이다. 이 주장은 우리에게 이미 낯익은 것처럼 보인다. 여기서 눈에 띄는 것은 누군가가 이 약간 미심쩍은 격언을 스스로 제시했다는 것이 아니다. 눈에 띄는 것은 서양의 연금술사들도 이 전통의 짐으로부터 스스로 해방시킬 수 없었고 또 해방시키려 하지 않았다는 것이다. 그들이 이 전통으로 인해 어려움을 겪었음에도 불구하고 말이다.

물론 그들은 파우스투스 박사의 원형인 아그리파 폰 네테스하임 같은 아주 저명한 마술사의 조롱 — 연금술사들이 만일 다른 사람들에게 금으로 된 산에 대해서 약속한다면, 이는 그들이 이마에서 땀을 흘리는 일을 하지 않으려는 것일 뿐이라는 — 에 직면하는 것을 좋아하지 않았다. 꼼수에 능통한 사람에게는 사실 모든 것이 단지 장난감에 지나지 않는다는 인상을 걷어 내기 위해서 몇몇 연금술 대가는 '여성들의 작업이고 어린애들의 장난'이라는 불쾌한 말을 위대한 작업의 아주 특정한 작업들과 결합하려고 시도했다.

이렇게 해서 화려한 그림들로 가득한 저작인 《스플렌도르 솔리스》(Splendor Solis)에서는 여성들의 노동이 라바티오(lavatio, 승화) 그리고 일반적으로 알베도의 단계와 결합되었다. 왜냐하면 이 작업들은 빨래

빨래. 살로몬 트리스모신, 《스플렌도르 솔리스》, 16세기, 영국 국립도서관
(원서에 없으나 이해를 돕기 위해 실은 도판—옮긴이)

방식과 연관이 있기 때문이다. 물론 데코크티오(*Decoctio*, 졸임)도 여성의 작업이다. 반면에 어린애 장난을 나타내는 것은 코아굴라티오(*Coagulatio*)이다. 왜냐하면 여기서는 어린애 둘이 드잡이하며 뒹굴 때처럼 어떤 때는 물이, 또 어떤 때는 흙이 밑으로 가기 때문이다. 이와 반대로 어떤 연금술 소논문의 익명의 저자는 여성의 작업과 어린애 장난은 흔히 아무 결실도 얻지 못하고 마는 작업대 앞 연금술사가 느끼는 기분과 같이 아주 불안정하다고 생각한다. 그러나 또 다른 것이 첨부될 수 있는데, 이것은 자연은 어느 정도는 스스로 완수되는 것이고, 이 자연이 올바른 길 위에 있다면 엄밀히 말해서 모든 것이 어린애 장난이라는 연금술사의 감정이다.

연금술사의 노력은 올바른 초기물질, 즉 제일질료의 제조를 위한 것이었는데, 이는 중세와 근대 초기가 경과하는 동안 점점 더 분명해졌다. 그리고 제일질료, 레스 빌리스(*Res vilis*, 천한 물질)는 기본적으로 이미 궁극의 물질(*Ultima materia*)이고, 이미 현자의 돌이다. 요한네스 데 투페스키사는 이미 그렇게 여겼다.

어린애 장난. 살로몬 트리스모신, 《스플렌도르 솔리스》, 16세기, 영국 국립도서관
(원서에 없으나 이해를 돕기 위해 실은 도판―옮긴이)

14. 새로운 연금술 물질들

가장 중요한 연금술 작업은 프로엑티오(Projectio)도 아니었다. 그것은 단지 체스판에서 왕의 역할을 하는 것과 같은 것이고, 게임을 결정하지만 비교적 힘은 없는 것이다. 체스 게임에서의 루크의 역할, 그것은 연금술의 기본 요구, "휘발성의 것을 고정하고 고정된 것을 휘발성으로 만들라. 녹이고 그것을 응집하라!"(Goltz 74)에 따라 수은을 고정하고 반대되는 것의 변환(Conversio oppositorum)을 가져와야 하는 코아굴라티오(Coagulatio)였다. 그러나 여성의 놀이는 고대부터 증류였다.(19)

이로써 우리는 증류 예술 덕에 자신의 순수한 형태, 더 정확하게는 거의 순수한 형태를 지니게 되는 알코올에 도달하게 된다. 실제로 농도가 높은 알코올은 '고운 가루' 또는 아예 '고운 물질'을 의미하는 아랍어식 표현에도 불구하고, 아랍인들이 발견하지는 않은 것처럼 보인다. 알코올의 제조는 《마파이 클라비쿨라》(Mappae clavicula)에서, 특히 12세기 슐레트슈태트 고문서(Schlettstädter Codex)에서 최초로 자세하게 언급되고 있는데, 여기서는 그 제조방식이 암호의 형태로 다른 텍스트 속에 갑작스럽게 끼워 넣어져 있다.(20) 해독된 암호의 내용은 무거운 와인을 소금과 섞고 증류하라는 것인데, 이때 '증류하라'는 '냉각하면서 증류하라'로만 이해될 수 있다.

소금의 첨가는 실제로 많은 도움이 된다. 왜냐하면 그것은 알코올의 비등점을 낮추기 때문이다(염석 효과).[13] 그러나 소금은 아마 그것이

---

13 일반적으로 물에 소금을 녹이면 비등점이 올라간다. 그러나 알코올이 물에 녹아

아리스토텔레스적 의미에서 특별히 건조한 것으로 여겨졌고, 건조함이 물의 습함을 극복할 수 있다고 가정되었기 때문에 첨가되었을 것이다. 이는 한편 알코올 증류가 이론이 없는 기술적 사항이 아니라, 조심스럽게 표현하면 연금술사들이 지지한 자연철학의 영역에 속했다는 것을 의미할 것이다. 증류의 예술 자체가 연금술의 자식인 것이다.

우리는 잠깐 동안 멈추어 서서 순도 높은 알코올의 발견이 인간에게 어떤 인상을 남겼을 것인지 상상해 볼 필요가 있다. 알코올은 불타는 물, 불의 물(*Aqua ardens*)이었다. 즉, 그것은 일반적으로는 서로 배제하는 두 가지 원소인 불과 물이 지닌 성질들의 아주 모순적인 합일을 드러내는 것이다. 지금 그럴듯한 말장난이라는 비판을 받을 부담을 지지 않고도 나는 알코올이 상당수의 사람들에게 생명의 엘릭시에르 같은 것이었다고, 즉 그것이 연금술사들의 갈망을 충족시켰으리라고 가정하고 싶다.

그 예로는 요한네스 수사를 생각하기 바란다. 물론 이로 인해 연금술사 골방 속의 연금술 대가의 홀린 듯한 표정이 아마 그의 증류 예술에 대한 구체적 기쁨 내지 술 마신 기쁨에 기인한다고 믿는 쪽으로 끌려가서는 안 된다. 왜냐하면 알코올은 처음에 다소 유쾌한 술 취함 같은 것을 위해서가 아니라 의약품으로 사용되었기 때문이다. 그리고 이때 그것은 진정한 생명수로 여겨졌다. '오 드 비'(*Eau de vie*, 생명수)

있을 경우 소금을 녹이면 알코올은 소금과의 극성 차이 때문에 물에 녹지 못하고 분리되는데, 이 현상을 염석 효과라고 한다. 알코올이 물로부터 분리되므로 비등점은 낮아진다.

와, '아쿠아비트'(Aquavit, 생명수)라는 표현은 아주 분명하게 이를 보여 준다. 단치히의 금물의 경우 사람들은 아쿠아비트에다 금 부스러기를 첨가했는데, 이는 이른바 연금술사의 꿈을 병 속에 보유하기 위해서였다. 그리고 아우룸 포타빌레(Aurum potabile, 마실 수 있는 금)는 중세와 근대의 의학에서 특별한 역할을 했다.

화약의 발견 ― 약간의 지연 후의 ― 이 만들어 낸, 유감스럽게도 지속되는 인상에 대해서는 다시 한번 언급할 필요가 없을 것 같다.

그런데 지금까지 알려지지 않은 물질의 목록이 알코올과 화약으로 끝에 다다른 것이 아니다. 언급되어야 할 것은 두 개의 무기산인 황산과 질산이다. 자비르의 문헌들에서 그와 비슷한 것도 읽어 낼 수 있기는 하지만, 이것들도 마찬가지로 아랍인들에 의해서 발견된 것이 아니다. 우리의 정보제공자는 건조 증류에 적합한 황산염들과 질산염들에 대해 이야기하는 라틴 게베르이다. 황산(Oleum vitriolis) ― 순수하지 않은 ― 을 얻기 위해서는 명반을 증류해서 그 증기를 물속에 흡수시켰다. 질산(Aqua fortis) ― 순수하지 않은 ― 을 얻기 위해서는 질석, 비트리올, 명반의 혼합물을 증류해서 그 증기를 물에 녹였다. 질산이 구리, 수은, 황 그리고 또 은을 녹이지만 금은 녹이지 못한다는 것도 사람들은 알고 있었다. 잘 알려진 염산-질산 혼합물로서 금은 녹이지만 은은 녹이지 못하는 왕수(王水, Aqua regia)는 살미아크(Salmiak, NH_4Cl)를 질산(HNO_3)에 녹여서 만들었다. 사람들은 이미 왕수라는 형태로 염산을 눈앞에서 보고 있었지만, 이 세 번째 무기산의 발견은 르네상스 시대에 와서야 이루어진다.

우리가 이제 와서야 그다음에 오는 시대를 예견하면서 언급해야 할 것은 증류의 영역에 속하는 물질로서, 연금술적으로는 불의 물의 짝으로 볼 수 있는 불과 흙의 모순적 합일, 즉 인(燐)이다. 비밀로 가득한 어둠 속에서 빛나는 이 물질은 1669년에 헤니히 브란트(Hennig Brant, 또는 Brand)라는 이름의 함부르크 연금술사가 고귀한 물질 ― 인간에 의해서 만들어진 것이기 때문에 ― 인 오줌을 증류하는 가운데 발견되었다.

15. 전문 문헌

우리는 우리의 실험실을 묘사하면서 지금까지 두 가지 장치와 두 가지 작업에 대해서 감추어 왔다. 첫 번째 것은 저울과 무게 달기이고, 다른 하나는 경사(傾斜) 책상과 독서이다.

무게 달기에 대해서 말할 수 있는 것은 연금술 문헌에는 말할 것도 없이 무게 표기가 나타난다는 것이다. 야금학과 관련 있는 모든 산업은 오래전부터 저울을 알고 있었고, 무게 달기의 이론도 아랍 시대로부터 유래했다.(21) 그 밖에도 연금술은 이미 이야기했듯이 값비싼 오락이었고, 돈을 지불해야 하는 사람은 이 오락을 질적으로만이 아니라 양적으로도 정확하게 판단했다.

그러나 실험실의 이미지에는 저울 — 이미 유리종 안에 놓이기도 했던 — 만 속하는 것이 아니다. 거기에는 무엇보다도 기록대 또는 그에 상당하는 책상과 그 위의 책들, 다소 두꺼운 이절판의 대형 서적 — 분명히 실험실의 냄새를 풍기고, 그 밖에 이따금 그 소유자의 환경 훼손 취미로 인해 고통받기도 한 — 도 속한다. 다른 작업들도 있었는데, 이것들은 머릿속에서 수행되었다.

이절판의 대형 서적은 아주 넓은 의미에서의 전문 문헌에 속한다. 그리고 우리가 우리의 실험실 방문 시기를 13세기나 14세기로 잡는다면, 우리는 이들 문헌 중에서 아랍어로부터의 번역물과 라틴 연금술사들의 독립적 저작들뿐만 아니라 경우에 따라서는 '백과사전들'과 '총괄서들'도 발견할 수 있다. 중세는 '총괄서들'과 '백과사전들'의 시대였는데, 이때 '총괄서들'은 특정한 지식영역에 관한 광범위한 모노그래피로 보아야 하고, 이에 반해서 '백과사전들'은 다양한 지식 영역에 대한 참고저작으로 보아야 한다. 그러한 '백과사전들'은 무엇보다도 성직자들의 교화적인 설교 재료를 조달하는 데 사용되었다. 그리고 당연히 이 저작은 신학자들을 위해, 신학자들에 의해 이루어졌다.

그런데 13/14세기에 나온 뱅상 드 보베(Vincent de Beauvais)라는 인물의 백과사전들, 특히 그의 《가르침의 거울》(*Speculum doctrinale*)과 《자연의 거울》(*Speculum naturale*), 그리고 더 나아가서 이들 책과 상응하는 토마 드 캉탱프레(Thomas de Cantimpré)라는 사람의 저작 《자연학에 관한 책》(*Liber de Natura Rerum*), 또는 바르톨로마이우스 앙글리쿠스(Bartholomaeus Anglicus)의 《사물의 성질에 관하여》(*De Proprietatibus rerum*)는 명백하게 자연학적 성격을 가지고 있다.

특히 뱅상 드 보베는 상세하게 연금술을 다루었고, 아르스 노바(*Ars nova*)에 대항하는 몇 개의 제대로 된 반론을 내놓았다. 그런데 이것은 모두 그가 가짜-아비센나(Avicenna)의 《연금술의 영혼에 관하여》로부터 가져온 것이다. 이때 그는 연금술을 단지 실천적 예술 — 그 자신이 비구속적-긍정적 자세를 가지고 대했던 — 의 역할을 지닌 것으로 보았다. 그는 황-수은 이론을 알고 있었고, 그의 독자에게 연금술사가 어떻게 천한 금속을 제일질료로 되돌리고 그다음 그것을 금과 은으로 변환하는지 설명했다.

'백과사전들'은 비록 그것이 본래 연금술 논문은 아니었지만, 연금술을 위해 두 가지 점에서 중요한 역할을 했다. 첫째, 그것의 권위는 라틴 중세에도 넘쳐났던 비판자들에 대항해서 물질변환이 가능하다는 믿음을 떠받치는 토대를 제공했다. 그에 더해서 '백과사전들'에 나오는 묘사들은 황-수은 이론이 연금술사들의 비밀집단에서만이 아니라 일반적으로도 인정받는 금속에 관한 물질이론이 될 수 있도록 해 주었다.

당시의 전문 문헌은 또한 우리에게 매우 낯익은 것처럼 보이는 다툼을 반영한다. 또다시 아비센나가 중심에 서게 되었고, 또다시 다음과 같은 문제들이 제기되었다. 즉, 연금술사가 어떤 금속을 다른 금속으로 물질변환하려고 하면 한 종(種)을 다른 종으로 변환하려고 시도하는 것인가? 자연이 그의 목표지향적 노력 속에서 성취하는 것을 인간이 모방할 수 있는가? 자연이 아직은 전혀 만들어 내지 못했지만 인간은 만들어 내는 그런 것들도 존재하는가? 같은 물음들이다.

또다시 이들 중 첫 번째 물음을 둘러싸고 가장 뜨겁게 논쟁이 벌어졌다. 종(種)의 변환의 문제는 연금술에서 종종 그렇듯이 저자가 잘못 알려진 상태에서 연금술 논쟁 속으로 들어왔다. 1200년 무렵에 알프레드스 앙겔리쿠스(Alfredus Anglicus, Alfred of Sareshel)가 자신이 번역한 아리스토텔레스의 《기상학》(*Meteorologie*) 제4권에 아비센나의 짧은 텍스트를 끼워 넣었던 것이다. "돌의 응결과 교착에 관하여"(*De congelatione et conglutinatione lapidum*)로 알려진 이 삽입문에는 아비센나의 황-수은 이론에 관한 설명뿐만 아니라 아리스토텔레스의 이름이 붙어서 확산되었던 연금술에 대한 반론도 포함되어 있었다. 그런데 이 반론들의 정점에는 다음 3가지 주장이 있었다.

① 어떤 종의 특징이 제거되는 방식으로 새로운 종이 만들어지는 일은 결코 일어날 수 없다. 연금술사들이 바꾼 것은 우연적 속성이고, 반면 본래의 본질적 속성은 그들에게 드러나지 않는다.

② 어떤 특수한 종은 그 종의 모든 구성 성분이 제일질료로 환원될 때에만 변환될 수 있다. 아비센나는 이를 가능하다고 보지 않았다. 이에 대해서 그는 충분한 근거를 가지고 있었다. 근거는 금속 같은 균질적 물질이 구성 성분 같은 것을 가지고 있는가 하는 의문이다. 균질적 물질은 본래 다른 속성들로부터 분리된 속성들을 가지고 있어서는 안 될 것이다. 즉, 자비르가 말하는 의미에서의 '감추어진 속성, 다시 말하면 연금술사들이 드러낼 수 있을 법한 감추어진 구성 성분을 가지고 있어서는 안 되는 것이다. 게다가 '많거나 적거나'라는 문제, 예를 들어서 '물'이라는 원소가 더 많거나 '흙'이 더 적은 속성을 지닌 균질적 물질을 어떻게 상상할 것인가라는 문제가 있었다.

③ 예술은 자연이 완수할 수 있는 것을 결코 모방할 능력이 없다.

많은 연금술 추종자들이 이 의구심에 대해 답변을 내놓았는데, 그들 중에서 특히 익명의 가짜-헤르메스가 《헤르메스의 책》(*Liber hermis*)에서, 그리고 라틴 게베르가 그의 《위대한 작업의 완성에 관한 전서》(*Summa Perfectionis Magisterii*)에서, 그리고 14세기 전반기에 페트루스 보누스(Petrus bonus)가 《진귀한 새로운 진주》(*Margarita pretiosa novella*)에서 상세하게 답변했다. 또 알베르투스 마그누스, 토마스 아퀴나스 그리고 로저 베이컨이 연금술의 정당화를 위해서 말한 것도 상기해 볼 수 있다.

가짜-아리스토텔레스 내지 아비센나의 삽입문의 첫 번째 반론에 대해서 연금술사들은 두 개의 논변을 동원해서 대답하는데, 이것들은 가짜-알베르투스의 《작은 책》(*Libellus*)과 《헤르메스의 책》에 나오는 것이다.

첫 번째 논변은 연금술사들의 임무란 제일질료 형태의 금속을 모든 특수한 속성으로부터 씻어 내는 일이라는 것이다. 이때 그들이 물질의 진정한 구성 성분을 알지 못한다는 것은 중요하지 않다. 왜냐하면 살미아크, 비트리올 등의 다른 물질도 그 구성 성분을 알지 못하더라도 인공적으로 만들 수 있기 때문이다. 아리스토텔레스-아비센나가 어떤 종이 다른 종으로 넘어갈 수 없다고 말한다면, 이는 제일질료의 문제를 건드리는 것은 아니라는 것이다.

그리고 여기서 덧붙여져야 할 말은 제일질료가 어떤 종도 아니고, 어떤 특수한 속성을 가지고 있지도 않다는 것이다. 게다가 금속들이 가진 개개의 특별한 속성들은 모두 어쨌든 간에 우연적인 것일 뿐이지 본질적인 것은 아니라고 연금술사들은 논박했다. 그러니까 모든 금속들은 함께 하나의 종에 속한다.

나는, 각각의 개별 금속에 대해 동일한 '특정 하비투스(*habitus*)'를 지닌 새로운 '형상'이 대응된다는 생각 뒤편에서 나중에 일어난 원소 개념과 분자개념을 둘러싼 논쟁의 조짐이 번뜩인다고 생각한다. 그리고 이때 이러한 번뜩임을 더 멀리 가져갈 수도 있는데, 그렇다면 이성질 현상(*Isomerie*) 개념까지 생각해 볼 수 있을 것이다.(22)

그런데 아리스토텔레스적 교육을 받은 연금술사들이 종(種)의 물음에서 얼마나 곤혹스러워했는지는, 그들이 종종 배추벌레가 나비로 바뀌는 변신(*Metamorphose*)의 경우에 그런 것과 같이, 유사하지 않은 것이 자연적 방식으로 유사하지 않은 것을 만들 수 있다고 언급함으로써 이 주제를 무력하게 만들려고 한 것에서 잘 드러난다. 게다가 라틴 게베르는, 개의 시체로부터 구더기가 생겨나고 구더기로부터 파리가 생겨난다는 것은 누구나 안다고 주장한다.

그 밖에도 종에 관한 부분 전체를 삽입된 것으로, 그것도 존경받을 만한 점이 거의 없는 인물로 여겨지는 번역자에 의해서 삽입된 것으로 선언하는 것도 가능했다. 《오푸스 테르티움》(*Opus tertium*, 세 번째 저작)에서 베이컨이 바로 이런 의견을 제시했다. 그러나 그는 삽입 행위가 이루어진 것은 맞지만 삽입된 내용의 저자가 번역자가 아니라 존경받을 만한 인물이었다는 점은 몰랐다.

'인간이 어떤 지점에서 그리고 얼마나 자연을 모방할 수 있는가'라는 물음은 장소·시간·수단에 대한 물음이지만, 또한 연금술 작업의 최종 산물에 대한 물음이기도 하다. 연금술사들의 결정적 적대자인 아우구스티누스회 수사 아이기디우스 로마누스(Aegidius Romanus)는 13세기 말에 《임의의 물음들》(*Quodlibeta*)이라는 책에서 종의 증식을 위해서는 물질적 원리가 필요하고, 또한 종종 그것에 적합한 장소, 예를 들어서 말의 경우 암말의 자궁 같은 것이 필요하다고 주장한다. 그는 마찬가지로 금속도 증식되기 위해서는 이에 적당한 장소가 필요한데, 그것은 지구 내부라고 말한다. 물론 아이기디우스 자신은 특정한 종의 경우 새로운 개체의 형성을 위해서는 적당한 물질과 그것에 적합한 특정 장소가 필요한 것이 아니라 발생(*Generation*)을 위한 물질적 원리만이 필요하다는 것을 인정함으로써 자신의 주장을 반박한다는 생각이 들게 한다. 예를 들어서 꿀벌이 썩어 가는 쇠고기로부터 자연발생적으로 생겨난다는 것이다.

연금술사들이 자연과 인간의 관계와 관련해서 시간의 역할을 어떻게 보았는지는 그 자체로서 하나의 문제이고, 이에 대해서는 나중에 다시 언급되어야 할 것이다. 물론 금의 제조와 관련해서는 연금술의 반대자와 찬성자의 기본 견해가 우리에게 이미 알려져 있다. 이들 중 반대자들은 아리스토텔레스의 학문에 의거해서 지구의 품속에서 금속들이 자연적으로 형성되기 위해서는 영겁이 필요하다. 그러므로 연금술사들에 의해서 수행되는 형성과정은 아주 크게 축소된 것일 수밖에 없다고 지적한다.

반면 찬성자들은 이미 언급된 살미아크와 같이 인공적으로 제조된, 측정 가능한 짧은 시간 안에 실현될 수 있는 '자연적' 물질들을 사례로 지적했다. 살미아크는 다른 반박논리를 논박하는 데도 이용될 수 있었다. 이 반박논리는 토마스 아퀴나스 — 가짜-토마스가 아닌 — 로부터 나온 것인데, 그는 연금술사는 자기 작업을 위해서 자연이 일할 때 쓰는 가장 중요한 수단을 다른 것으로 대치하며, 그렇기 때문에 결코 완전한 성공에 도달하지 못할 수밖에 없다고 생각했다. 자연은 인내력 강한 광석의 변환을 위해서 **태양열**을 사용하지만, 상대적으로 빠르게 진행되는 연금술사들의 작업을 위해서 그들에게 제공되는 것은 **불밖에 없다**는 것이다. 이에 대한 연금술 쪽에서의 — 좀 암묵적인 — 대응은 "그럴 수 있을지도 모른다. 그러나 성공이 수단을 정당화한다."라는 것이었다.

그러면 최종생성물의 지위는 어떠했는가? 연금술적 물질변환의 최종생성물이 자연적인 것인가, 또는 베이컨이 주장했듯이 아예 특정한 면에서는 자연적인 것보다 더 자연적인 것인가?

토마스는 이때 프란체스코파들과는 전혀 다른 사고를 따랐다. 중세 대학의 모든 학생들이 두려움에 떨며 암기해야 했던 페트루스 롬바르두스(Petrus Lombardus)의 12세기 초에 나온 문장모음집《센텐티아룸(Sententiarum Libri) IV》에 대한 어떤 주석에서 그는 악마학과 관련하여 연금술에 대해 다음과 같이 언급한다.

"악마는 인공적으로만 행동할 수 있으며, 새로운 본체적 형상을 제공하지 못한다. 다시 말하면 악마는 신의 창조라는 의미에서의 독자적 창조를 실현시킬 수 없다. 그러나 그것들은 아주 일반적으로 아르스(ars)와 관련해서는 나무에 의한 불의 점화와 같이 수동적 자연생성물들을 능동적 힘들과 합칠 수 있다. 이와 비슷한 일은 악마들도, 그리고 연금술사들도 하는 것이다. 연금술사들은 그전에 존재하지 않았던 본체적 형상들을 내놓을 수는 없다. 게다가 그들에게는 작용인자(Agens)로서 햇빛이 아니라 불밖에 없는 까닭에 특히 더 그렇다. 그러나 그들은 자연과 유사한 것을 만들어 낼 수는 있다.(23) 그 밖에도 모든 물질은 그것들이 화학적-연금술적으로 인공에 의해 제조되었다면 비자연적이며, 또한 자연 속의 그러한 물질들과 유사하다."[14]

토마스는 이와 관련해서 녹청(綠靑)과 아주 잘 알려진 우리의 살미

---

14 저자는 간접인용 방식으로 인용했지만 토마스 아퀴나스의 주석 부분을 명확하게 표시하기 위해 직접인용 표시를 했다.

아크를 거론한다. 이에 대항해서 자명하게 논박하는 것은 불가능했고 또 불가능하다 — 인공적인 그리고 자연적인 녹청이 모든 감각적, 분석적 기준에 비추어 볼 때 동일하다는 것을 받아들이는 것 외에는.(24)

가짜-아리스토텔레스가 《이유들에 관한 책》(Liber de causis)에서 주장하듯이, 인간의 지능이 자연보다 우월하고 그러므로 자연이 인간에게 복종해서 인간이 원하는 것을 기꺼이 자연의 산물로서 생산한다는, 즉 인간이 습기, 열기 같은 원초적 성질을 투입하면, 그는 자연을 특정한 방향으로 몰고 간다 — 작업을 수행하는 것은 자연이라고 하더라도 — 는 꽤 대담한 논거에 대해서도 논박이 불가능하다. 그러므로 자연모방(Imitatio naturae)은 오히려 '그 길로 들어서게 하는 것'이다. 그러나 예를 들어서 위대한 연금술사 게베르는 치유하는 의사, 나무를 접목하는 정원사, 금속을 물질변환하는 연금술사가 원초 성질의 변화를 불러일으키면 사물들의 본질적 성질을 변화시킨다고 본다. "예술이 자연에 대해서 무엇을 할 수 있고 무엇을 할 수 없는가?"라는 물음에 대해서 오늘날의 시각에서는 다음과 같이 말할 수 있을지 모른다. 즉, 당시에 반대자들의 주장은 찬성자들의 단언에 대항해서 나온 것이며, 어떤 광고전문가라도 알고 있을 뿐만 아니라 과학사학자라면 누구나 알고 있듯이 '희망 없음'만을 약속하는 주장과 아주 조금이라고 해도 희망을 약속하는 확언 사이의 싸움에서 희망의 약속이 신뢰를 얻게 되기는 어렵다고.

이 모든 것은 아주 이론적으로 들린다. 그리고 녹청과 살미아크의 사례들은 별로 확신을 주지 못하는 것처럼 보인다. 그러나 '인간이 비자연적인 것이나 아직은 자연적이 아닌 것 — 자연이 일정 부분 아직 도달하지 못한 — 을 창조할 수 있는가'라는 중요한 물음 속에는 인상적이고 떳떳하게 내놓을 수 있는 증거가 하나 있었다. 그것은 유리인데, 이것은 자연 속 어디에서도 발견되지 않고, 이에 대해서는 예를 들어 장 드 묑(Jean de Meung)이 1270년 무렵에 쓴 그의 유명한 《장미 소설》(Roman de la Rose)에서 분명하게 지적했다.[25]

그 밖에도 아이기디우스는 또 엘렉트룸(Elektrum)을 하나의 순수한 예술 산물의 예로서 제시하는데, 그렇지만 그는 그것이 세 부분의 은과 한 부분의 금의 혼합물이고 또 그렇게 지속된다고 말한다. 엘렉트룸이 아이기디우스에 의해서 예로 선택되었다는 사실과 그것에 대한 그의 언급은 합금의 합금적 특성이 13세기에도 아직 전적으로 '틀리게', 즉 우리가 보는 의미로 해석되지 않았음도 보여 준다. 그는 또 유리는 꿀벌이 그러한 것처럼 자연발생적으로 창조된 것이지만, 금속은 자연발생적 창조가 아니라고 본다. 그리고 창조자 신 옆의 기술적 창조자로서의 인간의 지위에 비추어 볼 때 나는 이러한 양보가 특히 흥미롭다고 생각하는데 — 유리는 인간의 인웨스티오(Investio, 옷 입히기, 가리기)이지 연금술사들이 몰두한 자연모방은 아니라는 것이다.

그리고 또 이런 말을 덧붙일 수 있을지도 모른다. 유리, 가장 투명한 것, 스스로 꿰뚫어 보고, 모든 것을 다르게 보고, 그러면서도 모든 것을 간파하는 가운데 자기 자신은 보이지 않게 하는 유리는 인간의 최초의 발명들 — 이것을 가지고 인간이 결국 자연에 대한 그 자신의 대항세계를 쌓아 올린 — 에 속하지 않을까?

원라 잘못 배치된 한 텍스트의 일부로부터 촉발된 논쟁 전체는 자연철학의 주제에 관한 중세적 논쟁의 전형적 논증방식을 보여 준다. 아리스토텔레스 같은 권위로부터 나온 언급들과 체계적 고찰들은 독자적 추론과, 그리고 자연으로부터 온 사례들 — 그렇지만 이것을 구석진 곳이 많은 중세의 이론체계 속 어딘가에 집어넣을 수 있었던 한은 그 임의성이 어떤 것에 의해서도 제한받지 않았던 — 과 혼합되었다. 이로써 논쟁은 불가피하게 비김으로 끝날 수밖에 없었는데, 이때 여기서 미리 이야기되어야 할 것은 연금술사들과 로저 베이컨 같은 그 추종자들이 그들의 예술에 대한 자체평가를 무기 삼아 너무 과도하게 몰고 가지 않았나 하는 것이다.

어쨌건 14세기에는 신학자들 그룹으로부터의 대항 운동이 존재했다. 이는 부분적으로 이 세기부터 연금술사들이 자연철학적 근본원리에 관한 토론을 가능한 한 피했음을 설명해 준다. 그들은 대학과 아카데미에서의 논쟁들로부터 상당히 멀어진 채 그들 자신의 서클 안에서 맴돌았다. 물론 우리는 그들이 이 다른 서클들 속에서도 이야기할 것이 아무것도 없었다는 점을 인정해야 한다. 이때에 그들의 다소 강제된 분파주의는 그렇지 않아도 그들에게 존재하는 공상주의(*Phantastik*)를 더 강화한 것이 확실하다.

16. 골칫거리 전통

이로써 전문비평이라는 주제가 다 끝난 것은 아니다. 전문비평으로 말하면 외부로부터 온 것만 있었던 것이 아니다. 신의 예술의 확고한 추종자 집단으로부터 나온 것도 있었다. 연금술 논문들의 많은 저자들은 그들 모두가 의존하고 있던 전문 문헌에 대한, 그리고 바로 이 전문 문헌의 문헌적 전통에 대한 분열적 관계를 보여 준다. 그들이 헤르메스 트리스메기스토스나 라제스(Rhazes),[15] 세니오르(Senior)[16] 같은 옛 현자들을 믿지 않았다는 것이 아니다. 그들은 악한 경쟁자들의 텍스트를 읽는 것을 경고했던 것이다. '틀린 철학자들'과 '소피스트들'은 무더기로 존재했고, 그렇기 때문에 가짜-토마스 같은 상당수의 저자들은 〈철학〉(*Philosophia*)을 모조리 거부하고, 〈실천〉(*Practica*)에만 의존하라고 권고한다.

예를 들어서 아르겐툼 비붐 노스트룸(*Argentum vivum nostrum*, 우리의 살아 있는 은)을 보통의 수은과 혼동하는 자들은 단순히 소피스트일 뿐인 것이다. 《로사리움 미노르》(*Rosarium Minor*, 작은 묵주 또는 작은 장미정원)에서는 이 가짜 철학자들이 무지하거나, 또는 그와 반대로 이들이 예술의 기본을 알고는 있지만 탐욕스럽다고 말한다. 그들은 철학에 대해서는 많은 말을 하는 책을 쓰지만, 진리는 말하지 않거나 올바로 말하지 않는데, 그 이유는 파라셀수스와 판 헬몬트가 나중에 표

---

15 아르-라지의 라틴어 이름.
16 이븐 우마일의 라틴어 이름.

현하듯이 그들에게는 신으로부터 오는 내적 영감(Lumen naturale)이 부족하기 때문이다.

도대체 왜 가짜 철학자들이 책을 쓰는지, 철저한 사기꾼들이 그러듯이 그들이 왜 어둠 속에 숨어 있지 않는지에 대한 이야기는 없다. 그런데 우리의 눈으로 볼 때 엄청난 양의 책 — 그 언명들에 관한 모든 다툼과 결합된 — 의 생산은 무엇보다 입장들을 둘러싼 씨름이 벌어졌다는 표시이고, 이는 연금술이 우리에게 역동적인 발전적 사업으로 나타난다는 것 이외의 다른 것을 의미하지 않는다. 그런데 불가피하게 증명하거나 반박할 것이 거의 없었던 경우에는 학파 내의 다툼과 오해가 발생할 수도 있었다. 아마 동료를 비난한 저자들의 '유식한 소피스트들'에 대한 태도는 그들에 대한 우리의 태도와 유사한 모습이었을 것이다.

우리는 그들이 상당량을 알고 있고 할 수 있었다는 것을 깨닫는다. 그렇지만 그들 자신이 무엇을 생각하는지를 우리가 이해할 수 있도록 그들이 우리에게 '본래' 말했어야 하는 것을 우리는 포착하지 못한다. 우리는 그들의 언어를 우리의 언어로 번역하는 일에 성공하지 못한다. 우리가 순진한 믿음을 가지고 있지 않다면, 우리가 정상적인 역사학자 — 그는 그의 눈앞에 놓인 자료들이 해석 가능한 의미를 지니고 있다고 일단 먼저 가정하는데, 이는 그의 기본적인 작업가설이다 — 라면 누구라도 그러는 것과 같이 행동하지 않는다면, 요컨대 우리가 순진하게 믿지 않는다면, 우리는 '유식한 소피스트들'을 의도적인 말 왜곡쟁이, 격정적인 은폐자 또는 자신의 오성의 함정 속에 갇혀 있는 자로 볼 수밖에 없다. 가짜-토마스도 그의 적대자들을 바로 이러한 시각에서 바라보았다.

그러나 이는 연금술 언어의 오래된 문제만이 아니라 새로운 문제에도 항상 적용되는 것인데, 이는 중세 저자들의 경우 그들의 논문이 흔히 바로 다른 사람들의 소피스트적 언어에 대한 경고의 결과로 제출된다는 것에서도 드러난다. 이 다른 사람들은 흐릿하고 이해할 수 없게, 즉 비유적으로 표현하는 것이다. 그리고 〈증식에 관하여〉에서 가짜-토마스가 그러하듯이, 인민을 위해서 펜을 잡을 때는 사랑하는 형제 — 여기서는 〈증식에 관하여〉의 경우 그의 제자이자 비서인 레이날두스(Reinaldus)로 볼 수 있는데 — 를 위해서 쓸 때와는 다르게 쓴다. 토마스는 레이날두스라면 비밀의 미묘함을 파악하고 지킬 것이라고 예상할 수 있는 것이다. 왜 가짜-토마스와 다른 많은 연금술 대가들이 원래는 단 한 사람만을 향한 그들의 논문을 공개하도록 허용했는가는 아마 이미 언급되었던 익명의 출판이라는 물음과 연결되는 면이 있을 것이다.

사람들은 어떤 대가를 치른다고 하더라도 자기가 말하고 싶은 것을 말하려고 할까? 사람들은 자신의 갈망과 희생이 헛되지 않았다는 고백을 공개적으로 하려고 할까? 그리고 그 뒤에는 이해는 되지만 비논리적 희망 — 희생자가, 바로 그가 희생자이기 때문에 성공에 도달하도록 만들어야 한다는 — 이 숨어 있는 것이 아닐까? 그리고 고백하고 싶은데, 바로 **그것**을 또 감추려는 것이 아닐까 — 보호받지 못하는 곳에서는 비판이, 아니 박해가 올 수 있기 때문에? 카를 발렌틴(Karl Valentin)은 그걸 얼마나 멋지게 말하는가?

"우리는 전부터 하고 싶어 하기는 했다. 그렇지만 해도 되는지에 대해서는 용기를 내지 못했다."

어쨌건 분명한 것은, 비밀을 정말 말하는 '진정한 철학자들'이 존재한다는 ─ 비록 하나의, 그것도 그 자체로는 아무것도 말해주지 않는 조각을 통해서이기는 하지만 ─ 것이다. 그렇지만 왜 그럴까? 왜 모든 연금술사들은 옛사람들이 모두 비밀 형태의 진리를 적어도 암시했고, 올바르게 암시했다고 믿었을까? 그렇지만 왜 그들은 동시에 옛사람들이 항상 비밀을 조금씩만 암시했기 때문에 사람들이 비밀을 추측하기는 하지만 파악하지는 못한다고 믿었을까? 왜 연금술사들은 이러한 믿음을 가지고 우리와는 그토록 다르게 그들의 정전 텍스트와 대면했는가? 그리고 마지막으로 도대체 왜 그들은 이 텍스트들을 손에 잡았는가?

여기서 어쩌면 다양한 방향으로부터 온 다양한 설명이 우리를 도울 수 있을지 모른다. 옛 시대에 나온 모든 문헌은 문장과 행간에 아주 자명하게 포함되어 있던 바로 그것을 통해 나중의 모든 연금술 대가들이 기본적으로 공유했던 세계관을 전달했다. 그러나 우리가 이미 알고 있듯이 이 세계관, 세계를 대하는 이 방식은 매우 다른 여러 언어 사용역에서 독자와 만났는데, 이 언어 사용역들은 균질적 혼합을 이루어 낼 수도 없었고, 그렇기 때문에 통합적 진리 같은 것을 내놓을 수도 없는 것이었다.

그 밖에도 그리고 그와 상관없이 상당수의 연금술사들은 태곳적 텍스트의 어딘가에 언어와 더 높은 현실 사이의 마술적 연결이 있다는 추측에 사로잡혀 있었다. 여기서 우리는 카발라의 정신과 만나는

데, 그것은 항상 카발라의 이름으로는 아니었지만 의식했든 의식하지 못했든 학자들의 머리와 책 위에서 부유(浮游)했다. 그것은 꿀벌들이 꽃가루로부터 꿀을 만드는 것과 마찬가지로 철자들의 순수한 조합들로부터 지혜를 만들어 내려고 하는 정신이다. 여기서 미리 강조해야 할 점은, 이때의 핵심 문제는 아무 노고 없이 얻는, 분에 넘치는 깨달음이 아니라 마지막의 구원에 이르는 깨달음을 향한 수고스럽고 단계적인, 즉 하나하나의 부분적 접근이라는 것이다. 그리고 이는 기독교 중세의 책인 성경에도 똑같이 해당되고, 또한 태고의 ― 그렇기 때문에 성스러운 ― 연금술 책들에게도 똑같이 해당된다. 한편으로 텍스트들은 깨달음을 거부해야 하지만, 다른 한편으로 텍스트들은 이 깨달음을 위한 구원에 이르게 하는 노고를 방해해서는 안 된다.

이로써 우리는 인식의 심리학의 영역에 발을 들여놓는다. 그런데 우리가 심층심리학의 영역에까지 한 발짝 더 깊이 발을 들여놓으면, 우리는 여기 무의식, 즉 꿈의 층위에서는 모든 진리들이 비록 서로 모순일 수 있다고 해도 진리일 수 있다는 것을 확인할 수 있다. 그렇다면 각각의 진리는 처음에는 일단 임시적인 것이고 모든 것을 말해 주지 않는다. 반면에 모든 것을 포괄하는 비밀은 말들 그리고 내가 믿기로는 최종적으로 그림들도 담을 수 없는데, 그 이유는 말과 그림은 결코 전체의 단편적 조각 이상이 될 수 없기 때문이다.

그러므로 고전 연금술 텍스트에서는, 더 넓은 시각에서 해석될 수 있는 것은 항상 부분 또는 훈계자들의 부분적 관점에 머물러 있게 된다. 이러한 시각에서 볼 때 '진정한 철학자들' 중 어느 한 사람도 비밀 전체를 발설하지 않는 이유는 말할 수 있는 비밀이 존재하지 않기 때문이 아니다. 그 이유는 비밀의 폭로가 배신보다 가벼운 것이 결코 아닐 것이라는 데 있다. 그렇다, 자격 없는 자들의 눈앞에다 폭로하는 것은 누설된 비밀을 파괴해 버리는 '본래'의 배신일 것이다. 이것이 연금술의 비밀주의의 뿌리일 수 있을 것이다.

그리고 그들 자신, 연금술사인 그들 자신은? 그들 자신이 어쩌면 자격 없는 것이 아닐까? 그러나 즉시 드러나지 않는 비밀을 향한 정말 수그러럽고 겸허한 헌신, 갈망, 비밀과의 씨름이 그들이 자격 있다는 것에 대한 증거가 아닐까?

연금술에 사로잡힌 자들에게 비밀이 정말 존재한다는 것, 그것이 언젠가 이미 이야기되었고, 그러니까 이해 가능하다는 것, 또한 비밀이 프톨레마이오스의 도서관들에 흩어져 있다는 것, 그리고 왜 흩어져 있는지를 증명한 것은 바로 이 무의식적인 고려였다고 나는 생각한다. 이렇게 보면 모든 진정한 연금술 대가들은 옳다 ― 비록 그들이 비유적으로 이야기했고, 서로 아주 모순되는 것처럼 보일지라도.

연금술 대가들을 '문헌적 신비'에 철저하게 매달리게 만든 이유 중 하나는 또한 중세는 물론 근대의 연금술사조차도 태고의 정신에 입각해 사고했다는 것 때문일지도 모른다.

연금술사들이 정말 서로 양립하지 않는 많은 책들을 소유했던 것처럼, 고대 이집트인들은 서로 양립하지 않는 많은 세계 설명의 신화를 가지고 있었다. 어떤 때는 하늘이 큰물이고, 어떤 때는 매이고, 또 어떤 때는 암소이고, 어떤 때는 하늘여인이고, 어떤 때는 하늘돼지이다. 세계의 이러한 표현형상과 관련된 많은 사고 가능성이야말로 말과 제의적 행동으로 전승된 것에 단단하게 매달리게 만든 것처럼 보인다. 왜냐하면 최종적으로 질문되지 않은 전통 — 역사에 의한 세계 설명의 모든 가능한 관점을 계속해서 전해 줄 수 있었던 — 만이 안정성을 보장하기 때문이다.

그렇지만 어째서 우리는 신의 예술의 텍스트를 아주 다르게 읽는가? 이에 대한 소박한 대답은, 우리가 우리 불신의 피부를 벗어 버릴 수 없기 때문이다. 우리에게는 위대한 비밀 — 텍스트들과 어떤 특정한 관계를 가질 수 있는 — 의 형상을 한 어떤 연금술적 진리에 대한 믿음이 단순히 없을 뿐이다. 사라진 것은 또한 말과 실제 사이의 마술적 상호작용에 대한 믿음이다. 어떤 내부의 목소리도 우리에게 텍스트 부분 — 그 속에서 더 높은 실제로의 돌파가 성취될 수 있는 — 이 틀림없이 존재하고, 그것을 찾기만 하면 된다고 속삭여 주지 않는다.

그런데 연금술을 구성하는 영역들 중 적어도 한 곳이 말과 실제 사이의 상호작용을 우리에게 느낄 수 있게 해 주는 다른 모색, 다른 길을 우리에게 확실히 제공하는 것처럼 보인다고 하더라도, 이 길 역시 그 함정을 지니고 있다. 그 길은 어떤 언명의 화학적 의미를 찾고 경우에 따라서는 실험실에서 검사하는 것이다. 연금술로 들어가는 이러한 길은 우리가 앞으로 다시 다루어야 할 연금술 실험의 문제를 건드리지만, 여기서 미리 말해야 할 것은 연금술에서 최종 참조대상은 언제나 텍스트라는 것이다. 연금술사들은 책을 통해서 실제를 인지했는데, 이는 중세의 기독교인들이 — 그들이 비록 읽을 수 없고 그림 형식의 일러스트레이션도 성직자의 말에 의한 중개를 통해서만 해석할 수 있었다고 하더라도 — 더 높은 진정한 실제를 감각적 바라봄이 아니라 하나의 책, 진정한 책, 모든 인간에게 진리를 날라 오고 이와 동시에 결국은 해독 불가능한 비밀을 담고 있는 책을 통해서 인지했던 것과 마찬가지이다.

경건한 중세의 기독교인에게는 먼저 모세, 이사야, 마태, 요한이 왔고, 그다음에 인간적인 활동의 일상이 뒤따랐다. 마찬가지로 연금술 대가들에게는 먼저 조시모스, 마리아, 세니오르, 룰루스가 왔고, 실험실에서의 체험들이 이들 뒤를 따라왔다.

그러므로 우리는 다시 위대한 옛사람들의 텍스트를 향해 되돌아선다. 그러나 20세기의 자식들인 우리는 연금술 문헌들 — 헤르메스주의와 화학의 혼합물이라는 특징이 깊이 새겨져 있는 — 을 읽을 때, 다른 믿음뿐만 아니라 어느 정도 더 높은 갈망에 의해서 정화된, 다른 비판적인 분석의 눈을 가지고도 이 일을 한다. 다시 말하면, 우리는 보통 어떤 텍스트의 특별한 의미를 표시해 주는 조각들을 모두 분석적으로 분리하고, 그럼으로써 그것의 혼미한 역할을 마찬가지로 혼미한 전체 의미 속에서 빼앗아 버리지만, 이에 반해서 연금술사는 의미로 가득한 텍스트 구절을 오히려 전체의, 우선은 불가해한 육체의 분리 불가능한 지체들 — 그 자신이 텍스트에서 텍스트로 옮겨 가는 가운데 그 뒤에 있는 육체 자체를 추측할 수 있었던 — 로 보았다.

이렇게 고전적-연금술 문헌은 어떤 것이나 옳은 것이고, 이 '모든-것이-옳음'은 연금술 문헌에서 풍부한 전통을 지닌 하나의 상투적 관용어($Topos$)가 되었다. 라틴 연금술사도, 비록 그가 다른 사람들은 그토록 비난하고 자신의 경험은 한껏 찬양하고 싶어 했지만, 그가 기껏해야 생채기밖에 낼 수 없었던 전통의 사슬로부터 결국 벗어나지 못했다. 주관적 체험과 객관적 실험실 경험 사이의 다의성을 말로 나타내기 위해서 또는 코스모스의 '하나는 전체이다' 속에 숨어 있는 모순들을 말로 나타내기 위해서 그 자신도 뒤따를 수밖에 없었던 언어, 비교(Esoterik)에 대해 체념한 상태에서 말이다. 이때 혼동과 몰이해를 낳는 것은 '인민을 위한' 말에 의한 잔꾀만도 아니고, 또 그 모든 다양성 속에 들어 있는 상징들만도 아니다. 혼동과 몰이해는 무엇보다도 모든 연금술 텍스트에 의해서 전제된 질료와 구원의 위대한 우주적 연관성에 의해서 생겨난다. 이상적 텍스트는 '모든 것 속의 하나', 즉 헨토 판의 표상─그 위에서 인식이 모습을 드러내는─과 같은 것이어야 할 것이다. 그러나 태고의 지혜(Prisca scientia)에 대한 믿음이 없다면, 중세는 물론이고 오늘날에도 마찬가지로 독자의 내면의 눈에서 이미지는 구체화되지 않을 것이다.

아주 일반적으로 말해서 비교적 텍스트를 이해하려고 하는 독자는, 그곳에 제시된 이미지, 즉 묘사된 메타포를 다르게 받아들인다. 그는 통속소설을 읽을 때처럼 그것을 건성으로 받아들이고 텍스트를 기껏해야 미학적으로 판단하는 가운데 즐거움을 얻으려는 독자들과는 다르게 이미지를 수용하는 것이다. 그는 이미지가 자신의 생각뿐만 아니라 무엇보다도 다층적인 감정과 일치할 수 있도록 하기 위해 이미지를 흡수할 수 있어야 한다. 문제 되는 것은 복합적인 것이다. 그 이미지를 자신의 내적 체험과 연결할 능력이 없는 사람에게는 이 낯선 이미지는 '다가오지 않는다'. 감정의 진리 속으로까지 돌진하지 않는 것이다. 그러므로 독자가 흡수하지 못하는 이미지는 착각이지만, 반면에 그 자신의 이미지들은 그 속에 체험의 진리를 담고 있다. 이는 어쩌면 다른 연금술사에 대한 어느 한 연금술사의 분노 — 깨달음을 전달해줄 수 있을 만큼 시간에 의해서 충분히 성스러워지지도 않았고 충분히 깨달음도 얻지 못한 이 삼류작가를 향한 — 를 설명해 줄 수 있을 것이다. 이때 그는 자신의 도덕적 분노를 통해서 자기 자신의 무능을 다른 연금술사의 발 앞에 내던지는 것이다 — 그리고 이 다른 연금술사는 그다음에 동일한 권리를 가지고 그와 똑같은 일을 한다.

그렇지만 한편 예술의 진짜 추종자는 이 믿음 속에서 혼란에 빠지지 않는데, 또 다른 한편으로 신뢰할 만한 증인에 의해서 체험된 비밀에 관한 아주 혼란스럽도록 많은 관점들로부터 하나의 이미지 — 자기 가슴속에 있는 자기가 보지 못한 이미지와 부합하고 동시에 전체 우주의 거울인 것 같은 — 가 형성되는 일은 이루어져야 한다. 이는 어쩌면 왜 연금술사들이 다독하는 인물을 비난하면서도 거듭해서 읽었는지, 새로운 문헌까지도 읽었는지를 설명해 줄지 모른다 — 17세기에 나온 《침묵의 서》(*Mutus liber*)에는 "읽고, 읽고, 읽고, 일하라, 그러면 알게 될 것이다(*Lege, lege, lege, labora et invenies*)."(Cans. 127, 14. Tafel)라는[17] 말이 나오는데, 이 책에는 그림을 제외하고는 문장으로는 이것이 유일하다.

원래는 모든 것에 앞서서 던져야 할 하나의 물음이 우리에게 아직 남아 있는데, 이것은 도대체 왜 연금술사들이 다양한 자기 확신의 장난 — 그들이 이것을 간파했는지 아닌지와 상관없이 — 에 끼어들었는

---

17 Cans.는 Canseliet의 약어이다.

가, 왜 그들이 냉정한 오성(悟性)에게는 어둡고 불분명할 뿐만 아니라 오히려 비논리적이고 난센스처럼 보이는 그런 사물을 믿으려는 내면의 준비를 갖추었는가 하는 것이다. 어쩌면 우리가 마찬가지로 비논리적이고 난센스 같은 문헌 장르, 즉 성자 전설 쪽으로 눈을 돌리면 그에 대한 하나의 답에 접근할 수 있을지 모른다. 성자들의 생애를 다루는 것은 연금술 텍스트를 다루는 것과 같다. 말하자면 우리가 그것을 순수하게 지적으로만 읽는다면, 그것들은 자기 목적을 충족시키지 못한다. 다시 말하면 성자 전설이 우리를 성자들의 행동과 고통을 믿게 만들어서 우리의 믿음을 더 깊어지게 하는 결과는 결코 가져오지 못한다는 것이다.

성자들의 생애는 특이 세계, 그것도 과거의 특이 세계에서 일어난다. 왜냐하면 지명받은 성자들의 죽음과 최초의 시복(諡福) 절차 개시 사이에서는 보통 적어도 두 세대가 지나가기 때문이다. 그러나 성자는 또한 이웃집 문 앞에서 마주치는 사람이 아닌데, 이는 성자인 그가 동시대인이 아니기 때문만은 아니다. 성자는 은총 가운데 있고, 진정한 의미에서 믿기지 않는 행동을 할 능력이 있다. 이는 성자 속에는 일상의 덕(德)을 넘어선 덕이 체화되어 있기 때문이다. 그의 덕은 "살아 있는 인간으로부터만 벗어나 있는 것이 아니라 생명으로부터도 벗어나 있다고 생각될 수 있다. 그것이 인간의 죽음 후에 자율적인 존재가 되면, 진정으로 그 자신 위에 서게 된다 … 그 자체 대상화된 것이다."(Jolles 31)

그러면 이제 — 비교를 통해 동일시로 가 버릴 위험에 대한 거듭되는 경고를 가슴에 품고 — 성자 자리에 진정한 연금술 대가를 놓아 보

자. 진정한 연금술 대가도 동시대인이 아니다. 그도 은총 속에 있고, 그 또한 모든 일상의 능력을 넘어선 능력을 체화하고 있으며, 그는 또 믿을 스 없는 것을 행할 능력이 있다. 그에게 내린 은총, 그 속에서 그가 살아가는 은총은 성자의 경우와 마찬가지로 도덕적이고 경건한 삶의 변화를 동반하는 신의 은총이다. 연금술 대가가 체화하고 있는 능력은 신과 자연에 대한 비밀의 지식이고, 일상 능력을 뛰어넘는 이 능력은 현자의 돌을 만들고 물질변환이 일어나게 하는 능력으로 나타난다. 성자의 경우 비범한 덕의 힘은, 연금술사에게는 비범한 지식의 힘이다.

그러나 이미 시복에 들어간 성자의 가장 중요한 속성, 즉 성유물 — 성자의 기적 행위가 체화되어 들어 있는 — 은 어떻게 보아야 하는가? 여기서 사람들은 어쩌면 이렇게 말할 수 있을 것이다. 성자의 삶과 '그가 남긴 것' 속에 들어 있는 그의 육체였던 것, 그리고 육체에 직접 속해 있던 모든 것, 그것은 연금술 대가의 경우에는 질료 그 자체였다고.

그는 그것을 투입했고, 질료는 성자의 육체가 성자를 위해서 고통받았듯이 그를 위해서 고통받았다. 그는 성자가 죽음 속에서 더 높은 것을 향해서 자기 육신을 뛰어넘었듯이 더 높은 것을 향해서 질료를 뛰어넘었다. 지식의 힘이 그 안에 체화되어 있는 더 높은 것은 돌(La-pis)이고, 덕의 힘이 그 안에 체화되어 있는 더 높은 것은 성유물이다. 두 힘들은 기적을 일으킬 능력을 가지고 있다. 즉, 그것들은 물리적 자연의 한계를 넘어설 능력이 있는 것이다. 그러나 이들 힘이 솟아오르도록 한 원천인 두 담지자들은 결국 전승된 각각의 텍스트뿐만 아니라 이 텍스트들과의 대면에서 이루어지는 체험을 통해서 자신을 뒷받침한다. 그런데 이 체험은 오직 성자에서 나타나는 "그리스도를 본받아서"(Imitatio Christi)를 향한 희구(希求) 또는 연금술 대가에서 나타나는 "세계를 본받아서"(Imitatio Mundi)를 향한 희구 속에서의 체험일 수 있다. 이 둘 뒤에는 바로 입문의 길을 통해서 도달해야 하는 구원을 향한 희구가 있다.[26] 성자 전설의 경우에는 그리스도 속에 체화된 **인간 자체**의 모방이 핵심 주제이고, 연금술 텍스트의 경우에는 그러나 현자의 돌 속에 체화되어 있는 **인간 밖 자연의 모방**이 핵심이기 때문에, 행위 중인 연금술 대가의 형상은 일반적으로 성자의 형상보다 훨씬 불분명하다. 그러나 두 경우 모두, 읽히기는 하지만 그로부터 체험이 이루어지지 않으면, 성자들의 전기나 연금술 텍스트들은 불충분한 것이 되고, 자기기만 또는 사기에 가까운 환상적 배설에 지나지 않는다. 모든 노력에도 불구하고 그것은 결국 의미가 담기지 않은, 빈 것이 된다.

핵심은 능동적 모방, 그것이 한 번 또는 몇 개의 단계를 거쳐서 이루어지든 그렇지 않으면 하나의 긴 과정을 거쳐서 이루어지든 상관없이 모방인 것이다. 그렇지만 모방의 산물은 중요한 또는 우선적으로 중요한 것이 아니다 — 비록 사람들이 이것도 아주 높이 평가할지 몰라도.
즉, 성자의 미라로 만들어진 손가락은 전설의 배경 없이는, 연금술 대가의 붉은 가루는 연금술 필사본들의 배경 없이는 단순한 또는 불안한 희구의 표시일 뿐이다. 우리가 이제 또 다루어야 할 연금술 이야기는 이 불안의 증상인데, 이 이야기가 전설적 원소들을 자기 속에 받아들이려고 시도하는 그 지점에서 나타나는 불안의 증상이다.

그런데 우리는 연금술 대가와 성자 사이의 대비를 과장해서는 안 된다. 적어도 강조점에서의 차이들은 간파해야 한다. 사실 연금술 텍스트의 전달은 최종적으로 항상 스승-제자 관계와 결합되어 있었으며, 지혜로운 스승과 사랑받는 아들에 관한 이야기는 ― 그것이 순전히 토포스(Topos)로 퇴화된 것이라고 해도 ― 계속해서 진정한 연금술이 포괄하는 세계의 혼과 물질 전체를 가리켰으며, 연금술이 담론을 통해서 습득될 수 있는 것이 아니라 오직 실습을 통해 얻을 수 있었다는 것을 가리켰다. 그런데 나는 크레아티오 상크토룸(Creatio sanctorum, 성자 만들기)에 대해서는 전문가가 전혀 아니지만 성자의 경우에는 이 스승-제자 관점이 그렇게 강조되지 않는 것처럼 보인다 ― 비록 그것이 적어도 개별적인 경우, 특히 말을 통한 전설들의 전달이 진정한 의미에서 모범적 인물을 통해서 젊은이들을 성스러움에 합당한 삶으로 인도했던 바로 그 경우에는 항상 상당히 큰 역할을 했을지는 모르지만.

그 밖에도 비록 성자들의 생애가 기록되었다고 해도 전설이라는 단어는, 그들의 생애가 신앙의 집에 기초하고 있다면 최종적으로는 단지 구전으로만 접근 가능하다는 것을 말해 준다 ― 예수의 비유에 대해서, 그리고 미사의 말씀에 대해서 생각해 보라.

17. 게베르

모범적이든지, 지혜롭든지, 또는 그렇지 않든지 중세의 화학 연금술사 중에서 가장 위대한 인물인 이른바 게베르도 '사랑하는 아들'에게 이야기한다.

그렇지만 여기서 '이른바'는 무엇을 뜻하는가?

그의 주 저작인 《위대한 작업의 완성에 관한 전서》(*Summa Perfectionis Magisterii*, 《숨마》)에서, 그리고 그가 썼다고 하는 다른 소논문들에서 게베르는 어떤 이름도 거명하지 않았다. 그의 증인들이나 그 자신의 이름조차 말하지 않았는데, 그래서 중요한 연금술 사학자들과 문헌학자들 상당수가 게베르 문제로 골머리를 앓았다.

이 문제에 대한 가장 그럴듯한 답은 1991년에 윌리엄 뉴먼(William Newman)의 《숨마》 번역 서문에서 제시되었다. 여기서는 그의 논증은 다루지 않고 그의 견해만 소개하겠다. 파울루스 데 타란토(Paulus de Taranto)라는 사람이 《이론과 실천》(*Theorica et practica*)이라는 제목의 저작을 썼는데, 이것은 분명히 가짜-라시스(Rhasis, 아르-라지의 라틴어 이름)의 소논문인 〈아르-라지의 비밀의 책〉(*Liber secretorum de voce Bubacaris*)의 영향을 받았다는 것이다 — 파울루스는 이것을 〈완벽함을 찾아서〉(*De Investigatione Perfectionis*)라는 논문으로 손질해서 펴냈다. 뉴먼은 바로 이 파울루스가 그 후 유명한 《숨마》를 집필했다고 말한다.

파울루스의 책들도 말할 것도 없이 다른 문헌들, 예를 들면 표준 독서목록에 속했던 《명반과 염에 관하여》 그리고 가짜-아비센나의 논문 〈비밀스러운 것에 관하여〉(*De re tecta*)의 영향을 받았다고 하는데, 이는 상당한 신빙성이 있다. 그러나 가장 중요한 영향을 미친 책은 자비르의 《70의 책》(*Liber de Septuaginta*)이었고, 파울루스는 그의 책 전체를 게베르, 즉 자비르의 이름 밑에 숨기고 동시에 대중적이 될 수 있도록 고묘하게 직조된 텍스트-비교물을 통해서 그 영향 속으로 들어갔다는 것이며, 그런데 이것이 성공했다는 것이다.(27) 반면에 우리 시대까지도 게베르가 쓴 것으로 되어 있는 4개의 다른 작은 저작들은 뉴먼의 견해에 따르면 파울루스의 것이 아니다.(28) 그리고 그럼에도 불구하고 그것들은 어떤 면에서는 그의 것인데, 우리는 이를 영향의 역사를 고려해서 인정해야만 한다. 왜냐하면 모든 연금술사들이 이 가짜-가짜-자비르를 믿었고, 게베르 추종자로서 그의 네 저작들을 열심히 이용했기 때문이다.

그런데 파울루스가 누구였는가? 우리는 그가 프란체스코회의 수도복을 입고 있었고 자신의 《숨마》를 13세기의 마지막 3분기나 14세기가 막 시작될 때 썼으리라는 것을 상당한 확실성을 가지고 추정할 수 있다. 인물에 관해서는 더 이상 나올 것이 없는데, 따라서 우리는 그의 저작들에 집중해야 한다. 그런데 그의 작품들 중의 작품은 《숨마》이다.

이 책의 상당 부분은, 연금술에 대해 비판적이지만 경험에 기반을 둔 견해들을 반박하는 데 할애되고 있다. 이 견해들은 대단히 흥미로운데, 왜냐하면 그것들은 게베르의 견해뿐만 아니라 그의 시대의 통상적 의견들을 반영하고 있기 때문이다. 여기서 문제 되는 것은 일반적인 찬성과 반대, 그리고 현자의 돌이 아니라, 게베르가 실패했다고 선언하는 금속의 고귀화를 위한 실제적 시도이다.

게베르에 따르면 연금술에 열심인 많은 실천가들은 황을 함유한 또는 황과 비슷한 물질들의 도움으로 — 프네우마타(Pneumata) 또는 스피리투스(Spiritus)의 도움을 받아서라고 말할 수도 있는데 — 그들의 목표에 도달하려고 시도했다. 덧붙여서 게베르는 이렇게 말한다.[18]

"다른 사람들도 있는데 이들은 자기들이 실험할 때 다른 아무런 준비를 하지 않고도 영(휘발성의 물질)을 물체(금속)에 고정할 수 있으리라고 미리 규정한다. 그러나 이 [자기]기만은 그들에게 두려움과 체념을 가져왔고, 그 때문에 그들은 [우리의] 학문이 존재하지 않는다고 믿을 수밖에 없다는 감정을 갖게 되었고, 그것에 대항해서 공격해야만 한다고 믿게 되었다. 그들의 혼란과 그들의 불신의 원인은, 휘발성 물질들이 금속들이 녹을 때 날아가 버리고 거기에 붙어 있지 않으며 격렬한 불을 피해서 도망치기 때문에 금속들만 남게 된다는 데 있다…. 예술에 대한 그들의 완전한 거부는 다음과 같은 내용을 담고 있다.

너희, 학문의 제자들아. 너희가 금속들을 변환하려고 한다면, 그리고 이것이 특정한 '약제'의 도움으로 일어날 수도 있다면, 그것은 휘발성 물질들 자신에 의해서 발생해야만 한다. 그러나 그들이 이 불안정한 물질들을 고정하지 않은 채 유용한 방식으로 금속들과 합일시키

---

18 여기서 게베르는 라틴 게베르, 즉 가짜-자비르를 가리킨다. 자비르의 라틴어 이름은 게베르지만, 저자가 게베르라고 할 때는 항상 가짜-자비르를 가리킨다.

기란 불가능하다. 그렇지만 정반대로 그것들은 날아가고 금속들을 부정한 상태로 버려둔다. 그러나 우리가 그것들을 안정된 형태로 만들면, 그것은 금속과 합일될 수 있다. 왜냐하면 그것들은 용융되지 않는 흙이 되었기 때문이다. 그러나 우리가 그것들을 금속들 속에 가두면 그것들은 고정된 것처럼 보이지만, 실제로는 그렇지 않다."(Newm. 305f., 656f.)

안타깝게도 모두 이름이 거명되지 않은 게베르의 다양한 동시대인의 다른 일련의 시도들은 금속들의 제조 및 합금과 관련된 것이다. 여기서도 핵심은 어떤 단계의 과정을 모방하는 노력은 일절 하지 않고 직접 합성을 하려는 시도이다. 적어도 우리의 시각에서 볼 때 사람들이 도달하려고 했던 것은 단지 가능한 한 완벽에 가까운 귀금속의 모조(模造)였던 것이다.

게베르는 이 모든 노력을 3개의 그룹으로 나누는데, 하나는 무른 것을 무른 것과 합금하는 시도, 또 하나는 단단한 것을 단단한 것과 합금하는 시도, 마지막 하나는 무른 것을 단단한 것과, 또는 귀금속을 천한 금속과 합금하는 시도이다. 그런데 이때 생겨나야 하는 것은 물론 합금이 아니라 새로운 금속이다. 흥미로운 점은 여기서 전면에 부각되는 것은 금속의 색이 아니라 밀도(견고성, Konsistenz)라는 것이다. 게베르의 비판은 이제 금속들을 합성하려는 의도 쪽으로 향하는 것이 아니라, 단순한 혼합과 용융을 통해서 대망의 금이 지니고 있을 것이 틀림없는 제대로 된 밀도와 불에 대한 완벽한 저항성이 성취될 수 있다는 견해 쪽을 향한다.

"그러나 다른 사람들은 충분히 핵심적 사안과 씨름했고, 근본적으로 사고했고 그들의 발명 재능을 사용했다. 그 후 그들은 단단한 금속들이 무른 금속과 합해져서 이것을 지속적으로 단단하게 할 수 있는 길, 완전한 금속이 불완전한 금속과 합해져서 이것을 완전함으로 이끄는 길, 그리고 일반적으로 이것들이 안정적으로 물질변환을 하는 가운데 서로 변환하고 변환되는 길을 찾으려고 노력했다. 그러니까 그들은 '약제'뿐만 아니라 불의 도움으로, 즉 구리와 철 같은 거친 것은 곱게 만들고 주석과 같은 고운 것은 거칠게 만드는 방식을 통해서 저 금속들의 유사성(Similitudo)과 친연성(Affinitas)을 찾기 위해서 노력했던 것이다. 이 방법이 완벽하다고 믿은 사람들 중 몇몇은 이 금속들의 혼합에 속아 넘어갔다. 그 이유는 그것들이 아주 부서지기 쉬운 어떤 것을 만들어 냈거나, 단단한 것에 의해서 변화되지 않았던 절대적으로 무른 것 또는 무른 것에 의해서 변화되지 않았던 단단한 것을 만들어 냈기 때문이다. 그래서 그들은 이 조화를 찾아내지 못했고, 따라서 우리 예술의 존재를 부정했다."(Newm. 314f., 660f.)

여기에는 금속의 내적 변환을 이룩해 내는 것을 목표로 하는 세 번째 연속적 시도가 암시되어 있다. 이 시도들 뒤에는 다음과 같은 생각이 자리 잡고 있었다.

만일 사람들이 두 종류의 납 — 오늘날에는 납과 주석이라고 부르는 것 — 으로부터 그 무름과 용융성을 제거하면, 색채 면에서도 은 또는 금의 표현 양태를 보이는데, 이 중에서 어떤 금속으로 나타나는가는 주석이나 납 어느 것에서 시작하느냐에 따라 달라진다. 게베르는 여기에다 이러한 결과를 여러 차례의 하소(煆燒)와 환원을 통해서도 도달할 수 있다고 간단히 덧붙인다.

"이들 중 몇몇은 주석 — 즉, 목성 — 이 은과 아주 유사하고, 단지 그것의 품격, 무름, 그리고 용융되기 쉬움이란 면에서만 다르다고 보았다. 그리고 그들은 그것이 액체가 되기 쉽고 과도한 습기로 인해 무르며, 속에 숨어 있는 수은 — 그것의 입자들을 갈라놓는 — 의 휘발성 물질의 삐걱대는 소음(Stridor)[29]을 가지고 있다고 믿었기 때문에, 그것을 불 속에 집어넣었다. 하소할 때 그들은 그것이 불에 견딜 수 있는 한, 즉 석회가 희게 될 때까지[SnO_2] 불 속에다 두었다. 그 후 그들은 이것을 환원하려고 했지만 할 수 없었다. 아니 더 나아가서 그들은 환원이 불가능하다고 보았다. 몇몇은 석회의 일부를 환원했고, 그전과 마찬가지로 삐걱대는 소음, 무름, 그리고 그전과 같이 액화가 빠르게 진행되는 것을 발견했다. 따라서 그들은 이 방법으로는 성공하기가 불가능하다고 믿게 되었다. 그리고 그들은 불신으로 끌려들어가서, 주석 경화(硬化)의 예술에 어떤 새로운 발견도 불가능하다는 짐을 지워 놓았다.

그렇지만 그들 중 몇몇은 하소하고 환원했고 또다시 하소하고 환원했으며, 그러면서 큰 불을 이용해서 슬래그(탄재)를 제거했다. 이 작업을 자주 반복한 후에 그들은 그것이 단단해졌고, 삐걱대지 않는 것을 보았다.[30] 그러나 그들은 액화의 빠른 진행을 막을 수 없었기 때문에 잘못된 견해를 갖게 되었고, 거기에는 도달할 수 없으리라고 생각했다. … 따라서 그들은 책들을 집어던지고 생각을 바꾸어 예술이 가치 없다고 말했다."(Newm. 308~311, 658f.)

게베르 자신의 화학적·기술적 작업 프로그램은, 그의 화학에 관한 견해가 실천으로 일관되게 옮겨 가는 것을 증명해 보인다. 그리고 이 견해들은 그가 독립적이고 경험 많은 경험가이자 동시에 고전적인 연금술 전통의 후예라는 것을 뒷받침한다.

게베르의 경우에도 모든 금속은 황과 수은으로 이루어져 있는데, 물론 이것들을 통상적인 것으로 생각해서는 안 된다. 수은 구덩이와 황 구덩이에서 금속이 발견되지 않고 황과 보통의 수은이 결합해서 진사(辰沙)가 된다는 사실은 이 두 물질이 금속의 구성 성분이 될 수 있으려면 먼저 특정한 형태로 존재해야 한다는 것을 말해준다. 즉, 둘이 서로 합쳐질 수 있으려면 서로 유사하지 않으면 안 되는 것이다. 말하자면 단단하면서도 가단성(可鍛性)의 금속을 함께 형성하게 될 그 둘은 흙의 성질을 지니고 있어야 하고 동시에 무름과 단단함 사이의 중간 상태를 지녀야만 하는 것이다. 그때에만 자연이 두 물질을 특정한 온도와 주변 조건하에서 합칠 수 있다.

그런데 황과 수은은 서로 아주 다른 표현 형태로 등장한다. 가령 황 함유 물질은, 우리가 여기서 그 이름을 통칭적 개념으로 사용하면, 어떤 판본에서는 황으로, 또 다른 판본에서는 아르세니크(*Arsenik*)로 등장하는데, 이 둘은 서로 밀접한 친척 관계이고 다양한 종류가 존재한다. 이들 중에서 쓸모 있는 것은 단지 노란 것과 붉은 것이다. 게베르가 기술하듯이 아르세니크는 "섬세한 질료로 이루어져 있고 황과 유사하다.(31) 그렇지만 황과 다른 점은 아르세니크는 백색과 적색을 위한 팅크투르(*Tinktur*)가 되기 쉬운 반면, 황은 적색을 위한 팅크투르는 되기 쉽지만 흰색을 위한 팅크투르는 되기가 아주 어렵다는 것이다." (Newm. 332, 669; Darm. 36)

황에 대해서 기술할 때 게베르는 아주 뛰어난 관찰자의 자질을 드러낸다. 그는 하소에서는 100개의 입자들 중에서 3개도 채 남지 않는다고 말한다. 말하자면 그는 보통 몇 개의 고체 불순물이 남는 황의 산화에 대해서 기술하는 것이다. 더 나아가서 그는 우리가 알고 있는 황이 수은과 함께 승화하면 합쳐져서 금 같은 것이 아니라 진사가 되고, 구리와 함께 청색의 화합물을 만든다고 말한다.

그렇기는 해도 그의 냉정한 눈길이 보는 것은 우리가 보는 것과 아주 다르다. 우리는 원소, 화학량론의 법칙, 그리고 다른 화학 법칙을 보고 생각한다. 우리는 우리의 언어가 그렇게 '생각하기' 때문에 그와 다르게 하는 것은 불가능하다. 우리는 "이 청색의 물질은 황화 구리, 더 정확하게는 황화 제이구리일 수밖에 없다"라고 말한다. 다시 말해서 우리는 여기에서 화학적, 물리학적으로 정확하게 정의 가능한 구리라는 원소의 화학량론적 단위와 화학적, 물리학적으로 정확하게 정의 가능한 황이라는 원소의 화학량론적 단위의 화합이 일어났고, 이때 여기서 황화(sulfid)라는 단어의 'd'라는 철자가 가리키듯이 산소가 포함되어 있지 않다고 믿는 것이다. 그러면 게베르는 볼 때 무엇을 생각하는 것일까? 그는 이렇게 말한다.

"이것[황]은 지고의 신 앞에서 맹세컨대 모든 물체를 밝게 한다. 왜냐하면 그것은 명반(Alaun)이고 팅크투르이기 때문이다. — 그러나 그것은 휘발성 물체이기 때문에 승화되고, 구리와 섞여 불태워지면 정말 놀라운 청자색이 나타난다."(Newm. 330f., 667, 668; Darm. 36)

그런데 이 말이 의미하는 것이 무엇일까? 겉보기에는 아주 이해하기 쉬운 말이 정확하게 무슨 의미일까?

우리가 우리의 '원소'라는 개념 대신 '종'이나 아예 '물질 시료' 또는 '개체' — 종(種)의 표현으로서의 — 라는 개념을 넣어 보고 우리의 '화학량론 법칙과 다른 화학법칙' 대신에 '고유 속성' 또는 '개별적 행동'이라는 개념을 넣어 보면, 우리는 아마 게베르의 사고방식에 가까이 다가갈 것이다.

황 시료라는 민족 집단을 한번 상상해 보자. 이미 우리가 알고 있듯이 이 집단은 적어도 그 방언, 관습 그리고 이름에서도 구별되는 두 종족을 포함한다. 이들은 황 시료 종족과 아르세니크 시료 종족이다. 종족들 안에는 또 '흰 황' 같은 혈족이 존재하는데, 이것들은 다소는 순수한 산화 비소(酸化砒素)이거나 어떤 식으로든 불순물에 의해서 오염된 황일 수 있다. 더 나아가서 '붉은 황'이라는 혈족도 있는데, 이것은 아마 순수한, 원소상태의 황일 수도 있을 것이다. 이것은 이미 고대에 빨강과 노랑 사이를 오간다는 점 때문에 원칙적으로 붉다고 선언되었다. 그리고 또한 '검은 황'이라는 혈족도 존재한다. 이것은 어느 정도는 순수한 원소 상태의 비소일 수도 있고, 황-아스팔트 혼합물이나 검은 황화 철일 수 있다.

이제 바로 우리 앞에 있는 각각의 황 시료를 인간과 유사한 개별자라고 생각해 보자. 이 존재는 외양, 행동, 게다가 언어 — 이것들을 통해서 우리가 그것을 이론적으로 이해할 수도 있는 — 까지도 가지고 있다. 다시 말하면 이런 혈족 또는 저런 혈족의 일원이 되게 하는 속성을 가지고 있는 것이다. 그러나 그것은 또한 일반적 특징과 개별적 특징을 가지고 있는데, 이 개별적 특징은 그것의 행동을 결정하고, 그럼으로써 그것이 다른 개별자들과 만났을 때 할 수 있는 것과 할 수 없는 것을 모두 결정한다. 황 민족 전체의 일반적 특징에 관해서 게베르는 다음과 같이 말한다.

"그래서 황과 그의 동료[아르세니크]는 그 속에 부패(Corruptio) 원인(Causa), 즉 가연성 물질과 흙 같은 잔여물을 지니고 있다. 그러나 그것들은 뒤의 것과 앞의 것 사이의 중간에 고귀하게 만드는 원인 또한 지니고 있다. '흙 같음'이라는 것은 따라서 흙 같은 잔여물 속의 부패의 원인이다. [즉,] 그것은 용융성도 가지고 있지 않고, 물체 속으로 스며들어 갈 능력도 없는 것이다. 그러나 가연성 물질도 부패의 원인이다. 왜냐하면 그것은 안정적이지도 않고 다른 것을 안정되게 만들지도 않기 때문이다. 그리고 그것은 각종 표현 형태로 나타나는 검은 것[불순물]을 내놓는다. 그러므로 그것 속에 들어 있는, 귀하게 만들어 주는 원인물은 [흙 같은 것과 가연성의 것 사이의] 중간적 물질이다. 그 이유는 그것의 [금속으로의] 스며듦이 흙 같은 것에 의해서 방해받지 않기 때문인데, 이는 그것이 제대로 녹는다는 것을 통해서 드러나고, 또 다른 이유는 그것의 작용이 쉽게 제거될 수 없기 때문인데, 이는 그 섬세함(Subtilitas)에 기인한 휘발성에 의해서 생겨날 수 있다."(Newm. 459f., 720; Darm. 61)

그러므로 황 민족과 각각의 황 시료는 인간이란 족속과 각각의 인간이 한 가지 특징을 지니고 있는 것과 아주 똑같이 한 가지 특징을 지니고 있다. 실제로 게베르는 아리스토텔레스가 인간의 특징에 대해서 이야기하는 것과 동일한 방식으로 황의 특징에 대해서 이야기한다. 그렇기 때문에 우리가 이미 보았듯이 두 개의 나쁜 화학적 속성들 사이의 중간은 좋은 속성을 의미하는데, 이는 두 개의 나쁜 심리적 속성들 사이의 중간이 좋을 수 있는 것과 똑같다. 아리스토텔레스는 "용감함이란 만용과 비겁의 중간"이라고 말한다.

그런데 단지 두 개의 속성만으로 일이 끝나는 것은 아니다. 도대체 개별 인간이 얼마나 많은 속성을 가지고 있는가? 정확하게 말하면 셀 수 없이 많다. 그리고 개별 황이 얼마나 많은 속성을 가지고 있는가? 정확하게 말하면 셀 수 없이 많다. 수은에 대해서도 똑같은 말을 할 수 있는데, 이에 대해서 게베르는 황과 같이 분명하게 분류해서 말하지는 않는다.

그러나 특징적 속성들과 특징적이지 않은 속성들이 존재한다. 따라서 게베르는 《이론과 실천》에서 종 ― 그 성질이 특정한 대역 안에서 동요하는 ― 에 따라서 분류하지 않고, 속성에 따라 분류한다. 예를 들면 모든 광물들을 포괄하는 속성으로는 가연성과 용융성을, 반면에 모든 정신, 모든 영을 포괄할 수 있는 속성으로는 휘발성이란 분류개념을 적용하는 것이다.

게베르에게 물질 분류의 기초로서 필요한 것은 물질의 성질이다. 왜냐하면 유사성 ― 우리가 이미 언급한 이 개념의 모든 문제성과 함께 ― 과 화학적 친연성은 속성의 기능이기 때문이다.(32) 이것은 근대의 친연성 개념과는 조금도 관련이 없다. 게베르에 있어서 친연성이란 동일한 직업교육을 받은 사람들 ― 바로 이러한 이유에서 서로 긴밀하게 연결되고, 함께 일하고 또 모든 면에서는 아니지만 종종 서로 대치될 수 있는 ― 사이의 기능적 유사성을 의미한다.(33)

아말감 형성은 금속과 수은 사이의 친연성이 존재함을 보여 준다. 그런데 이때 수은은 금속으로 여겨지지 않는다. 그리고 이 친연성은 오직 성질들의 유사성이란 점에서만 성립될 수 있다. 우리가 황을 그 모든 표현 형상을 통해서 바라보면, 그것이 그 등장 양식에 따라 완전히 반대되는 속성을 보이기까지 할 수도 있다는 것을 발견한다. 철 속에서 그것은 휘발성이 아니고 고정되어 있고, 연소되지 않는다. 그렇기 때문에 철은 높은 융점(融點)을 지닌다. 아연 속에서 황은 대부분 고정되어 있지 않다. 즉, 휘발성이고 연소되며, 게다가 '지저분하다'. 수은도 한 번은 이렇게, 또 한 번은 저렇게 나타날 수 있는데, 한 번은 두껍게, 또 한 번은 얇게 나타날 수 있다. 그리고 두 기본물질의 속성들이 상호작용하면 각 금속의 특징적 속성이 생겨난다.

그런데 이제 그 모든 속성과 유사성을 지닌 화학적 개체를 가지고 사람들은 무엇을 하는가? 어떤 가상의 세계를 상상해 보자. 이 세계에서는 인간에게만이 아니라 사물에게도 가치를 부여하는데, 그렇기에 사람들은 그 개체들의 특성을 더 좋게 만들고 또 경우에 따라서는 더 귀한 특성을 만들어 내기 위해서 그것들을 결합하려고 시도한다. 우리가 《숨마》(*Summa Perfectionis*)의 행간을 읽는다면 거기에서 우리는 연금술의 과제란 화학적 개체들의 특성을 그들에게 자연에 의해서 부여된 가능성의 조건 속에서 조작하고 조합하는 것임을 발견할 것이다. 그런데 이때 고전적 4원소의 특징적 속성들, 예를 들면 습함이나 연소성이 특별한 역할을 하는 반면에, 색채는 — 내가 보기에는 — 대체로 최종산물의 정의에 봉사하는 임무를 가지고 있다.(34)

이때 게베르의 특성학(*Charakterologie*)은 견고한 질료이론적 기초 위에 놓여 있었다. 그가 이 주제에 대해서 《숨마》(*Summa*)에서보다 더 분명하게 언급하는《이론과 실천》에서 그는 자신이 입자이론의 추종자라는 것을 드러낸다. 물론 이 입자이론은 고전적인 또는 현대의 원자이론과 전혀 관계가 없다. 게베르는 자연적 최소량(Minima naturalia) 학설을 따르는데, 이 학설의 주 내용은 각각의 물질이 고유한, 말하자면 성질을 간직하는 최소의 입자로 구성되어 있다는 것이다. 그가 생각하기에, 이에 따르면 오늘날 많은 학생들이 상상하는 것과 같이 가능한 한 최소이면서 아직 금빛을 지닌 금 입자, 즉 금의 자연적 최소량이 버터 입자나 간 입자가 존재하는 것과 마찬가지로 존재한다.

물론 이때 게베르는, 마찬가지로 자연적 최소량에 대해서 이야기했지만 여러 이유에서 최소량 사이에 빈 공간을 허용하려고 하지 않았던 반(反)원자론자 아리스토텔레스에 의존할 수 있었고 그래야만 했다. 아리스토텔레스는 모든 분할은 실용적인 이유에서 언젠가는 마지막에 이를 수밖에 없는데, 그렇지만 분할이란 어떤 임의의 지점에서나 시작될 수 있고, 이는 질료로 가득한 공간에서는 전형적으로 그렇다는 등의 견해를 보였기 때문이다.

그런데 이는 아리스토텔레스주의자들의 경우에도 질료의 분할은 언젠가는 마지막에 이르지만, 그것의 원칙적 분할 가능성은 마지막에 이르지 않는다는 것을 의미한다. 이에 반해서 고대 원자론자가 생각하는 의미에서의 원자론—모든 물체적인 것은 질료가 없는 공간으로 둘러싸인 분할 불가능한 입자로 구성되어 있다는—을 받아들이면, 분할할 때 그 지점에서만 분할이 시작될 수 있는, 즉 분할 불가능한 원자들 사이의 절단면 같은 것이 존재한다. 여기서는 분할과 분할 가능성은 모두 임의로 되는 것이 아니다. 자연적 최소량 학설에는 분할 가능성의 물음 외에 균질성의 물음과 같은 다른 문제도 존재했는데, 이 문제들은 이 책의 논의의 범위를 크게 벗어나는 것이다. 우리가 알아야 할 점은, 게베르가 동일한 물질의 다양한 크기의 미니마(Minima)가 존재하고 이것들 사이에는 빈 공간이 존재하는 것 같다고 보았다는 것이다.

게베르는 섬세하고 부드러운 것은 좋고 거칠고 흉한 것은 나쁘다는 모토에 바탕을 두고 물질의 행동을 설명하기 위해 미니마를 이용한다. 그런데 부드럽다는 것은 결코 무게가 가볍다는 것이 아니다. 그 반대인데, 부드러움이란 크기가 작은 입자로부터 연유하고 — 이는 파우더 같은 것의 서로 뭉치지 않은 부드러운 입자로부터 감지할 수 있다 — , 또 부드러움은 이것들이 서로 뭉쳐져 있으면 커다란 — 고유의 — 무게를 내놓기 때문이다.(35) 물론 작은 입자들은 거친 입자들보다 더 치밀하게 다져질 수 있다. 즉 좋은, 부드러운 것들은 큰 무게를 지니는 것이다.

금처럼 말이다! 금 — 비중 $19.03g/cm^3$ — 은 가장 작은 입자로 구성되어 있어야 한다. 그리고 또 물론 올바른 혼합비를 이룬 올바른 입자들, 다시 말하면 많은 수은 입자와 소수의 황 입자로 이루어져 있어야 한다. 철 — 비중 $7.874g/cm^3$ — 은 가볍고 어둡다. 왜냐하면 그것은 이미 암시되었듯이 거친 황 입자를 포함하고 있기 때문인데, 이것들은 입체적 구조상 그들 사이의 간격이 더 커야 하기 때문이다. 즉, 조밀하게 겹쳐질 수 없는 것이다.

그런데 어떤 천한 것을 금으로 만들려면 우리는 그것 속에 올바른 황과 올바른 수은을 집어넣어야 한다. 그렇지만 올바른 황과 올바른 수은이란 무엇일까? 이것들은 최소의 입자들로 이루어진 물질들이어야 할 것이다. 여기서 하나의 문제가 생기는데, 이것은 게베르 연금술의 문제이다. 말하자면 휘발성의, 그러니까 작은 입자들의 경우에는 그것을 다른 질료 속에 넣으려고 시도할 때 사라져 버리고, 반면에 거친 입자들은 들어가지 못한다는 것이다.

특정한 처치를 통해서 사람들은 건전한 중도를 만들어 내려는 시도를 해야 한다. 여기서 또다시 위대한 분석가 역할을 하는 것은 불이다. 작은 불은 섬세한 입자들(*Partes subtiles*)만을 황과 수은으로부터 빠져나오게 하고, 굵은 입자들(*Partes grossae*)은 불순물로 남겨 놓는다. 수은의 경우에는 특별한 관계들이 존재하는데, 이는 수은이 액체이기 때문이다. 수은은 불완전한 금속들의 거친 입자들 사이로 들어가서 이것들을 서로 접착시키는 성질을 가지고 있다. 아말감 형성은 이를 통해 설명된다.

그런데 접착 작용은 황이나 수은의 경우 모두 습기(*humiditas partes consolidans*)에 기인한다.**(36)** 황의 경우 그것을 잘 관찰할 수 있다. 왜냐하면 강한 불은 황의 가장 작은 입자들과 그 습기까지 모두 금속으로부터 쫓아내고, 건조한 분말상의 회(灰)를 남겨 놓기 때문이다.

수은의 경우에는 조금 다른 것이 덧붙는다. 다시 말해서 수은은 '강한 구성'(*Fortissima compositio*)을 가지고 있다. 이것이 의미하는 바는 그 입자들이 크기는 차이가 있더라도 동일한 균질의 덩어리를 형성한다는 것이다. 따라서 우리는 천한 금속을 가지고는 할 수 없는 일을 수은을 가지고는 할 수 있다. 즉, 수은으로부터 모든 습기를 빼앗지 않고도 그것을 고정할 수 있는 것이다. 이를 위해서는 수은을 구성하는 입자를 크게 만들기만 하면 된다 — 그것들의 다른 속성을 변화시키지 않고도. 그러면 수은은 강한 불에도 견디게 된다.

그렇지만 이것이 어떻게 고정된 수은으로 금을 만들 수 있으며 금이 명백하게 섬세한 입자들로 이루어져 있다는 게베르의 주장과 조화될 수 있을까? 그는 스스로 또 의약제 — 병든 내지 미완성의 금속들을 위한 — 가 작은 입자로 구성되어 있어야 한다고 말하지 않는가.

이 딜레마로부터 벗어나는 길은 하나밖에 없다. 우리에게는 너무 크지도 않고, 너무 작지도 않은 아주 올바른 크기의 입자가 필요한 것이다. 게베르는 스스로 이야기하듯이 중간물질(Mediocris substantia)을 얻으려고 시도한다. 황의 경우에 그는 이 시도를 다음과 같이 수행한다.

즉, 날것의 황에다 철가루와 불에 탄 구리 첨가물을 첨가하고 비교적 강한 불로 승화시킨다. 이때 너무 큰 황 입자들은 첨가물 속에 남는다. 그 후 게베르는 승화된 황에서 작은 입자들을 제거하기 위해 그것을 약한 불로 처리한다. 게베르는 또한 수은에다 수은과 반응하지 않는 활석, 불탄 달걀껍질, 흰 대리석, 유리 먼지 등을 첨가한다. 그다음에 그는 우선 아주 약한 불로 증류하고 그다음에 온도를 높인다. 이는 첨가물이 수은의 커다란 입자들과 완전히 합쳐지도록 하기 위해서이다. 이 모든 절차는 물론 마지막에 정말 제대로 된 수은을 얻기 위해서 대단한 인내심을 가지고 아주 여러 번 수행해야만 한다.

우리가 《숨마》(Summa)에서의 주요 관심이 어떤 물질적 변화가 아니라 질료의 고귀화, 그리고 또 위대한 작업을 수행하도록 신이 은총을 베푼 인간의 고귀화라는 것을 전제한다면 — 우리는 그래야만 하는데 — , 게베르와 우리의 생각을 인간적 가치를 지닌 언어로 표현하는 것이 쉬워질 것이다.

게베르는 물질의 세계를 사회학자나 의사의 시각으로 보며, 그의 '의약제'는 치료 수단이다. 그러나 의약제의 원료는 준 심리치료적 처치가 필요한 개인과도 같다. 그는 어떤 최적화의 문제에 직면해 있다. 어떤 것이 더 단단해질수록, 더 꽉 찬 것이 될수록, 즉 어떤 것이 더 단단해질수록 더 좋은 것이다 — 그것이 금속이든 인간 영역의 어떤 다른 현상이든 이에 상관없이. 솔리두스(Solidus), 즉 '밀도', '견실한 것', 또한 '진실한 것', 이것이 4세기부터 15세기까지 서양의 모든 재정체계를 떠받쳤던 금화(金貨)의 이름이었다. 그러나 견실한 것이란 중간물질의 조화로운 화합 작용에 의해서 보장된 극단들 사이의 통상적인 의미에서의 이상적 중앙부라는 것이 드러난다.

사람들이 금속이라고 부르는 것의 이상적 구성비, 이상적 상태가 존재한다. 그러나 불완전한 금속들은 이 상태로부터 벗어나 있다. 이는 첫째, 불완전한 금속 속에 너무 적은 양의 수은이 들어 있다는 데 기인할 수 있고, 두 번째로는 황과 수은의 입자들의 크기가 이상 상태에 부합하지 않는다는 것에 기인할 수 있으며, 세 번째로는 전체 덩어리의 비(非)균질성에 기인할 수 있다. 오직 금만이 거의 올바른 크기의 입자를 지닌 수은으로만 이루어져 있고, 또 금에게 그의 색을 제공하는 정말 제대로 된 적은 양의 황으로 이루어져 있다.

그러므로 우리는 수은의 관점에서 모든 다른 금속에 대해서는 심신상관적(psycho-somatische) 결핍증에 대해서 이야기할 수 있는데, 비천한 금속은 모두 어느 정도는 이 병을 앓고 있다. 헤르메스주의적 사고에 경도되었던 연금술사들이 행했던 것처럼 사람들이 연금술적 '영'인 황과 수은 속에서 영적 측면을 더 보게 된다면, 금속의 정신적 병에 대해서 더 이야기할 수도 있다. 반면에 그렇지 않은 경우에는, 게베르 자신이 행했듯이 고체적 물질들의 응집 상태에 더 무게를 둔다면, 우리는 불완전한 금속들의 신체적 병에 더 가까운 결핍현상에 대해 달할 수 있을지 모른다.

그런데 게베르는 불완전함의 두 유형, 병의 두 유형, 즉 외형상의(in manifesto) 비본질적인 병과 내면 깊은 곳의(in profundo) 실체적인 병을 구분한다. 외형적인 병은 교란하는 것과 썩게 만드는 것이 물체에 첨가되면 생겨난다. 반면에 내면 깊은 곳의 병은 구조적·내재적 결핍을 나타내는 것으로, 어떤 금속이 금이 아니고 예를 들어 철로 나타나게 하는 원인으로 작용한다. 그런데 게베르는 모든 병을, 3개의 서로 다른 의약제를 필요로 하는 3개의 정신치료적 또는 질료치료적 처치방법을 가지고 접근하려고 시도한다. 비천한 금속 — 그냥 환자라고 해보자 — 은 이 의약제가 작용할 수 있도록 합당한 준비가 되어 있어야, 즉 만들어져 있어야 한다. 또한 의약제는 환자의 기관이 흡수할 수 있는 형태로 가공되어야만 한다. 이는 오늘날에도 의약품 생산의 중요한 문제이다.

내가 보기에는, 여기서도 비록 특정한 방식으로 그리고 특정한 지점까지이기는 하지만 게베르가 얼마나 경험적-화학적으로 사고하고 있는지 드러난다. 어떤 시약도 아주 다양한 물질과의 반응에서 항상 똑같은 생성물을 내놓는 식으로는 반응하지 않는다. 서로 다른 물질에 대해서는 서로 다른 시약이 필요한 것이다.

그런데 거창한 이론적 분석 없이도 우리는 반응·생성물을 두 가지 유형, 즉 불안정한 것과 안정한 것으로 구분할 수 있다. 연금술의 경우에 이는, 항상적 효능을 만들어 내는 의약제가 존재하고, 또 예를 들어서 무른 금속을 단단하게, 또는 단단한 금속을 무르게 만들 수 있거나 비천한 금속에게 적당한 색과 광택을 전해 줌으로써 천한 금속에 귀금속의 효과를 가져다주지만 이것이 지속되게 하지는 못하는 의약제가 존재한다는 것을 의미한다. 게베르는 이러한 항상적 효능을 지닌 의약제를 '1차 의약제'라고 부른다. 이에 대해 그는 구리를 희게 만드는 다음 사례를 제시한다.

"수은을 가지고 희게 만드는 의약제 제조방식은 다음과 같다. 침전시킨 수은과 하소시킨 구리를 녹인다. 두 용액을 서로 섞고 응결하게 한다. 이 의약제를 구리에 투사한다. 왜냐하면 그것이 구리를 희게 만들고 정화하기 때문이다."(Newm. 551, 754; Darm. 79)

물론 우리의 문제는 게베르의 침전된 수은이 무엇을 의미하는가 하는 것이다. 가장 그럴듯한 해석은 그것이 붉은 산화 제이수은, HgO라는 것이다. 침전은 '내려앉다', '떨어지다'를 의미하고, 목이 길고 열려 있는 피올레에서 일어나는 수은의 증류 — 이때 붉은 산화 수은이 침전하는 — 를 나타낼 수 있을 것이다. 물론 다른 수은염들도 침전물로 표시되었다. 오늘날에도 두 개의 흰 수은 화합물이 이 이름을 가지고 있다. 이것들은 염화 제이수은과 암모니아의 반응생성물로서 용융 불가능한 침전물 $Hg(NH_2)Cl$과 염화 암모늄의 존재하에서 생성되는 용융 가능한 침전물 Hg(NH3)2Cl2이다.

구리의 레우코시스가 일어날 때 전개되는 것이 아말감 형성이라고 한다면, 이것은 구리를 질산 제일수은의 질산 용액으로 문지를 때 가장 잘 실현될 수 있었을 것이다. 그런데 침전물이라는 말은 또한 아르세니드와 흰색을 띠게 될 비소화 구리의 형성을 의미할 수도 있을 것이다. 반응시약으로서의 황화 비소일 수도 있다.

이 모든 방법에 공통된 것은, 이렇게 생산된 은이 예를 들어서 칠을 통해서 보호받지 못하면 그 외형이 시간의 흐름에 따라 변한다는 것이다. 이는 이미 이집트 연금술사들도 알고 있던 것이고, 게베르도 그 자신이 상당히 많은 수를 제시한 1차 의약제에 대해서 특별히 자랑스러워한 것도 아니다. 그는 4개의 비천한 금속 각각에 대해서 따로 또 1차 의약제를 언급한다. 이들 의약제 언급 중의 하나 — 구리에게도 해당되는 — 는 '단지'라고 하는 놀라운 단어를 포함하고 있다. 여기서 중심이 되는 작업은 투티아(*Tutia*, 산화 아연)를 가지고 은색을 입히는 것인데, 이때 황동이 생성되었다.(37) 텍스트는 다음과 같다.

"구리로부터도 투티아를 이용해서 붉은색을 제거하는데, 이를 통해서 구리는 밝은 색이 된다. 그러나 투티아가 구리를 희게 만드는 충분한 능력을 가지고 있지 않기 때문에, 구리는 '단지'(*solum*) 노랗게 되는데, 모든 노란색 입히기는 흰색 입히기와 친연 관계이다. 이 방법은, 각각의 종류의 투티아를 하소하고 녹인 다음에 구리 또한 그렇게 한 후 이 두 용액을 합치고 이를 통해서 구리의 물질이 노랗게 되도록 한다."(Newm. 555f, 755; Darm. 80)

'단지'라는 단어가 우리에게 말해 주는 것은, 게베르가 후기 헬레니즘이 자연과 자연모방에 대해서 가지고 있던 관계와는 다른 관계를 이들에 대해 가지고 있었다는 것이다. 물론 그에게도 금은 은보다 더 고귀하고, 따라서 단계의 사다리에서 더 높은 곳에 위치한다. 그러나 한편으로 그에게 있어서 색은 더 이상 질료의 발전 상태에 대한 기준이 아니다. 또 한편으로 그의 경우 모방이라는 개념은 더 이상 무한정 긴 시간에 걸쳐서 일어나는 자연 과정을 본뜨는 것과 관련이 없다. 게베르는 자연을 조작한다. 게베르는 어디에서도 은이 자연적 발전의 시간적 순서에서 금보다 앞에 놓여 있다고 언급하지 않았다. 그렇기 때문에 그에게는 자기 은이 노랗게 채색되는 것을 기뻐할 설득력 있는 이유가 하나도 없다.

  노랗다는 것은 더 높은 가치를 지닌 질료의 금속 상태에 관해서 아무것도 말해 주지 않는다. 그리고 그것은 은을 거쳐서 금에 도달할 수 있다는 것에 대해서도 아무런 말도 해 주지 않는다. 반대로 그에게는 은에 노란색이 입혀져 있다는 것은 그의 구리가 충분하게 반응하지 않았다는 증거일 뿐이다. 또한 이 사실로 인해서 투티아는 비록 그것이 영원한 효과를 가져온다고 하더라도 1차 의약제의 반열에 속하게 된다.

  '2차'라는 표기는 "불완전한 금속들을 완전함이 지닌 특정한 특징과 관련해서 더 낮게 만드는" 의약제에 주어지는 것이다.(Newm. 759, 82) 게베르는 이를 다음과 같이 설명한다.

  "그런데 불완전함의 많은 원인이 비천한 금속 하나하나에 존재하기 때문에, 예를 들어서 납에는 불가피하게 불완전함(Corruptio)을 유발하는 휘발성의 황물질, 휘발성의 수은, 납의 흙 같은 속성이 들어 있기 때문에, 이 나쁜 성분들 중 하나를 완전히 제거하거나 감춤으로써 그것을 아름답게 만들어 주는 의약제를 생산해야 한다. 이때 해당 금속의 불완전함을 일으키는 다른 원인들은 그 안에 남는다. 그러므로 2차 의약제와 관련해서는 금속에 처음부터 내재된 어떤 변환 불가능한 것이 존재하기 때문에, 이것을 혼합물로부터 제거해 주는 것은 2차 의약제가 아니라 3차 내지 고차의 의약제이다."(Newm. 566f., 760; Darm. 82f.)

여기서 우리는 다시 위조(僞造)에 아주 가까이 다가간다. 여기서는 '감춘다'라는 단어만 생각해 보아도 충분하다. 그러나 게베르 자신은 이것을 의식하지 못하는 것 같다. 그에게 중요한 것은 오직 생성물의 외적 속성이다. 건강의 모든 속성을 보여 주는 것은 말할 것도 없이 건강하다. 그리고 어떤 특정한 금속의 모든 속성을 보이는 것은 이 금속이다. 그러므로 은이나 금이 가지고 있는 속성들의 조화에 상응하는 속성들의 평형을 만드는 것이 중요하다.

게베르는 우리에게 2차 의약제의 한 가지 예를 제시하는데, 이것을 만들기 위해서는 우선 수은으로부터 얻어진 어떤 의약제를 가지고 수은을 고정해야 하는데, 이 의약제의 입자는 고정된 수은의 입자와 결합하여 그것을 확대한다. 그다음에 강한 불이 사용되는데, 불은 나머지 작은 입자들을 날려 보낸다. 이러한 방식으로 중간물질이 실현된다면, 사람들은 그것을 더 천한 금속들에 투사할 수 있고, 거기에다 미량의 '순수한' 황을 첨가하면 은 또는 금까지도 만들어 낼 수 있다.

"노란색을 유발하는 그것의 [투사 물질의] 능력은 그것에 색을 입히는 어떤 물질을 섞지 않고는 얻어지지 않는다. 물론 이 물질은 알려져 있다 … 그러므로 금속들 속의 의약제나 수은의 물질 속의 의약제가 어떤 종류이든 상관없이 우리는 귀중한 돌의 의약제를 발견한다."(Newm. 575, 763; Darm. 84)

그렇지만 3차 의약제인 본래의 철학자의 돌은 어떠한가?

게베르가 슬쩍 보여 주듯 2차 의약제와 3차 의약제 — 어떤 판본에서는 은으로의 물질변환 수단으로, 또 다른 판본에서는 금으로의 물질변환 수단으로 등장하는 — 사이에는 어떤 근본적 차이도 없다.

"말하자면 이렇게 되는 것이다. 즉 너는 지금 고정한 돌을 승화 기술을 사용해서 휘발하게 만들고, 그다음에 휘발성의 것을 고체로, 고체는 용해되는 것으로 만든다. 그다음에 이것을 다시 휘발시킨 후 휘발성의 것을 고체로 만든다. 이 과정을 그것이 유동하다가 또다시 변화할 때까지 금이나 은과 관련하여 어떤 보완을 하면서 지속하는 것이다. 이 3차 의약제 속에서 이루어지는 가공의 반복은 이 변화가 가져오는 좋은 점을 증식하는 결과를 낳는다. 그렇기 때문에 돌을 가지고 그 순서에 따라 작업을 많이 반복하는 것은 변화의 좋은 점의 증식을 낳으며, 이로써 어떤 의약제는 그 자신보다 두 배나 더 많은 것을 완전한 진짜 금 물질이나 은 물질로 물질변환시키고, 다른 의약제는 열 배나 더 많이, 또 어떤 것은 천 배나 더 많이, 또 다른 것은 무한히 많이 변환시킨다."(Newm. 629f., 784f.)

《숨마》의 마지막 부분은 게베르가 연금술을 금 제조술이 아니라 일종의 신에게 바치는 봉사로 파악한다는 것을 보여 준다. 그는, 연금술 과정이란, 그것이 성공적일 경우에는 거의 칼뱅적 사고방식에 따라

인간의 본성에 작용하는 일종의 신의 은총의 확인이라고 본다. 그래서 이 저작은 하나의 기도처럼 종결된다.

"그리고 우리, 일종의 논문 형식으로 기록한 것을 쓴 우리는 유일자, 지고자, 복된 자, 고양자, 그리고 영광스러운 신의 영 속에 또는 그의 신성한 선함의 은총 — 그로부터 [나오고], 그가 원하는 자에게 보장하고 빼앗아 버리는 — 속에 자연스럽게 포함되어 있다. [연금술의] 가르침의 자식이 그로 인해서 체념에 이르게 하지 말자. 왜냐하면 그는 그가 무엇을 찾을 때 가르침에게 묻는 것이 아니라 자기 자신의 자연의 움직임에게 물음으로써 그것을 발견할 것이기 때문이다. 왜냐하면 자기 자신의 열심의 덕을 통해서 앎을 찾는 자는 그것을 찾을 것이기 때문이다 … *Finit liber Yeber*[*Geber*] *perfectionis deo gratias amen*(게베르의 완전함에 관한 책은 신의 은총으로 여기서 끝난다. 아멘)."(Newm. 631f., 785)

물론 신의 은총에 대한 언급은 그냥 성직자들에게 잘 어울리는 상투어구일 수도 있을 것이다. 그렇지만 내가 연금술사로서 돌을 보유하고 있다 — 거의, 단지 나는 천 번 증류하고 녹이고 응결하기만 하면 된다 — 는 느낌을 가지고 있다면, 분명히 나는 주관적으로 은총을 보유하고 있고 정말 은총의 행위인 돌에 대해서 기술한 것이다. 다른 한편 우리는 외부인으로서 이 제3의 존재, 즉 은총 — 은총 행위로서 내적 체험이고 또한 외부인에 의해서는 임의로 이해될 수 없는 — 때문에, 비록 우리가 알고 있는 그대로 정확하게 화학실험 방법을 지켰고 그럼에도 불구하고 성공을 거두지 못했다는 이유로 돌이 존재함을 반박할 수는 없다. 그러나 우리가 화학적 측면으로부터도 결정을 내리는 데 근접할 수 없다면, 우리에게 남는 것은 단지 돌을 만들었다고 믿는 자의 증거와 무엇보다도 그의 신뢰성에 대한 믿음, 그리고 그의 행위의 의미 있음에 대한 믿음이다.

게베르는 진지하게 받아들일 만한 사람이었을까? 그리고 또, 게베르는 거짓말을 했을까?

이것이 그의 연금술이 존재하는가, 존재하지 않는가를 결정짓는 물음이다.

18. 플라멜

우리가 게베르에 관해서는 사실상 아무것도 아는 것이 없는 데에 비해서 플라멜(Nicolas Flamel)에 관해서는 사실상 모든 것을 알고 있다—그 자신의 말을 신뢰하는 한 그의 연금술의 역사는 그의 삶의 역사이다.

니콜라 플라멜이라는 이름의 남성이 실제로 생존했을 가능성은 매우 높다. 왜냐하면 그가 1330년 무렵에 태어나서 1417년에 죽었다는 기록이 존재하기 때문이다. 우리는 또한 플라멜이 파리에서 처음에는 '천진한 아이들의 납골당' 옆에서, 그리고 나중에는 그가 묻힌 생-자크 드 라 부슈리(Saint-Jacques de la Boucherie) 근처에서 사무실을 운영했다는 것도 알고 있다. 이는 오늘날 클뤼니(Cluny) 박물관에 있는 비석이 뒷받침한다. 이 비석은 플라멜이 파리에서만 14개의 병원, 7개의 교회, 3개의 예배당을 설립했다고 주장한다.

그런 일을 했던 인물이기 때문에 그를 일종의 중세 후기의 록펠러로 생각할 수도 있을 것이다. 그러나 우리에게 떠오르는 물음은 서기 내지 공증인에 불과한 사람이 어떻게 유산으로 받은 재산도 없이 그토록 많은 돈을 마련할 수 있었을까 하는 것이다. 적어도 당시에는 그럴 가능성이 아주 낮았다. 그런데 플라멜은 서기 일과는 아주 다른 것을 통해서 부에 도달했다고 주장한다.

자서전 격으로 여겨지는 보고서에서 그는, 자신의 모든 부가 그가 전혀 모르는 상인으로부터 1357년에 단돈 2굴덴(*Gulden*)을 주고 산 책을 통해서 왔다고 말한다. 이 책은 연금술 책이었는데, 플라멜은 연금술에 특별히 관심이 있지는 않았지만 그 책을 샀고, 이는 우연히 이루어진 것은 아니었다. 1357년이 되기 이전 언젠가 그는 경이롭도록 오래된 놀라운 책을 손에 들고 있는 천사가 나타나는 꿈을 꾸었던 것이다. 천사는 말했다.

"플라멜이여, 이 책을 보아라. 너는 그 어느 것도 이해하지 못할 것이고, 어떤 누군가만 이해할 것이다. 그러나 어느 누구도 보지 못한 것을 보게 될 날이 너에게 올 것이다."(Holm. 234)

플라멜이 책을 사기로 결정했을 때 그는 이 꿈을 거의 다 잊어버렸다. 그 후 어떤 일이 일어났는지는 그 스스로 이야기하게 하자. 플라멜은 아주 유려하게 이야기를 풀어낸다.

"그때 2굴덴의 값에 책 한 권이 내 손에 들어왔는데, 그것은 금으로 장식되어 있었고 아주 오래되었고 아주 컸다. 그것은 다른 책들과는 달랐다. 왜냐하면 그것은 종이로도 양피지로도 만들어지지 않았고, 어린 나무의 섬세한 껍질로 만들어졌기 때문이다. 그것은 두드려진 구리로 묶여 있었고, 표지는 낯선 종류의 글자와 그림으로 가득 차 있었다. 그것들은 그리스 문자이거나 다른 오래된 언어였을 것 같다. 나는 어쨌든 그것을 읽을 수 없었고, 따라서 그것이 라틴어 문자는 아니라는 것을 확신했다. 왜냐하면 나는 라틴어를 알고 있기 때문이다.

책 속의 나무껍질판들은 예술적으로 음각되어 있었고 잘 읽히는 색색의 아름다운 라틴어 글자들로 쓰여 있었다. 책은 일곱 개의 나무껍질판 세 뭉치가 함께 묶여 있었다. 일곱 번째 나무껍질판은 모두 글자가 새겨져 있지 않았다. 그 대신 첫 번째 글자판 묶음에는 서로 잡아먹고 있는 두 개의 뱀이 달린 지팡이가 그려져 있었고, 두 번째 것에는 십자형에 처한 뱀이 달려 있는 십자가가, 그리고 마지막 나무껍질판에는 사막이 그려져 있었는데, 사막 한가운데에서는 아주 아름다운 섬이 솟아났다. 그러나 샘으로부터는 뱀들이 올라와서 모든 방향으로 기어갔다.

책의 표지에는 '유대인 아브라함, 공작, 사제, 레위인, 점성술사 그리고 철학자, 신의 분노에 의해 이방인 — 갈리아인들 — 속으로 흩어져간 유대민족에게 안부와 은총을'이라는 글이 커다란 금색 글자로 새겨져 있었다. 그 외에 이 표지에는 사제나 서기관이 아니면서 이 책을 읽으려는 모든 자를 향한 무서운 저주와 악한 말 — 거기에서 자주 반복되었던 마란타(Marantha)라는 말 — 로 가득 차 있었다. 이 책을 판 남자는 그것이 얼마나 값어치 있는 것인지 알지 못했고, 나도 책을 샀을 때 그것을 알지 못했다. 어쩌면 그것은 불쌍한 유대인들로부터 탈취되었거나 그들이 떠나 버린 집들 중 한 곳에서 발견되었을지 모른다.

두 번째 판에서 저자는 그의 민족에게 위로를 보냈고, 메시아가 올 때까지 죄악과 우상숭배를 피하고 조용히 인내를 가지고 기다리라고 조언했다. 세 번째 판부터 그는 단순한 말로 금속을 어떻게 변환할 수 있는지 가르쳤다. 아마 그는 포로가 된 자기 민족이 로마 황제에게 세금을 내는 것이나 다른 일을 하는 것과 관련해서 도움을 주려고 했을 것이다. 그러나 나는 이에 대해서는 여기서 이야기하지 않을 것이다. 글 옆에는 그릇이 그려져 있었고, 색과 그 밖의 모든 것이 지정되어 있었다. 다만 첫 번째 작용물질만이 지정되어 있지 않았는데, 그 대신 그것은 아주 예술적으로 그려져 있었고, 그 결과 네 번째와 다섯 번째 판을 완전히 덮어 버렸다."(Taylor 163ff.)

희생제 사제와 서기관은 유대인 아브라함의 저주로부터 제외되었기 때문에, 플라멜은 그에게 비밀스럽게 들어온 이 저작을 공부하는 데 아무런 거리낌도 느끼지 않았다. 그러나 그는 아무런 텍스트도 들어 있지 않은 네 번째와 다섯 번째 판을 공부하는 데 특히 어려움을 겪었다.

"네 번째 판의 첫 번째 그림은 다리에 날개가 달린 젊은 남자를 보여 주는데, 그는 두 마리 뱀이 둘러싼 지팡이를 손에 잡고 있었고, 지팡이로 머리 위에 쓴 투구를 두드리고 있었다. 그런데 그를 향해서 머리에 모래시계를 달고 손에는 죽음과 같은 큰 낫을 지닌 커다란 노인이 팔다리를 크게 휘두르며 돌진해 왔다. 그는 굉장한 분노에 차서 청년의 다리를 자르려고 시도했다. 같은 판의 두 번째 그림은 산을 하나 보여 주는데, 그 정상에는 북풍에 의해서 흔들리는 꽃이 만발한 수풀이 있었다. 수풀의 가지는 푸른색이었고, 꽃은 희고 붉었으며, 잎들은 금빛으로 빛났다. 그 주위에는 북쪽의 용과 그라이프[19]들이 둥지와 동굴을 만들어 놓았다.

다섯 번째 판의 첫 번째 그림은 아주 아름다운 정원을 보여 주는데, 그 한가운데에는 장미나무 하나가 속이 빈 떡갈나무를 향해 서 있었다. 떡갈나무 뿌리에서는 새하얀 물로 가득 찬 샘이 솟아났고, 이 물은 낭떠러지를 통해서 심연으로 떨어졌다. 그러나 그것은 사라지기 전에 많은 사람들의 손을 거쳐서 지나갔는데, 이 사람들은 샘을 찾아

---

19 그리스 신화의 독수리 머리와 날개에 사자 몸을 한 괴물.

서 땅을 파헤치고 있었지만 눈이 멀었기 때문에 샘을 찾을 수 없었다. 그들 중에서 단 한사람만이 볼 수 있는 것 같았는데, 이 사람은 물의 무게를 저울로 달았다. 다섯 번째 판의 다른 면에서는 구부러진 검을 지닌 왕을 볼 수 있었다. 그는 자기 병사들에게 많은 아이들을 때려죽이도록 독려하고 있었고, 그러는 동안 아이의 엄마들은 병사들의 발 옆에서 울고 있었다. 아이들의 피는 다른 병사들에 의해서 커다란 그릇에 담겼는데, 피 속에서 목욕하기 위해 해와 달이 이 그릇으로 왔다. 이 묘사는 헤롯에 의해서 살해당한 죄 없는 자의 이야기의 주요 내용을 연상시켰고, 나는 이 책으로부터 예술의 가장 위대한 부분을 습득했다. 그래서 나는, 다른 이유도 있지만 묘지에서 천진난만한 아이들에게 이 비밀의 학문의 상형문자적 상징을 그리게 했던 것이다."
(Taylcr, 165f)

그런데 그는 실제로 그렇게 했다. 왜냐하면 그 그림들은 프랑스 혁명 때까지도 묘지 문 위에 있었기 때문이다. 그리고 책 형태로 나온 그의 코고 속에는 그 그림의 모사물들이 들어 있다.

이 그림들이 아주 이해 불가능한 것은 아마 아닐 것이다. 게다가 책을 사들인 이상한 상황을 생각하면, 그리고 책의 텍스트와 그림들이 그 비밀스러움에도 불구하고 어떻게든 해석 가능한 것처럼 보인다는 점을 생각하면, 플라멜이 연금술의 열정(*Furor alchimicus*)에 사로잡혀서 그 후 여기서 더 이상 벗어나지 못한 것도 놀라운 일이 아닐 것이다. ㅇ 때 그는 스스로 이야기하듯이 그림들을 열심히 연구했음에도 아무것도 시작할 수 없었다. 결국 그는 자기 부인 페레넬(Perenelle)에게 사실을 털어놓았고, 그녀는 그때부터 철학자의 돌을 찾는 일의 군건한 조력자가 되었다.

 돌을 찾는 일에 있어서의 주된 어려움은 다양한 작업을 포함한 원래의 연금술 과정에 기인한 것이 아니라, 이 과정을 위한 출발물질의 제조에 있는 것처럼 보였다. 왜냐하면 여기서 제일질료와 동일한 것으로 놓을 수 있는 초기생성물은 적어도 잠재적으로는 이미 최종생성물, 즉 '현자의 돌'이기 때문이다. 비의적 연금술 텍스트가 그 지혜의 중심에 베일을 치는 경향이 있는 것을 고려할 때, 아마 출발물질에 대해서 다루었을 것 같은 책의 바로 이 부분이 완전히 이해 불가능했다는 것은 놀라운 일이 아니다.

 해석하기 위한 헛된 시도의 시간을 보낸 후 플라멜은 외부의 도움을 구해야 한다는 결론에 도달했다. 그는 여러 다른 학식 있는 서기들에게 그의 그림의 사본을 보여 주고, 그 안에 아마 연금술의 비밀이 숨어 있을 것이라고 암시했다. 대부분의 경우 그는 조롱을 당했고, 그보다 더 심한 반응도 얻었다.

 그러나 그는 또 안셀름(Anselm)이라는 이름의 의학 박사를 우연히 만났는데, 그는 스스로 연금술 대가라고 생각했고 모든 문제에 대해 답을 알고 있던 사람이었다. 안셀름의 영향하에서 플라멜은 실험을 시작했다. 즉, 그 스스로 이야기하듯이 그는 '천 개의 서툰 작업'을 수행했다. 21년 동안 그는 대작업을 진행했는데, 그렇다면 그는 평균적으로 일 년에 판 하나를 해석한 셈이다. 마침내 플라멜 부부 둘이 모두 포기하려고 할 때 이들을 구해 줄 생각이 니콜라에게 떠올랐다. 비밀로 가득한 이 책이 유대인 아브라함이 그의 유대 동족을 위해서 쓴 것이라는 생각이다. 그리고 그렇기 때문에 본래 유대인만이 책을 올바로 읽을 수 있으리라는 생각이다.

그래서 플라멜은 1378년에 연금술사들의 보호성자이기도 한 산티아고(St. Jago) — 사도 야고보 — 를 찾아 콤포스텔라(Compostela)로 순례길을 떠났다.(38) 이곳은 당시에 유럽에서 가장 사랑받던 순례지였다. 콤포스텔라에는 끊임없이 세상의 모든 나라들로부터 사람들이 모여들었고, 당시에 스페인에는 아직도 중요한 유대인 회당들이 꽤 많이 있었다. 플라멜은 그러므로 그곳에서 유대인 학자를 만나리라는 기대를 할 수 있었다. 혼의 치유와 지식에의 갈증을 아주 유용하게 결합한 것처럼 보였던 그의 경건한 순례길은 물론 처음에는 적어도 지식에의 갈증과 관련해서는 전혀 성과가 없었다.

그러나 찾기 시작한 지 1년 후에 그리고 이미 프랑스로 돌아가던 도중에 플라멜은 그를 도울 수 있는 사람을 만났다. 그는 마이스터 칸체스(Canches)로, 유대인 출신이고 기독교 신앙을 가지고 있던 의사로서 카발라의 비밀 가르침에 능통한 사람이었다. 마이스터 칸체스는 플라멜이 소유한 책에서 다루는 것이 소실된 것으로 여겨졌던 랍비 아브라함의 카발라 저작《아쉬 마자레프》(Asch Mazareph)라는 것을 알아차렸다. 물론 플라멜은 그의 비밀에 찬 책을 가지고 있지 않았고 거기에서 뽑아낸 몇 개의 미니어처만 사본으로 가지고 있었다. 따라서 칸체스와 플라멜은 함께 파리로 가서 그곳에서 함께 위대한 작업을 수행하기로 결의했다. 그러나 스페인에서 프랑스로 가는 해상 여행에서 의사는 위험한 뱃멀미를 하게 되었는데, 이 병은 장염으로 번졌던 것 같고, 이로 인해서 마이스터 칸체스는 결국 사망하고 말았다.

그는 플라멜이 감사의 마음으로 애도하는 가운데 오를레앙에 묻혔는데, 마이스터 칸체스는 죽기 전 그의 여행 동반자를 책의 몇몇 비밀 속으로 입문시켜 주었다.

플라멜은 혼자서 파리의 부인에게로 돌아오고, 여기서 3년간의 후속 실험 끝에 커다란 성공을 거두게 된다. 그는 엘릭시에르를 발견했고, "냄새로 즉시 그것임을 깨달았다." 그는 우선 그것을 1.5파운드의 수은에 투사했고, 그것으로부터 그만큼 많은 은을 얻었다. 그것은 "광산의 은보다 더 나은, 내가 스스로 여러 차례 시험할 수 있었고 시험을 맡겼던 순은이었다. 이 일은 1382년 성스러운 해의 1월 17일 월요일 정오 무렵에 일어났고, 그때 그 자리에는 아내 페레넬만 있었다."(Taylor 170)

계속해서 그는 이렇게 말한다.

"나중에 나는, 항상 나의 책 속에 있는 말 하나하나에 유의하면서 같은 해의 4월 25일 저녁 다섯 시 무렵에 같은 집에서 붉은 돌을 거의 동일한 양의 수은에 투사했다. 이때도 아내 페레넬은 그 자리에 있었다. 나는 수은을 정말로 거의 동일한 양의 순금으로 변환시켰는데, 이 금은 보통 금보다 더 좋은, 말하자면 더 무르고 유연했다. 나는 조금도 거짓 없이 이 말을 할 수 있다. 나는 이 작업을 페레넬의 도움으로 세 번이나 완수했다. 그녀는 나의 작업을 도왔기 때문에 그것을 나와 똑같이 이해했다. 분명히 그녀도 스스로 혼자서 이 작업을 완수하려 했다면 마지막에는 목표에 도달했을 것이다. 나는 작업을 한 번 완수한 후에 넘치도록 일을 수행했다. 그러나 나는 이 그릇 속의 경탄할 만한 자연의 작업을 바라보고 그에 관해서 숙고하는 데에서 커다란 기쁨을 발견했다.

오랫동안 나는 페레넬이 그녀의 끓어오르는 기쁨을 혼자서 간직하지 못하고 친척들에게 우리의 위대한 보물에 관해서 이야기할지 모른다는 두려움이 있었다. 왜냐하면 지나친 기쁨은 너무 큰 걱정과 마찬가지로 사람들로부터 오성을 빼앗아 버리기 때문이다. 그러나 신의 은덕은 내 작업에 은총을 베풀었을 뿐만 아니라, 나에게 분별 있는 여인도 선사했다. 페레넬은 다른 여자들이 보통 그런 것과는 달리 말수가 적었고, 아주 경건했고, 그녀의 나이로 인해 더 이상 아이를 기대할 수 없었기 때문에, 나와 마찬가지로 신에 대해서 숙고하고 자비로움의 작업에 자신을 투신하기 시작했다."(Federm. 167f)[20]

그 밖에도 플라멜은 생명의 엘릭시에르를 보유했던 것처럼 보이는데, 이것은 아마 금속변환을 위한 엘릭시에르 — 그가 자신의 회고록에서 이야기하는 — 와 동일했을 것이다. 그리고 어쨌든 그가 18세기 초에 그의 부인과 함께 동인도에 간 것이 사람들에게 목격되었다.

물른 의심 많은 사람들은 페레넬이 이미 1397년 9월 11일에 죽었고, 플라멜 자신은 1417년 3월 22일에 죽었다는 사실을 알고 있다고 생각한다. 역사학자인 에릭 홈야드(Eric Holmyard) 같은 사람들도 존재했는데, 이들은 어떤 공증인이 높은 신분의 사람들과 연결되어 있을 경우 그는 통 큰 후원자로 등장할 수 있을 만큼 충분히 부유해질

---

20 Federm.은 Federmann의 약어이다.

수 있다고 보았다. 어쨌든 여기서 지금 우리의 흥미를 더 끄는 것은, 완전한 난센스로만 이루어져 있지는 않은 것처럼 보이는 플라멜의 텍스트를 가지고 우리가 무엇을 할 수 있는가이다. 왜냐하면 플라멜이 비밀, 방황, 그리고 부에 관한 아주 흥미로운 이야기만 내놓는 것이 아니라, 그가 이 이야기를 편안하게 현실적 문체로 풀어냈고 또 그것의 많은 세부사항도 믿을 만하기 때문이다.

자서전이라고는 하지만, 거기에는 다른 보고물들로부터 뽑아낸 소품처럼 보이는 미심쩍은 요소들이 많이 포함되어 있다. 게다가 눈에 띄는 것은, 플라멜의 보고 속에서 다양한 연금술 알레고리가 재현되기는 하지만 상세한 화학적 언술은 이루어지지 않는다는 것이다.

우리는 이러한 종류의 보고나 이야기를 '연금술 소설'(*alchemische Erzählung*), 즉 연금술 비밀과 그 보유자들의 운명에 관한 소설이라고 표현할 수 있다. 이러한 소설은 연금술의 역사 전체에서 발견된다. 예를 들어서 이미 데모크리토스의 문헌에도 나오는데, 그러나 여기서 소설은 물론 화학-연금술 논문의 서론 역할을 한다. 반면에 근대 초기에 와서는 연금술 소설들이 점점 더 풍부하고 상세해지고, 점점 더 전면으로 나오게 된다. 이런 소설에는 두 개의 유형이 있다. 나는 그 하나를 '비밀로 가득한 책'으로, 그리고 다른 하나는 '비밀로 가득한 사람'으로 명명하고 싶다. 플라멜의 보고에서는 두 유형이 서로 결합되어 있는데, 이는 본래 전형적인 것이 아니다.

게다가 플라멜은 비밀을 보유하는 데 성공했을 뿐만 아니라, 이 비밀 — 일반적으로 돌 자체나 그 제조 방법과 동일한 — 또한 해독할 수 있었다. 달리 말하면 그는 연금술 과정에 능숙했다. 그가 그것을 언제든지 반복할 수 있고, 또한 그것에 관한 지식을 문자나 말로 재현할 수 있었으리라는 것이다. 그런데 그는 바로 이 일을 하지 않는다. 그러나 그의 소설은 목표를 충족시켰고, 이로 인해 소설은 그 시대의 베스트셀러가 되었다. 소설은 독자의 환상을 자극했고, 그들의 희망에 영양을 공급했고, 그들의 갈망과 세계상의 옳음을 확인해 주는 것처럼 보였던 확신을 제공했다.

그러면 이제 플라멜의 연금술 소설 고유의 특징을 차례대로 살펴보자. 첫 번째로 우리는 예언적 꿈의 모티프를 발견하게 된다. 꿈들은 잘 알려져 있듯이 샤먼, 마술사, 점쟁이의 영역에 속하고, 또한 이미 연금술 시초부터 연금술사들의 영역에 속하는 것이다. 이미 노(老)대가 조시모스도 연금술 꿈을 꾸었다. 태곳적 사고에서 꿈은 현실을 재현하는데, 이 현실은 근대 심리학에서 의미하는 무의식적인 혼의 내용으로서의 현실이 아니라 세계의 그렇게 있음으로서의 현실이다. 그러나 그것은 일상을 넘어가는 경험이고, 초월이고, 원래의 현실이고, 원래의 작용자이다. 연금술이 그 뿌리를 내리고 있는 플라톤주의는 이데아(Idea)의 본래적 실재에 관해서 이야기함으로써 이 태고의 세계관을 철학적 수준으로 높여 놓았다.

그런데 플라멜은 예고의 천사 — 이를 우리는 성서적인 것으로 받아들여도 좋은데 — 가 꿈속에서 그에게 나타났을 때 도대체 현실에 관해서 무엇을 경험했을까?

아무것도 경험하지 못했다! 그러나 그에게는, 플라멜 자신이 진리의 보유자가 되리라는 약속이 주어졌다. 그런데 이는 또다시 연금술 대가, 즉 진정한 연금술사는 글자 그대로 은총받은 — 비록 그가 이 은총을 얻기 위해서 분투해야만 한다고 해도 — 인간이라는 것 이외의 다른 것을 말하지 않는다. 그리고 우리, 우리 가엾은 독자들, 은총의 상태에 놓여 있지 않은 우리는 은총받은 자들의 증언(Zeugnis)에 내맡겨져 있을 뿐이다. 이것은 냉소적으로 말한 것이 아니다. 그리스어의 마르티로스(Martyros, 증언)라는 단어가 독일어로는 '증인'(Zeuge)을 의미한다는 것을 염두에 두고 말한 것이기 때문이다.

그러나 계속해서 연금술 소설 특유의 특징들로 가 보자. 거기에서 우리는 그다음 특징으로 비밀에 찬 소식의 '미지의 전달자' 내지 '판매자'를 발견한다. 연금술 소설의 모든 모티프와 마찬가지로 우리는 이것도 두 가지 측면에서 바라볼 수 있다. 하나는, 그가 미지인 채로 남는다는 사실이 판매자 자신을 비밀에 찬 인물로 만들고, 동시에 그를 어느 정도는 놀이로부터 제외하며, 그럼으로써 이야기하는 자에게 독립적인 증인을 지명해야 하는 의무를 면제해 준다는 것이다. 두 번째는, 판매자가 비밀로 차 있다는 바로 그 사실이 그를 초월적 진리의 보유자 역할, 말하자면 천사의 역할을 뒤집어쓰게 만들고, 바로 그렇기 때문에 그를 믿을 만하게 만든다는 것이다.

진리가 존재하지만 은총받은 자만이 연금술의 지혜에 참여할 수 있다는 것, 즉 오직 그들의 손에서만 '현자의 돌'이 진정으로 현자의 돌이라는 것, 이에 대한 간접적이지만 상당히 분명한 지적은 두 개의 후속 모티프에 의해서 강화된다. 즉, 플라멜이 산 책은 부분적으로 이해할 수 없지만 그렇다고 해도 원칙적으로 해독 가능한 언어로 쓰였고, 이와 동시에 아주 이해하기 쉬운 형태로 지혜를 얻을 자격이 없는 모든 사람들에 대한 엄숙한 저주를 담고 있다.

여기서 흥미로운 점은 플라멜이 엄숙한 저주의 효능을 전적으로 믿었다는 것이 아니다. 정말 흥미로운 점은 전적으로 이성적인, 심지어 아주 교활하고 전술적으로 이해가 쉬운 행동방식인데, 이에 힘입어 플라멜은 그럼에도 불구하고 그의 손안에 있는 비밀로 들어가는 출입문을 찾는다. 그래서 그는 누가 유대인 아브라함에 의해서 저주의 위협을 받는가 하고 스스로 묻는다. 답은 희생사제들과 서기관들을 제외한 모든 사람들이다. 물론 '서기관'은 오로지 유대인 신학자를 의미한다. 그러나 플라멜은 변호사 같은 기발함을 발휘해서 활로를 뚫는다. 공증인은, 비록 그가 세상과 아주 가깝고 유대교로부터는 아주 멀리 떨어져 있다고 해도 결국은 읽기와 쓰기에 박식하며, 그러므로 서기관이라는 것이다. 그런데 바로 이 작은 장애물과 실천적 이성, 즉 플라멜이 발휘한 이 요령이 그의 보고서에 오늘날까지도 믿을 만하다는 정취를 부여한다.

자신이 방금 구입한 책을 이해하려는 플라멜의 노력도 냉정한 현실감각을 보여 줄 뿐만 아니라 믿을 만하다는 인상을 준다. 그는 성스러운 기호가 원칙적으로 자기에게는 이해 불가능함을 의미할 때는 이 기호를 믿지 않는다. 그리고 그가 읽지 못하는 책의 부분들은 낯선 문자의 형태로 낯선 글로 쓰였다고 가정한다. 그가 사들인 책을 판단하는 데 있어서 그를 인도했던 동일한 현실감각을 발휘해서 그는 자신이 갈망했던 목표의 도정에서 마주쳤던 정말 초인적인 어려움들과 맞섰다. 그런데 어떤 식으로든 이미 숨겨져 있는 비밀의 베일을 벗기려는 수많은 헛된 시도에 관한 지루한 보고는 연금술 소설의 또 다른 특징이다. 우리의 경우, 정말 입문의 위험과 어려움이나 동화 속 영웅의 운명을 상기시키는 오류들과 실패들은, 안셀름(Anselm) — 희생자를 점점 더 새로운 긴장과 점점 더 새로운 시도와 점점 더 새로운 실험실 작업으로 몰고 가는 — 의 '제자'의 형상을 인격화하고 있다. 그러나 안셀름은 젊고 경험이 없으며, 그는 스승-제자 관계에서 스승이 될 수조차 없다. 그의 '제자' 폴라멜에게는 아직 긴 싸움이 기다리고 있다.

그는 25년 내내 노력을 쏟았다. 그러나 긴 싸움은 높은 대가를 암시한다. 이 싸움은 싸움을 통해서 도달하려는 가치를 고귀한 것으로 만든다. 그리고 마침내 성공에 대해서 이야기하는 것이 가능해질 때는, 마지막에 성공에 도달할 수 있으려면 오직 인내와 신의만 필요하다고 하는 독자의 확신, 독자의 희망을 강화한다.

사람들은 이것이 오직 은총받은 사람만이 목표에 도달할 수 있다는 주장과 모순된다고 생각할지 모르겠다. 그러나 '희망의 원칙'이라는 관점에서 볼 때는 하나의 언명이 반드시 다른 언명의 반대인 것은 아니다. 은총받은 자들만이 현자의 돌에 도달할 수 있다는 사실은, 그가 어째서 도처에서 성공적인 금 제조사를 만나지 못하는가를 독자들에게 설명해 준다. 이제 우리는, 진지하게 연금술을 수행했던 거의 모든 사람은 자기 속 깊은 곳에서 자기 자신을 특별한 존재로 느꼈다고 가정할 수 있다. 그런데 이는 조만간 자기 자신이 은총받은 존재라는 생각을 갖게 만들었다. 그럼에도 성공이 오려고 하지 않는다면, 그들은 어려운 것이 정상이고 결국 목표에 도달하기 위해서 필요한 것은 순수한 심장 말고도 오직 인내가 필요하다는 믿음으로써 자신을 구해 낼 수 있었다.

플라멜이 정말 절망적인 노력을 무한히 펼칠 때 그에게는 심복이자 조력자인 아내 페레넬이 있었다. 우리가 플라멜의 보고서를 자서전으로만 보지 않고 연금술 소설로도 간주한다면, 페레넬은 남편의 모든 비밀에 함께 참여하는 사랑스러운 아내를 나타낼 뿐만 아니라, 연금술 대가의 신비의 누이(Soror mystica)를 나타내기도 한다. 우리가 이러한 일반적 시각에서 페레넬을 바라보면, 그녀는 남성적 연금술사라는 존재 속의 여성적 부분의 육화일 뿐만 아니라, 연금술 — 그 속에서 질료의 남성적 원리와 여성적 원리의 합일이 완성되는, 즉 현자의 돌로 나아가는 — 의 여성적 절반의 육화이기도 하다.

페레넬은 그녀의 남편이 콤포스텔라로 순례 여행을 떠나려는 계획도 지지한다. 이 순례 여행은 연금술 소설을 그 기독교적 환경과 어느 정도 연결해 준다. 그런데 이는 그래야 하는 것이었다. 연금술의 종교적 함의는 어떠한 연금술 논문이나 책에서도 빠져서는 안 되는 것이었다. 진정한 연금술사는 신심이 깊어야 한다. 이는 적어도 근대 초기에 이르기까지도 연금술 작업의 성공을 위해서는 불가결한 것이었다. 그리고 기독교적 환경에서는 진정한 경건함이란 물론 기독교적 경건함을 의미한다. 이때 연금술사가 자기 자신을 창조 작업의 조력자로 본다든가, 더 나아가서 아예 질료의 구원자로 생각한다든가 하는 것은 아무런 상관이 없었다. 그렇기 때문에 플라멜은 분명히 연금술의 비밀을 아는 자, 즉 마이스터 칸체스가 그리스도교도라는 점을 특별히 강조한다.

다른 한편으로 플라멜은 유대인이고, 그럼으로써 연금술 소설의 또 다른 특징, 즉 연금술의 낯섦과 태곳적 원천에 대한 암시를 한 인격을 통해서 나타낸다. 모세와 예언자 마리아는 연금술의 아버지와 어머니로 여겨지지 않았던가?

여기서 다시 한번 강조되어야 할 점은, 연금술의 비밀은 주로 그 유래의 비밀이라는 것이다. 그것은 프리스카 스키엔티아(*Prisca scientia*), 즉 태고의 지혜 자체이다. 여기서 태고라는 것은 역사가 없는, 신화적인 이전 시기로부터 유래함을 의미한다. 태고의 지혜에는 근원의 천진함과 지혜가 붙어 있는데, 중세 후기 사람들은 이에 대한 감각을 아직 충분히 가지고 있었다. 요약해서 말하면 18세기에 이르기까지도 유럽인은 잘 알려져 있듯이 두 개의 신화, 즉 낙원의 과거에 관한 신화와 낙원의 미래에 관한 신화에 의지해서 살았다. 두 신화는 종교적 — 이 경우에는 기독교-유대적 — 뿌리를 가지고 있다. 거기에서 그것들은 에덴동산의 이야기로서, 그리고 옛 세계의 멸망 후 평화의 나라의 등장으로 출현하는 낙원의 상태, 최후의 심판 후에 또는 진정한 메시아의 등장으로 실현되는 낙원의 상태에 관한 이야기로 나타난다. 그러므로 둘은 모두 역사 밖의 시간에 자리 잡고 있다.

유럽 문화의 세속화가 심화되어 감에 따라 이제 비로소 그 강조점은 역사적으로 파악되었던, 말하자면 숙명적인 '천년왕국' 또는 '계급 없는 사회'라는 낙원의 마지막 시기로 점점 더 이동했다. 이때 사람들은 때때로 원 시기들을 계속해서 찬양했는데, 이는 분업이 없던 사회의 행복한 야생인간을 생각하기만 해도 알 수 있다. 후기 근대(*postmodern*)

냉정하고 좀처럼 움직이지 않게 된 우리 심장은 더 이상 그러한 샘을 낼 만한, 먼 과거나 미래의 이야기에 매달리지 않는다. 꿈은 가 버렸고, 우리는 태고의 지혜의 매력을 파악하려는 노고를 기울여야 한다. 그런데 그것은 어느 아주 오래전 시기의 지혜를 내놓는데, 이 시기에는 신들이 인간과 아직 가까이 있었고, 그때는 신들이 아직 말을 하고 있었다. 헤르메스, 이시스, 모세 같은 연금술의 시조들은 신이거나 신과 이야기를 할 수 있었던 은총받은 형상들이었다.

연금술의 원천 신화들이 신들의 형상 또는 신들의 은총을 받은 형상들로부터 기인한다는 것은 이들 신화가 진짜 신화라는 것을 증명한다. 즉, 그것들은 정당화가 필요 없는 것이다. 연금술이 존재한다는 사실을 설명하기 위해서 그들은 '왜?'라는 물음에도 답하지 않고, '어떻게?'라는 물음에도 답하지 않는다. 그들은 '어디에서?'라는 물음에 답한다. 그리고 이 '어디에서?'가 신들의 드라마 — 역사 바깥에서 전개되는 — 로 연출되기 때문에, 그것은 또한 근거 있는 의심의 표적이 되지 않는다.

오직 그것이 오래되었기 때문에 아주 오래된 텍스트와 아주 오래된 지식 속에 진리가 담겨 있으리라고 추측하려는 충동은, 어떤 문화적 분위기 — 그곳에서는 세계에 관한 언명이 초역사적으로 오래되었다는 점이 바로 진리를 의미했던 — 에서만 이해될 수 있다. 초역사적인 것을 내부에, 즉 비(非)역사적인 무의식 속에다 놓으려는 경향이 있는 심리분석의 시대인 현대에는, 태곳적인 것은 태곳적인 인간 혼 — 그 자신의 논리와 지혜를 가진 — 으로 해석될 수 있다.

그러나 니콜라 플라멜의 연금술 이야기에 관한 우리의 분석은, 사람들이 모든 연금술 이야기에 대해 제기할 수 있는 두 개의 물음에 대해서 아직 답을 하지 않았다. 첫 번째 물음은 그것이 왜 쓰였는가 하는 것이고, 두 번째 물음은 왜 우리가 그것에 흥미를 갖는가 하는 것이다. 사람들은 적어도 첫 번째 물음에 대한 답을 찾는 최선의 길은 플라멜 자신에게 묻는 것이라고 생각할 수 있을지 모른다. 우리는 그것을 그냥 한번 시도해 보아야 할 것이다. 그러면 플라멜 부부가 살고 있는 생-자크 드 라 부슈리(Saint-Jacques de la Boucherie)로 이동해 보자.

물론 가는 도중에 우리는 일종의 우려에 휩싸인다. 그리고 우리는 —솔직하게 말해서— 우리가 이 부부를 더 이상 만나지 않는다는 것에 대해서 상당히 안도한다. 그렇지 않으면 우리는 분명히 스코틀랜드 야드의 경시관이 던지게 될 것과 똑같은 물음을 던질 수밖에 없는 감정을 갖게 될 것이다. 이 물음은 "1382년 1월 17일 월요일에 정말 무슨 일이 일어났는가?" 하는 것이고, 또 "같은 해 4월 25일에는 무슨 일이 벌어졌는가?" 하는 것이다.

그러나 우리는 바로 이 물음에 대한 대답을 결코 듣지 못할 것이다 —플라멜의 자서전을 정말 플라멜이 썼는지에 대해서 우리가 이제는 역사적으로 의혹 없이 밝혀낼 수 없으리라는 것과 똑같이.

그러나 그것은 쓰였고, 실제로 14세기에서 15세기로 넘어가는 시기 어느 때인가에 쓰였다. 그리고 '원래의' 전기 작가가 누구든지 간에 우리는, 빅토르 위고가 《노트르담 드 파리》(*Notre-Dame de Paris*)에서 기술한 것과 같은 파리의 어느 곳에선가 그와 이야기를 나누어야

3장 수도원 그리고 그 밖의 다른 곳에서 187

할 것이다. 미지의 인물은 와인 한 잔을 놓고 니콜라 플라멜이라는 이름의 서기이자 공증인이 실제로 도시에서 살고 있거나 조금 전까지도 살았다고 기꺼이 확인해줄 것이다. 우리는 그의 말을 믿는다. 그리고 우리는 그렇지 않더라도 그가 믿을 만하다고 생각한다 — 물론 그가 사실은 우리 자신의 발명품이고 그가 말하는 것의 개연성을 통해서만 우리 자신을 정당화할 수 있음을 알고 있기는 하지만.

그래서 우리는 또한 미지의 인물의 주장, 즉 이 플라멜이라는 이름의 공증인이 비밀로 가득한 책들을 소유했고, 연금술에 몰두했고, 또한 자선 목적을 위해서 놀랄 만한 액수를 지출할 수 있을 만큼 충분히 부유하게 되었다는 주장을 논란의 여지가 없는 것으로 감수한다. 회의주의자들 — 바로 우리 — 은 물론 돈이 반드시 성공적인 연금술 활동에 대한 증거인 것은 아니며 다른 원천으로부터 나왔을 수도 있다는 반론을 제기한다. 결국은 플라멜이 궁정 인물들과 연결된다는 이야기까지도 나왔다. 그러나 우리 미지의 인물은 이러한 반론을 와인이 절반쯤 찬 잔과 함께 탁자로부터 간단하게 쓸어버린다.

그는 천진한 어린이들의 묘지 정문에 세워져 있고 아브라함의 책에 나오는 조각상들과 그림들이 그 증거로서 충분하다고 본다. 이것들은 진정한 지혜의 심오한 원천으로부터 나온 것이다. 그럼에도 불구하고, 우리는 그냥 물러서지 않는다. 그리고 우리가 의도하든 의도하지 않든, 우리가 아직도 진짜 중세 기사용 재킷(Wams)과 검과 부리 모양 신을 입거나 차거나 신고 있든 그렇지 않든, 이런 것과 상관없이 우리 스스로가 20세기 출신이기 때문에, 우리의 스코틀랜드-야드-물음, 즉 "포에타(Poeta) 씨, 어째서 당신은, 당신 자신이 직접 체험하는 것이 불가능한데도 마이스터 플라멜이 바로 그날 납을 은이나 훌륭한 금으로 물질변환했다고 주장합니까?"라는 물음을 가지고 밀어붙이는 것이다.

미지의 인물은 "퀴드 에스트 베리타스?(Quid est veritas?)"라고 말하는데, 우리를 특히 당황하게 하는 것은 그가 그 말을 정말 진지하게 한다는 것이다.

"Quid est veritas?" — "무엇이 진리인가?", 우리가 보기에는 이것이 연금술 소설들의 본래 문제이다. 우리는 그전보다 더 혼란스러워져서 말없이 혼자서 술잔을 기울이며, 계속해서 어떤 물음에 대답하는 것을 거부하는 우리의 미지 인물을 응시한다. 우리는 술값을 지불하고 그와 우리가 근본적으로는 서로 마이동풍(馬耳東風) 격으로 이야기했다는 확실한 느낌을 가지고 주막을 떠난다.

도대체 우리는 무엇을 진짜라고 보는가? 그런데 어떤 특정한 사례에 대해서 제시된 사실들과 부합하는 그런 것도, 그리고 철학에서의 진리 개념에 관한 어떤 세미나들도 우리를 이 물음을 포기하게 만들지 못한다. 플라멜의 자서전에 관한 물음과 관련해서 답한다면, 우리는 역사적 사건들 — 그것들보다 앞선 원인들로부터 전개되어 나온 — 과 정확하게 부합하는 것과 같은 것을 진리라고 여긴다.

그런데 **중세 인간**은 무엇을 역사적으로 진리라고 보았을까? 그들은 더 높은 진리, 더 높은 의도를 드러내는 것을 진리라고 여겼다. 전설들에 대해 생각해 보면, 우리는 분명히 약간 거칠게 이렇게 주장할 수 있다. 중세의 학자들과 신학자들은 암묵적으로 '사실적 사건'을 그것 위에 자리 잡은 '진리의' 사건 — 교육적으로 올바르다고 말할 수도 있는 — 으로부터 구분했다고. 그리고 그들은 이 진리의 사건을, 사건의 '내적 삶'을 단순히 외부를 향하도록 뒤집어 놓음으로써 드러냈다.

이것은 진리를 범하는 것일까? 사람들은 연금술 소설의 창작자에게도 익명의 연금술사 — 자기 마음과 오성을 자기보다 더 위대한 자의 이름 뒤에 숨기는 — 의 경우와 마찬가지로 동일한 주관적 면죄부, 당시어 신의 경건한 봉사자들도 그냥 두말없이 자기 자신에게 허락했던 면죄부를 부여할 수 있을까? 전부는 아니겠지만 상당수의 연금술 소설들은 단순한 사실들 속에서 고갈되어 버리지 않는 진리를 위해서 쓰인 것일지 모른다.

그것을 "너는 진리를 어떻게 보아야 하는가?"라는 우리 물음의 대답으로 인정한다면, 우리는 그것을 연금술 소설들에 대한 우리 관심을 묻는 물음 — 입속에서 맴도는 물음 — 의 대답으로 받아들일 수 있다. 연금술적 이야기들은, 그것들이 어떻게 '현자의 돌'을 만드는지를 누설하기 때문에 우리 관심을 끄는 것은 아니다. 그것들은 또한 우리가 그 속에서 사실적 진리들을 더 배울 것 같기 때문에 우리 관심을 끄는 것도 아니다.

그것들이 우리 관심을 끄는 이유는 결국 그것들이 참으로 이국적이기 때문이고, 연금술 이야기의 낯섦, 즉 이국적인 것이 우리에게 인간 자체에 관해서 어떤 것을 가르치기 때문이다. 다시 말하면 사고와 감정을 가진 인간이 한편으로는 문화에 종속적이면서도 다른 한편으로는 각각의 문화 속에서 희망, 즉 구원과 해방 — 이 해방이 물질적 곤궁으로부터의 해방이든, 육체적 고통과 죽음으로부터의 해방이든, 우리 영(靈)이 실제로는 파악할 수 없는 자연으로부터의 짓누르는 듯한 소외로부터의 해방이든 — 의 희망에 의존해서 산다는 것을 우리에게 가르치기 때문이다.

　이것이 현자의 돌의 지혜이다.

19. 연금술에서의 상징들

우리가 니콜라 플라멜의 연금술 소설에서 완전히 제쳐 놓은 부분은 상징을 다룬 장이다. 그런데 이 상징들은 그의 연금술사로서의 이력의 비축함과 영광을 드러내는 것이었다. 왜냐하면 어떤 연금술 논문에 나오는 것처럼 "상징을 지닌 자들은 변환을 쉽게 수행할 수 있기"[Jung (5) 268] 때문이다. 그러면 모든 것은 어린애 장난이다.

플라멜의 이야기에서 아주 분명한 점은 뱀, 샘, 꽃 그리고 신들이 실제 단순한 메타포가 아니라 상징들이라는 것이다. 해석을 하기 전에 우리는 연금술 상징들의 방이 도대체 어떻게 보이는지 분명하게 알 필요가 있다.

이 방은 거울실 같은 것이다. 이 방에서는 분명하게 식별할 수 있는 상징들, 그러나 서로 얽혀 있는 상징 그룹들, 알레고리들, 화학적 기본개념들, 그리고 전문 서술들이 서로서로 비추고 있다. 그런데 이 비침은 항상 '뒤범벅하기'(*Symballein*)다. 연금술사가 태양(Sol), 달(Luna), 토성(Saturnus), 목성(Jupiter), 금성(Venus), 화성(Mars) — 이것들의 도움으로 그가 화학반응을 수행하는 — 에 대해서 이야기하면, 그것들은 화학적 기초개념들이다.

그러나 그렇다고 아직 그것들이 화학적 상징이 된 것은 아니다. 왜냐하면 화학적 상징은 옛날의 진짜 상징 개념을 전복하는 가운데 어떤 다의성도 배제해야 하기 때문이다. 우리는 연금술에서 상징들이 그것들에 속한 행성이나 우주의 영향을 의미하는지 또는 그 밖의 다른 것을 함께 의미하는지 결코 알지 못한다. 이는 또한 흔히 알레고리화하는 방식으로 작성된 반응 진행에 관한 전문적 묘사에서도 계속된다. 그래서 늙은 왕을 집어삼키는 늑대가 등장하는 연금술 그림 시리즈가 있는 것이다. 그다음 그림에서 늑대는 불태워지고, 그 죽음의 불꽃으로부터 머리에 왕관을 쓴 소년이 솟아 나온다.

우리가 늑대는 안티몬을 나타내고 왕은 금을 나타낸다는 것을 안다면, 우리는 여기서 기술되는 것은 오염된 금이 안티몬 합금을 거쳐서 정화되는 과정이라는 것도 안다. 이때 안티몬은 마지막에 일종의 결합제법에 의해 산화되어서 제거된다. 그러나 연금술사는 우리가 반응의 묘사로 깨닫는 그림 시리즈를 동시에 죽음과 부활의 드라마로서, 그리고 아마 동시에 서로 일치하는 유사 이야기 — 그렇지만 화학이 아니라 의학적 형상조응설(Signaturenlehre)과 관련된 — 로도 경험한다. 안티몬이 병든 금을 치유할 수 있다면 그것이 인간도 치유할 수 있다는 생각은 파라셀수스로부터 나온 것이다. 그러므로 여기서는 가령 늙고 작은 노인 같은 형상을 지닌 만드라고라 뿌리(Alraunewurzel)가 장수를 약속하는 것과 달리 외적 형상이나 색채는 어떤 징표(Signatur), 즉 서로 영향을 미치는 상징성의 특징이 아니다. 여기서는 화학적 과정 전체가 징표이다.

어쩌면 이때 검은 안티몬이 원질 — 가짜-토마스 같은 인물은 그것을 이렇게 표기하는데 — 이고, 그렇기 때문에 비밀의 돌로 볼 수 있으리라는 생각도 함께 작용했을 것이다.

우로보로스와는 달리 늑대는 커다란 우주적 상징으로 여겨지지는 않았는데, 우로보로스의 원의 형상은 사람들이 거기에다 수많은 접선들 — 모두 올바른 것과 접촉하는 — 을 부착할 수 있음을 암시한다.(39) 그리고 우리는 현자의 돌과 제일질료에 대한 수없이 많은 표기와 암호명도 모두 마찬가지로 우주적 상징이라고 말할 수 있다. 그러나 그것들은 그 자신을 나타내기만 하는 것이 아니라 비밀스러운 우주 구조의 표시이기도 한 그 무엇을 가리킨다. 그렇지 않은 경우에는 상징들, 교차 표시들, 암호명들 그리고 그림들 — 무엇보다도 비의적(秘意的)-헤르메스적 텍스트 속의 — 의 수는 로마 군단처럼 많은데, 이 군단은 이 세상의 세 왕국 모두, 즉 광물의 세계, 식물의 세계, 생명체의 세계로부터, 그리고 그에 더해서 동화의 왕국으로부터 모집된 것이다.

　상징은 종종 늑대의 경우에서와 같이 기능적 유비(類比)에 기초한다. 다라서 우리는 휘발성 물질들에 '새'라는 상징 — 증기상태만이 아니라 영, 즉 질료의 프네우마도 표시하는 — 이 부착될 때 기능적 유비에 대해서 이야기할 수 있다. 동화의 왕국이라는 상징은, 그것들이 특정한 기능 또는 특정한 성질에 대한 유비에도 기초한다면, 종종 반대되는 것들의 상보적 합일이라는 모순을 나타내야 할 것이다. 그래서 날개 달린 용은 흙과 불의 합일, 기는 것과 그 정반대로 나는 것의 합일인 것이다. 게다가 용이 특정한 색채로 나타난다면, 이는 합일이 과정 속의 어떤 지점, 어떤 상태에서 일어나는지를 보여 준다. 합일의 최고의 모순은 남성적-여성적 헤르마프로디토스에서 표현된다. 그런데 이 헤르마프로디토스는 — 그 긴 역사를 여기서는 짧게 암시하기만 할 것인데 — 우주와 구원의 상징이지만, 또한 도래할 돌의 상징이기도 하다. 왜냐하면 상징들은 다른 상징들과 꽤 잘 연관될 수 있기 때문이다.

그렇지만 플라멜로 돌아가 보자. 우리는 그가 연금술사의 상징을 어떻게 수용하고 가공했는지 볼 수 있다. 플라멜은 그의 책의 그림으로 묘사된 부분에서 가장 큰 어려움을 겪었다. 왜냐하면 여기에 대해서는 간단한 번역의 도움이나 해명적 풀어쓰기에 대한 기대를 가질 수 없었고, 이들 묘사는 어떤 텍스트도 동반하지 않았기 때문이다.

다시 상기시키자면 이 책은 일곱 개 판의 세 묶음으로 이루어져 있고, 판의 양면에는 글이 적혀 있거나 그림이 그려져 있다. 3과 7이라는 수는 그 자체로서 이미 상징적 의미를 지닌다. 3이란 수는 연금술 과정의 3개의 주요 단계, 즉 검게 하기, 희게 만들기, 붉게 하기를 연상시킨다. 판의 7이란 수는 금속과 행성의 7이란 수를 연상시킨다. 여기서 수비학(數秘學)이 작동하는데, 이것은 연금술 작업을 대우주-소우주 이론의 의미 속에서 우주적 사건과 연결시키고, 그럼으로써 정당화한다. 작업을 당시의 인간의 표상 세계와 부합하게 만드는 것이다.

4라는 수 — 하늘의 방위, 원소 등 — 외에 이 표상 세계에서는 3과 7이라는 수가 특히 중요하다. 이는 수비학을 비추는 거울이라고 할 수 있는 플라멜의 전기에서도 나타난다. 우리의 연금술 영웅은 21년간 헛되이 실험했고, 1년간의 순례 여행 후 다시 한번 3년 동안 비밀을 둘러싸고 씨름을 해야만 했다.

세 묶음 각각의 일곱 번째 그림은 특수한 하나의 주제, 즉 뱀에게 바쳐진 것이다. 이 그림들 중 첫 번째 것에는 신과 연금술의 원조 헤르메스의 상징물인 뱀 막대가 등장한다. 그의 지팡이(*Caduceus*)는 철학적 수은을 나타내는 것일지 모른다. 두 마리의 뱀은 아랍 시대 이래의 질료의 고전적 표현 형상들, 즉 황과 수은으로 볼 수 있다. 서로 잡아먹는 뱀들의 그림은 황과 수은이 금속을 만들 때 자신의 표현 형상을 파괴해 버린다는 암시로 받아들일 수 있다. 그러나 사람들이 지팡이 전체를 '헤르메스 = *Mercurius* = 수은'이라는 연상을 거쳐서 이른바 철학적 수은, 즉 이상적 수은으로 해석한다면, 이는 순수한 수은 이론을 암시하는 것이 될 것이다.

세 그림 중 두 번째 그림에 나오는 뱀 한 마리가 못 박혀 있는 십자가는 아마 수은의 고체화, 즉 고정을 상징하며, 이로써 영의 육화도 상징한다. 현대의 영성적 연금술 추종자 티투스 부르크하르트(Titus Burckhardt)는 이에 대해서 다음과 같이 말한다.

"그것은 끊임없이 흐르는, 소원들과 표상들 속에서 쉬지 않고 흘러가는 생명력의 복종이고, 동시에 시간 속에 던져진 사고가 부동의 무시간적 의식으로 변환되는 것이다. 뱀이 못 박혀 있는 십자가는 고기와 감각계로서의 육신이 아니라 우주 법칙, 부동의 세계 축의 모상으로서의 육신을 의미한다."(Burck. 188)

마지막으로 세 번째 그림에 나오는 샘 — 사막 또는 황야 한가운데에서 솟구쳐 오르고, 뱀들이 그 속에서 기어 올라오는 — 은, 우리가 뱀을 살아 있는 자연 자체로 바라본다면 아마 영적, 우주적인 전 자연의 재탄생을 의미할 것이다.

첫 번째 묶음의 네 번째와 다섯 번째 판에 나오는 그림들도 아주 불가해한 것은 결코 아니다. 적어도 그렇게 보인다. 연금술의 세계상에 4개의 원소가 존재하듯이 그림 또한 4개이다.

《상형도해의 책》(1612)의 삽화. 세 묶음 각각의 일곱 번째 판에 나오는 그림.
저자는 플라멜로 표기되었으나 실제로는 다른 사람이며, 삽화는 플라멜의 자서전에 나오는 설명을 따라 재구성한 것이다.

(원서에 없으나 이해를 돕기 위해 실은 도판―옮긴이)

이들 그림 중 첫 번째 그림에 나오는, 지팡이를 들고 있는 젊은 남자는 물론 또다시 헤르메스 내지는 메르쿠리우스 신을 나타낸다. 시간과 지나감의 상징들인 모래시계와 큰 낫을 지닌 늙은 남자는 신으로부터 다리를 잘라 내려고 시도하는데, 그는 목성 또는 납을 나타낸다. 그런데 납은 수은과의 합금을 통해서 수은을 고정, 즉 단단하게, 움직일 수 없게 만든다.

두 번째 그림에 나오는 희고 붉은 꽃들은 희고 붉은 엘릭시에르의 상징이다. 우리는 이 그림의 색을 다르게도 해석할 수 있다. 우리가 알고 있듯이 헬레니즘-이집트 시대에 연금술이 시작된 이래 색은 질료의 상태에 대한 기준이었다. 그리고 연금술 과정은 원래 특정한, 확정된 순서를 지닌 색들을 질료 속에서 만들어 내는 것이었다. 이에 대한 자연철학적 뒷받침은 수백 년이 지나면서 불확실해졌지만, 과정에서 색채가 중요한 역할을 한다는 것은 연금술 전통 속에 확고하게 뿌리내려 있었다.

그러므로 수풀의 푸른색은 식물의 성질에 상응하는 검은색을 나타내는 것일 수 있다. 가장 어둡지만 상징적으로도 가장 순수한 꽃봉오리들은 푸른 꽃이나 열매만을 내놓으며 검은 것을 내놓을 수는 없다. 여기서 푸른색은 검은색과 마찬가지로 어둠, 밤, 원질, 혼돈 그리고 희망의 상징이다. 우리가 이 견해를 따른다면 꽃의 흰색은 원질을 일종의 원은(元銀), 또는 흰 엘릭시에르로 인도하는, 희게 만들기의 단계로 해석될 수 있을 것이다. 그러면 꽃들의 붉은색은 현자의 돌, 달리 말하면 붉은 엘릭시에르로 인도하는 붉게 만들기의 단계로 보아야 할 것 같다. 그리고 금색의 잎들은 당연히 본래의 물질변환 산물,

《상형도해의 책》의 삽화. 첫 번째 묶음의 네 번째와 다섯 번째 판에 나오는 그림 4개.
(원서에 없으나 이해를 돕기 위해 실은 도판―옮긴이)

즉 연금술사 금을 나타낼 것이다.

꼭대기에 수풀이 있고 새로운 질서의 축으로 해석될 수 있는 산의 주변에 사는 용, 이 용들은 아직 형체가 주어지지 않은 것들일 것이고, 동시에 작업의 실패 위협을 나타낼 것이다. 물론 그것들은 분명하게 우로보로스 — 그 자신의 모든 함의를 지닌 — 를 연상시킨다.

그렇지만 나를 상당히 골치 아프게 만드는 그다음의 세 번째 그림으로 가 보자. 흰 물이 솟아나는 원천이 다시 한번 수은과 상응한다는 것은 연금술 작업에서 메르쿠리우스의 중심 역할을 고려할 때 충분히 가정할 수 있다. 그러나 장미 덤불, 속 빈 나무, 그리고 그림에서 일어나는 모든 것들은 무엇을 의미할까?

부르크하르트는 만개한 장미덤불의 뿌리는 혼으로 보고, 속이 빈 나무는 생명의 물 — 그 가치를 깨닫는 현자만이 멈출 수 있는 — 이 흘러나오는 육신으로 본다. 그림으로부터 화학적 의미를 끌어내는 것은 더욱 어렵다. 어쩌면 그것이 의미하는 바는 또다시 수은의 가치를 깨달아야 하고, 수은 속에서 그것의 중간물질 형태로 존재하는 그 이상 상태의 아주 정확한 무게를 알아야 한다는 것일 수 있다.

구부러진 검을 지닌 왕은 더 곤란한 문제를 야기한다. 물론 그와 그의 병사들은 성경의 아이 살해의 주범이다. 플라멜도 그 이야기를 한다. 그러나 해와 달이 어린아이들의 피 속에서 목욕한다는 점에 비추어 볼 때 이 흘린 피는 어떤 의미를 지닌 것일까? 이와 관련해서는 이 그림을 대단히 중요하게 여겼던 플라멜이 직접 쓴 내용을 따르는 것이 가장 좋다.

"[안셀름 선생(Licentiat Anselm)이 나에게 대답했다] 그림이 의미하는 첫 번째 것은 의심할 바 없이 희고 검은 물, 즉 수은 이외의 다른 것이 아니다. 그런데 이 수은은 꽉 붙잡을 수 없고 그 다리를 잘라 낼 수도 없다. 그것의 휘발성은 작은 어린아이들의 아주 순수한 피 속에서 오래 끓이는 것이 아니고는 없앨 수 없는 것이다. 이 피 속에서 수은은 금과 은과 결합함으로써 우선 이 모든 것들과 함께 약초 — 그림과 똑같은 — 로 변환된다. 그 후에 그것은 부패해서 뱀으로 변환되고, 이 뱀은 그 후 완전히 건조되고 불 속에서 삶아진 후 현자의 돌인 금빛 가루로 분쇄된다, 라고.

그것 때문에 나는 21년의 긴 기간 동안 천 개의 서툰 작업을 수행했는데, 이때 그렇지만 나는 사악하고 야비한 것 같은 피는 사용하지 않았다. 왜냐하면 나는 내 책에서 철학자들이 '피'라고 불렀던 것이 내가 계속해서 결합하려고 고려했던 금속, 즉 주로 해, 달, 수성 속에 들어 있는 광물질성 영(靈) 이외의 다른 것이 아니라는 사실을 발견했기 때문이다. 그러나 위에 언급된 해석들은 대부분 진리라기보다는 오히려 영리한 궤변 같은 것이었다."(Burk. 194)

안셀름 선생의 해석은 그러므로 의심할 여지 없이 틀렸는데, 그러나 이는 나중에 와서야 그리고 근본적으로는 실패를 통해서가 아니라 다른 해석의 성공에 의해서 밝혀졌다. 그러므로 여러 가지 해석 가능성이 제기되는데, 바로 이것이 우리의 문제이지, 가령 어떤 해석도 가능하지 않다는 것이 문제가 되는 것은 아니다.

플라멜은 올바른 해석은 어떠했으리라고 말하지는 않는다. 그는 가능하고 동등한 여러 가지 해석의 들판 위에 우리를 홀로 있게 내버려 둔다. 그러나 그는 뜨거운 열정으로 그의 책이나 유사한 책을 공부하는 사람들 속에 어떤 유혹, 즉 연상적 해석에의 강박 —안데르센의 《운명의 덧신》에서처럼 해석을 더 멀리 밀고 나가는— 을 남겨 놓는다. 결국 중독으로 발전할 수 있는 이 강박은 텅 빈 중심 주위를 끊임없이 다른 원을 그리며 달려가는 열정으로의 강박이다.

우리가 자연을 상대로 맞서게 되면, 이때도 당연히 문제 되는 것은 해석이다. 그러나 물론 우리는 더 이상 모티프에 대해서 묻지 않고, 자연 속 사건에 대해 '왜?'라고 묻지 않는다. 우리가 '어떻게?'에 대해서 묻는다면, 우리는 단지 하나의 층위, 즉 직접 또는 간접적으로 감각을 통해 인지될 수 있는 현상들의 층위에서 자연의 사건에 대한 해석을 시도한다. 우리는 해석, 무엇보다 특히 모든 다양한 층위 —어느 정도 내재와 초월 사이에 층층이 놓여 있는— 에서의 '동시적인' 해석에 제대로 대처하지 못하기 때문에, 의식적으로 이렇게 하는 것이다. 우리는 우리에게 봉사할 수 있고 어쩌면 우리에게 우리 주위의 모든 것이 본래 무엇을 의미하는지도 말해 줄지 모르는 혼령을 불러낼 수 없다는 것을 알고 있다고 믿는다.

우리는 기술을 하인으로 보유하고 있는데, 이것은 솔로몬의 봉인이 찍힌 병 속에서 나오는 것이 아니고, 우리가 보는 그대로의 외적 자연으로부터 오는 것이다. 그러나 외적 자연에 대한 기술적-실험적으로 검증 가능한 것에 의도적으로 한정되어 있는 우리의 해석은, 자연이 그 자신의 의지를 내보이지 않는 곳에서만, 즉 살아 있지 않고 그렇기 때문에 예측 불가능한 혼령을 내놓지 않는 곳에서만 어느 정도 신뢰할 만한 성공을 가져온다.

새로운 자연 해석의 선구자인 갈릴레오 갈릴레이는 17세기에 다음과 같이 말해야 했다.

"철학은 우리 눈앞에 항상 펼쳐진 채 놓여 있는 저 위대한 책, 즉 우주 속에 쓰여 있다. 그러나 우리는 먼저 언어를 습득하고 그 책의 기록에 사용된 기호에 익숙해진 다음에야 그것을 읽을 수 있다. 그것은 수학의 언어로 기록되어 있는데, 그 철자는 삼각형, 원, 그리고 다른 기하학적 형상들이다. 이러한 수단 없이는 인간이 단 하나의 단어를 이해하는 것조차 불가능하다. 이것 없이는 인간은 어두운 미로 속에서 헤맨다."(Blum. 51)

갈릴레이 물리학의 기하학적 형상들은, 나중에 화학자들의 상징이 그랬던 것과 똑같이 동일한 인식 층위의 다른 형상이나 상징과의 연관 관계 속에 있는 자기 자신만을 가리킬 뿐이다. 그것들은 추상 수단이고, 또한 인간의 내적 자연의 혼란으로부터 나온 추상 수단이다. 갈릴레이가 연금술에 경도되지 않은 것은 전혀 놀라운 일이 아니다.

20. 돌

연금술로 돌아가면, 우리는 갈릴레이가 의미한 것과는 다른 자연의 책을 펼치게 된다. 여기서는 거의 모든 단어가 다의적(多義的)인데, 그중에서 가장 다의적인 것은 '돌'이라는 단어이다. 어쩌면 바로 그렇기 때문에 많은 사람들, 특히 연금술사 중에서 원형화학적 연금술사들이 돌에 대해 기술하는 일을 멀리했을 것이다. 단 하나 확실한 것은, 현자의 돌이 어떤 암호명으로 등장했든 간에 그에 상관없이, **그것은 항상 물질적인 것이었다는 점이다** — 그것이 수은을 고정하기 때문에 바실리스크로 나타나든, 색채 변화가 발생하기 때문에 카멜레온으로 등장하든, 전설적 도마뱀처럼 불을 이겨내기 때문에 도마뱀으로 나타나든, 헤르마프로디토스나 아예 그리스도로 등장하든 간에. 그러므로 그것이 나타냈던 세계로부터의 분리는 동시에 세계 속에서의 분리였던 것이다.

그리고 연금술사의 이 세계는 감각적이었다 — 혼과 경외하는 신에 대해서 아무리 비감각적 사변이 이루어졌다고 하더라도. 그러므로 나는 연금술사들이 중세의 신사 또는 숙녀까지도 정말 해서는 안 될 일을 했다고 믿는데, 그렇기 때문에 그들은 자신의 손을 더럽혔던 것이다. 모든 감각적으로 상상 가능한 것들, 모든 그림들은 그것이 언제 변신 — 즉 근원적인 내적 발견 — 을 겪든 간에 질료의 변신을 암시한다. 동화 속의 개구리는 왕이 되고, 잿더미는 불사조가 되고, 연금술의 검은 국물은 귀금속이 되는 것이다. 어떤 공상이든, 그것이 어떻게든 간에 상상 가능하다면 그것은 질료의 공상이다.

동화적인 것, 환상적인 것, 환영적(幻影的)인 것, 이것들은 모두 질료의 변신이다. 살아 있는 또는 변신 능력이 있기 때문에 생명을 얻은 질료의 변신인 것이다. 그러므로 돌은 중세에도 대부분은 생명과 같이 붉은색, 즉 붉은 가루이다. 그것은 드물게는 액체인데, 또한 변신 능력을 지니고 있다. 그리고 동시에 자명한 명제로서의 '돌'이라는 개념 속에는 그 자체가 항상 불변한다는 의미, 즉 그것은 녹슬지 않고, 부패하지 않으며, 불에서 살아남는다는 의미가 포함되어 있다.

17세기 연금술사 토마스 본(Thomas Vaughan)은 다음과 같이 이야기한다.

"그것이 돌 같기 때문에 돌이라고 불리는 것이 아니라, 오직 그것의 고정적[고정된] 성질 덕분에 모든 돌과 마찬가지로 불의 공격을 성공적으로 견뎌 내기 때문에 그렇게 불리는 것이다. 종(種)으로서 그것은 금, 가장 순수한 금보다 더 순수한 금이다 … 우리가 그의 성질이 영적(靈的)이라고 말한다면, 이것은 진리일 뿐이다. 우리가 그것을 육적(肉的)인 것이라고 표현한다면, 이 표현방식도 마찬가지로 정확할 것이다."(Kauff. 71)[21]

그러므로 그것은 질료인데, 그렇지만 다른 모든 것과는 다른 질료이다. 그것은 소논문 〈로사리움〉(Rosarium, 묵주 또는 장미정원)에서 이야기하듯, "그 자신에 의해서 존재하는, 모든 원소들과 모든 만들어진 것들과 구별되는 물체"이다.[Jung (5) 260]

변질되지 않는 것으로서의 철학자의 돌은 항상 불사(不死) 및 불사

---

21 Kauff.는 Kauffman의 약어이다.

로 만듦에 관한 상상과 결합되어 있다. 돌은, 그것을 엘릭시에르로 먹게 되면 아주 짧은 시간에 젊어지거나 아예 아무런 후속 과정도 거치지 않고 이른바 불사를 얻는다. 그러나 중세 문헌에서만 항상 아르카눔(Arccnum), 엘릭시에르, 늙음과 죽음으로부터 보호하는 기적의 약 — 결국은 환상에 가까운 — 이 발견되는 것이 아니다. 환상에 가까운 최고의 것 — 이것과 함께 연금술사들이 돌을 화학의 다른 모든 기적을 넘어서는 것으로 들어 올리는 — 은 대부분 돌이 물질변환시킬 수 있는 천한 금속의 양에 관한 언술 속에 숨어 있다.

게베르조차 수천 배에 관해서 이야기한다. 그렇지 않은 경우 그가 "고귀한 아르카눔", "비길 데 없는 보물"에 대해서 이야기할 때면 의도적으로 불분명한 태도를 취한다. 다른 사람들은 어쩌면 디플로시스와 트리플로시스에 대한 잠복해 있는 기억 속에서 게베르보다 훨씬 멀리 나아간 것 같다.

이들은 물티플리카티오를 통해서 돌의 힘을 마침내 우주적인 것으로까지 고양할 수 있다고 생각했다. 이는 특히 아르날두스 빌라노바의 다음 문장에 명확하게 표현되어 있는데, 라이문두스 룰루스도 그와 아주 유사한 주장을 한다.

"만일 바닷물이 모두 따뜻한 수은이거나 용융된 천한 금속이라면, 그리고 거기에 이 의약제가 조금 뿌려진다면, 물은 모두 금이나 은이 될 것이다."(Ganz. 179)[40]

금으로 이루어진 바다는 물론 어떤 화학적-기술적 신빙성을 넘어선다. 그리고 그래서 요한네스 데 루페스키사와 그의 제5원소론의 정신에 따라 글을 쓴 어떤 연금술사는 비례가 전혀 맞지 않는 돌의 작용에 대한 자연철학적 설명을 제시한다. 이 연금술사는 돌이 그 본질에서 영적인 질료 — 철학자들이 제5원소라고 부르는 — 로 변환되었다고 주장한다. 또 제5원소는 포르마(Forma), 즉 금의 모든 속성의 합을 만들어 내고 완수하는 — 그것도 무한에 이르기까지 — 속성을 가지고 있다고 말한다. 말하자면 일부분이 다른 것 그리고 그다음 것들을 무한에 이르기까지 변화시킨다는 것이다. 그러므로 그가 말하려는 것은 제5원소가 더 이상 물질적인 것이 아니라는 것이다. 그것은 영적 방식으로, 본질(Form)이 질료에 대해서 작용하는 바로 그런 방식으로 작용한다. 그리고 그 결과 마침내는 양적 관계에 대해서 이야기하는 것도 불가능해진다.(41)

그래서 내가 보기에는 이렇게 일관성 없게 나아갈 경우 마지막으로 할 수 있는 말은, 현자의 돌로 인도하는 과정에서의 물질의 행동은 모든 실험들이 목표로 하는 물질의 행동과는 근본적으로 다르다는 것이다. 돌의 경우에는 어느 정도 실존적 도약에 성공했다. 그것은 다른 존재 층위 위에 존재한다. 그러나 포르마에 관해서가 아니라 금 씨앗으로서의 돌, 발효종 또는 아주 일반적으로 구원의 수단이 핵심 주제가 될 때에도 문제는 우리에게 남는다.

위에서 언급한 연금술사 그리고 게베르와 몇몇 다른 연금술사들이 아직 자연철학적으로 논증을 하고 돌을 계속해서 상상 가능의, 그리고 어쩌면 납득 가능의 영역 속에 넣어 두기는 했지만, 그들의 다른 동료들이 모두 그렇게 했다고는 진정으로 말할 수 없다. 사정은 거의 항상 정확하게 거울상과 같았다. 연금술사들이 현자의 돌의 제조에 관한 방법에 대해 불분명하면 할수록, 동일한 연금술사들의 그 생산물에 대한 기술도 환상적이 되며, 시간이 흐를수록 돌과 그 힘에 관한 주장은 점점 더 환상적이 된다. 이는 연금술이 그 자연철학적 신빙성을 상실하면 그만큼 태곳적 갈망을 끌어당겼다는 것을 보여 준다.

우리가 뒤죽박죽 뒤섞여 있는 주장들의 더미로부터 경험적 바탕을 지닌 언명을 골라내려고 한다면, 다시 말해서 처음에는 공상의 영역 안으로 멀리 나아가려 하지 않는다면, 우리는 종종 돌을 석류석(石榴石)과 비교하는 것과 마주친다. 그런데 석류석은 다른 여러 보석과 마찬가지로 이미 약간의 환상적 측면을 지니고 있다. 설화에 따르면 석류석은 어둠 속에서 반짝이고, 특히 그것을 가지고 있는 사람을 보이지 않게 만드는 성질을 가지고 있다고 한다. 카르분쿨루스(Carbunculus, 석류석, 작은 석탄)는 단순히 작은 석탄 — 'Carbo'로부터 온 — 일 뿐인데 그것은 색이 없다. 말하자면 제일질료처럼 검은색이고, 동시에 돌이 그래야만 하는 것처럼 작열하는 붉은색이다. 가짜-룰루스(Lullus)는 이 돌을 '카르분쿨루스'로 불렀다고 하는데, 이는 우리가 단어 유사성의 의미에 관해서 알고 있는 바에 따르면 놀랄 만한 일이 아니다. 우리가 보기에는 석류석뿐 아니라 석탄도 그 자체로서는 마술적인 것을 가지고 있지 않다.

우리에게 석류석은 어두운 적색의 화강암이거나 루비일 뿐이다. 화강암은 $Me_3Me_2(SiO_4)_3$라는 일반적 화학식을 지닌 규산염(硅酸鹽)이다. 마찬가지로 석류석으로 여겨지는 홍석류석은 $Mg_3Al_2(SiO_4)_3$라는 화학식을 가지고 있다. 루비는 원래 아주 다른 것, 즉 붉은색을 띤 산화 알루미늄이지만, 이것도 중세에는 같은 범주에 속해 있었다. 이에 대해 언급하는 이유는 석류석도 기술적 관점에서는 현자의 돌에 가까운 것이었기 때문이다. 이미 아르-라지는 엘릭시에르와 석류석의 유사성을 강조했는데, 분명히 그는 이때 인공 루비에 대해서 생각했을 것이다.

인공 보석 제조를 위해서 사람들은 이미 고대 이집트에서 특정한 유리 속에 녹여 넣은 금속산화물을 사용했다. 예를 들어서 인공 에메랄드(Smaragd)는 망치로 친 구리, 즉 산화 구리로 만들었고, 인공 토파스(Topas)를 만들기 위해서는 연백(Bleiweiss), 즉 탄산 납을 사용했다. 그러나 이미 이 옛날에도 루비나 석류석의 제조를 위해서는 때때로 금을 사용하라는 내용이 담긴 제법도 있었다. 달리 말하면, 이미 아랍과 중세의 연금술사들은 금의 도움으로 유리덩이를 붉게 채색하고 그럼으로써 루비를 만드는 것이 가능하다는 것을 알고 있었던 것이다. 그런데 라이문두스 룰루스가 그의 라피다리우스(Lapidarius, 돌)에서 현자의 돌의 제조 방법으로 인공 루비의 제조 방법과 아주 똑같은 것을 제시했다는 점은 특기할 만하다. 물론 여기서 색을 입히려는 기본 덩어리는 유리가 아니다. 그것은 연금술 작업을 통해서 제일질료로부터 얻어진 어떤 물질이다. 17세기 말에 비로소 요한 쿤켈(Johann Kunckel)은 금루비유리(Goldrubinglas)를 만들어 냈지만 그럼으로써 돌을 손에 넣었다는 믿음은 더 이상 갖지 않게 되었다.

금루비유리로 인도해 간 사고의 영역 속에는 금 자체를 현자의 돌의 제조를 위한 출발물질로 사용한다는 태고의 생각도 들어 있다. 이와 관련해서 상기해야 할 것은 금 또는 은의 씨앗이고, 조시모스의 "적은 양의 발효종이 많은 양의 반죽을 부풀리듯이 적은 양의 금이 전체를 발효시킨다"[Hopk. (2) 63]는 문장이다.

이 문장은 의미하는 내용 그대로 라틴 연금술사들에게도 알려져 있었다. 그것은 이 형태 그대로 또는 크게 변화된 형태로 많은 연금술 저작에 들어 있다. 그 밖에도 그의 언명은 오늘날에도 화학실험에 의해서 확인되고 있다. 즉, 간첸뮐러(Ganzenmüller)가 지적하듯이 금속의 금색 입히기 모조 작업은 소량의 금을 사용함으로써 쉽게 이루어지는 것이다.(Ganz. 178)

중세에는 연금술 학파가 또 하나 있었다. 그런데 이 학파는 진정한 철학적 수은(Mercurius) 내지 황이, 또는 이 둘의 조화로운 통합체가 금과 은 — 이것들을 인공적으로 제조하는 데 그것들이 사용되었던 — 속에 포함되어 있다는 그럴듯한 생각에서 출발했다. 그들은 이 본래적인 것을 귀금속으로부터 뽑아내고 증식해야 하며, 그것이 '철학자의 돌'이라고 보았다. 예를 들어서 14세기 초에 존 대스틴(John Dastin)이라는 영국인은 헬레니즘적 내지 스토아주의적 씨앗 관념의 변형으로서뿐만 아니라 순수한 수은 이론의 변형으로서 이 생각을 좇았는데, 그러나 그는 뽑아내야 할 본래적인 것은 메르쿠리우스라는 것에서 출발했다.

조시모스의 발효종 메타포, 생명체적인 것을 암시하는 이 메타포, 그리고 게베르의 경우 의학의 메타포는, 현자의 돌이 종종 만능치료제로 여겨지기도 했음을 우리에게 상기시킨다. 이런 모든 관점에 관한 훌륭한 요약은, 14세기에 호르툴라누스(Hortulanus)가《에메랄드 판》(Tabula Smaragdina)에 붙인 다음과 같은 아주 인기 있던 주석에 들어 있다.

"붉고, 맑고, 유동적이고, 녹고, 불 속에서 변하지 않고, 색을 주고, 변화하는 돌이 생겨나는데, 이것은 수은과 단단한 물체나 부드러운 물체를 모두 통과하고, 진짜 금을 만드는 물질에 색을 부여한다. 또한 어떤 인간의 육체라도 그 모든 연약함으로부터 정화하고, 건강하게 유지하고, 유리를 망치로 두드릴 수 있게 만들며, 보석을 석류석처럼 진홍색으로 만든다."(Ganz. 178)

그러니까 여기서 우리는 철학자의 돌의 몇몇 성질을 알게 되는 셈인데, 이 성질들을 증명하는 것, 즉 신빙성 있게 만드는 것은 그 돌의 물질변환 능력을 증명하는 것보다 수월하지는 않다. 이미 이야기했듯이 돌은, 유리가 망치로 두드려 펼 수 있게, 즉 가단성을 갖도록 만든다는 것이다 — 그것도 양의 피(Bocksblut)가 유리를 부드럽게 만드는 것과 동일한 방식으로.[22] 그런데 이 주장 뒤에 숨어 있는 것은 오히려 단지 돌이 부드러운 금속을 단단하게 해서 금으로 만들고 단단한 금속을 부드럽게 해서 금으로 만든다는 일반적 언명일 뿐이다.

라피스와 양의 피 사이의 작용-유비는 우리에게 생각할 거리를 던져 준다. 누구나 양의 피를 이용해서 그 일을 시험할 수 있지 않았을까? 나는 이에 대해서 회의적인데, 따라서 라틴 연금술사들의 사고세계 속으로 다시 들어가 보려 한다. 모든 것이 복합적인, 다시 말하면 엄격하게 정의되지 않았던 곳에서는 사람들은 겉보기에 쉽게, 오직 겉보기에만 쉽게 반박할 수 있는 주장에 대항해서 논박 불가능한 주

---

22 양의 피가 다이아몬드(유리)를 부드럽게 만든다는 이야기는 플리니우스의 《자연사》에도 나오고, 그 후 서양에서 지속적으로 등장한다.

장을 펼칠 수 있었다. 어쩌면 오직 특정한 양의 피만 작용을 하고, 어쩌면 피가 오직 특정한 점성술상으로 확정된 시간에만 작용하고, 어쩌면 오직 이 유리만 그 어떤 유리이지 저 유리는 아니고, 어쩌면 자기 확신이 성공을 위해 어떤 역할을 했고, 어쩌면 양의 피를 다루는 사람의 마음의 순수함이… 어쩌면, 어쩌면, 어쩌면.

그리고 그렇게 해서 사람들은 항상 시험은 올바른 장소에서 올바른 시간에 올바른 재료를 가지고 제대로 실험하는 올바른 사람에 의해서 수행되지 않았다고 말할 수 있었다.

이는 좀 더 일반적으로, 반복은 결국 단조롭게 될 위험이 있다는 식으로 표현할 수 있다. 오늘날의 우리 과학의 생명력은, 그것이 계산 가능하고 조종 가능한 조건하에서 고립 가능한 사건에 관한 예측을 한다는 것으로부터 솟아난다고 말할 수 있다. 물론 이때 계산 가능하지 않은 조건들이 중요하지 않은 것으로서 배제되는 것은 아니다. 본격적 과학, 화학도 포함하는 이 과학의 기초는 그것의 시간과 공간에 얽매이지 않는 재현 가능성이다. 그러나 이로써 생명의 커다란 영역이 과학으로부터 제외된다 ─ 카오스 연구와 소립자 물리학 같은 분야들이 고전적 과학의 가장자리에서 복잡성의 신천지를 향해 돌진하려고 시도한다 해도. 반면 연금술은 자연과 생명의 복잡성을 바로 그 복잡성 안에 그대로 놓아둔다. 그렇기 때문에 그것은 자연과 자연의 외형과 대면할 때 어떤 제한, 어떤 한정, 어떤 현혹도 경험하지 않고, 안전이란 것도 갖지 못한다.

그런데 양의 피 이야기 같은 그런 주장들을 사람들이 반박할 수 없었다면, 현자의 돌이 의학적 효능을 가질 수 있었다는 것을 어떻게 반박하려 했겠는가? 현자의 돌에 초능력적 치유의 힘이 있는 것으로 보려는 생각은 이미 자주 강조했듯이 그럴듯한 것이었다. 사실 그 자체보다 더 놀라운 것은 궁극의 결과를 낳는 엘릭시에르에 관한 사고가 아랍 연금술에서 처음으로 나타났다는 것이고, 라틴 서양에서는 로저 베이컨에 와서야 연금술 의약제의 생명연장 작용이 이야기된다는 것이다. 그는 자신의 《오푸스 마이우스》(Opus maius)에서 이렇게 말한다.

"천한 금속들의 모든 불순함과 부패를 빼앗아 가는 의약제는 현자의 견해에 따르면 인간 육체의 부패를 널리 제거할 수 있기 때문에, 생명을 수백 년보다 훨씬 더 연장할 수 있을 것이다."(Ganz. 181)

베이컨에 있어서 이 생각은 아직 희미하고, 아주 조심스럽게 표출되고 있다. 14세기의 연금술사 아르날두스는 이 점에서 훨씬 더 구체적으로, 돌은 모든 병을 치유하고, 가슴으로부터 독을 제거하고, 기관지를 촉촉하게 해 주고, 허파에 포함된 것을 녹이며, 종양을 제거한다고 말한다. 정의되어 있지 않은 병이 한 달 동안 지속될 경우 돌은 이 병을 하루 만에 치유하고, 1년간 지속된 병은 12일 안에 치유하며, 더 길게 지속된 병은 한 달 안에 치유한다. 그것은 노인을 다시 소년으로 만든다. 돌은 그러므로 생명 그 자체이다. 라틴 룰루스도 아주 작은 조각의 돌이 포도를 봄에 벌써 익게 만든다고 말하지 않았던가?

생명의 원리로서의 돌은 14세기부터 기적의 약 그 자체가 된다. 그것을 가지고 다니는 사람과 대항할 수 있는 자는 아무도 없다. 투사에 의해서 제조된 금으로 만들어진 장비는 상처를 입지 않게 해 줄 뿐만 아니라, 1드라크메(Drachme), 즉 5그램의 돌이 말 위에 놓이면 주위에

넓게 펴져 있는 모든 말들을 히힝거리며 울게 만든다. 재판이 말을 통해서 진행되는 동안 그것은 재판 상대자를 침묵하게 만든다 — 이때 바실리스크처럼 너무 무례하게 나대지 않는데도. 살로몬 트리스모신(Salomon Trismosin)에 따르면 돌은 유리를 부드럽게 할 뿐만 아니라, 그것의 도움을 받는 사람은 어떤 사람이 어디에 숨어 있든 상관없이 그를 찾아낼 수 있고, 또 동물의 언어를 이해할 수도 있다. 이는 샤먼을 상기시키고, 동화의 영웅들, 까마귀를 지닌 오딘(Odin)처럼 어떤 은총 — 동화에서 대부분 전제되어 있는 — 이나 입문을 통해서 새의 언어를 해석할 수 있게 된 영웅들을 상기시킨다.

《성 삼위일체의 서》(Buch der Heiligen Dreifaltigkeit)에서 돌은 손에 들고 있으면 보이지 않게 만들어 주는데, 이는 돌을 분명하게 석류석과 가까운 것으로 보이게 만든다. 얇은 천에 싸인 돌이 육체 위에 놓여 따뜻해질 정도로 육체에 단단하게 부착되면, 그것은 인간을 그가 가고 싶은 곳으로 공중 높이 데리고 간다. 그러나 내려가고 싶으면, 그는 돌을 육체로부터 떨어뜨리기만 하면 된다. 이는 물론 거의 열기구 발명 같은 울림을 줄 뿐만 아니라, 샤머니즘적 공중부양 체험이나 마녀 짓처럼 들리기도 한다.

돌은 최고의 영성(靈性)이자 동시에 최고의 물질성이다. 둘 사이의 차이는 열린 채로 유지되고, 동시에 닫힌 채로 유지된다. 그리고 이 차이는 우리에게 그것을 느끼게 만드는 현상들을 불명확하게 — 아무렇게나 해석 가능한 것은 아니지만 —, 그리고 동등하게 — 등가의 것으로 해석될 수는 없지만 — 만든다. 우리는 물질적 외부세계를 지닌 인간 영(靈)의 어떤 신비적 연합의 영역 속에 있는데, 이 신비적 연합은 역사적으로 볼 때 의학적 신비주의에서는 종종 인간이 소우주로서만이 아니라 우주의 제5원소로도 묘사되고 있다는 것에 의해서 뒷받침된다. 나에게는 연금술적 사고의 광휘(光輝)와 곤궁의 원인은 이 최고의 영성과 동시에 최고의 물질성을 포획하려고 하는 데 있는 것처럼 보인다. 그러나 사람들이 '포획하는' 그런 것들, 그런 '사실들'은 괴물 같은 것일 수밖에 없다. 그러니까 날개 달린 용들, 늪지 인간들, 헤르마프로디토스들, 그러니까 또 공중부양과 말들의 이상한 히힝거림이 나오는 것이다.

돌을 둘러싼 모든 환상에도 불구하고, 그것은 전혀 말로 표현할 수 없는 것이 아니다. 그것은 항상 어떤 물질적인 것이기 때문이다. 그러나 그것은 동시에 정의될 수 없는 것에 대한 암시, 한계를 지을 수 없는 것에 대한 가리킴이다. 근본적으로 사람들은 그 가리킴에 관해서만 이야기할 수 있다. 이때 돌은 연금술이 그 역사가 진행되는 동안 역사적 시작으로부터 멀어질수록 인간 속 깊은 곳 아래에 있는 태고의 소망을 자기에게로 더 끌어당겼다. 그런데 그 소망은 조금도 지적인 것이 아니고, 논리 이전의 것으로 유아적인 것이라고도 할 수 있는 것이다. 그것은 또 논리적으로 하나의 층위 속으로 집어넣을 수 없는 것, 모순을 아주 잘 견딜 수 있는 것이다. 역사의 심연으로부터 나오는 민속동화도 마찬가지로 우리에게 그 점을 가르쳐 준다. 그것들도 불가능한 것을 자명한 것으로 만드는 것이다.

그리고 그러한 체험들의 심리학적 함의들을 마찬가지로 잊어서는 안 되는데, 돌의 가장 유아적인 현현(顯現) 밑에는 인간의 원초현상,

인간을 인간으로 만드는 것, 즉 한계와 죽음을 둘러싼 앎, 그리고 구원에의 희구도 숨어 있었던 것이다. 철학자의 돌의 심리학적 배경에 대해서는 나중에 더 살펴볼 텐데, 그러나 여기서 할 일은 직접 표명된 적은 한 번도 없지만 항상 어둠 속에 갇혀 있었던 연금술의 중심 개념을 빛 가운데로 드러내는 것이다.

하지만 어째서 연금술 대가들은 그들이 생각했던 것에 대해서, 그들이 적당한 말을 찾아내야 하는 당혹스러운 상황에 처하지 않았던 경우에도 이야기하지 않았는가? 어째서 '구원'이란 말은 대부분 암흑 속에 머물러 있었는가?

구원이 종교의 중심에 놓여 있는, 가령 기독교나 이슬람교와 같은 종교를 지닌 문화가 존재하는 한편, 그와 다른, 종교에서 구원이 어떠한 역할도 하지 못한다고 주장하는 문화가 존재한다. 두 개의 고전적 구원증교들의 영역에서는 연금술사들의 침묵은 물론 이해할 만한 것이다. 왜냐하면 두 종교는 각각 그 가르침에 대한 순종 안에서 하나의 구원의 길을 보여 주고 있고, 이 길을 놓고 연금술사들이 위험한 경쟁에 돌입했기 때문이다. 그러나 이와 상관없이 연금술 대가 중에서 구원에 관해서 철학적 사색을 해야 한다고 느끼는 사람은 거의 없었던 것처럼 보인다 — 이는 사실 그런 문제들을 지니지 않은 문화권역에 해당하는 것이다. 그 이유는, 문제는 명백히 **언제나** 개별적 강제가 아니라 일반적, 기본적 강제로부터의 해방, 즉 항상 구원이었기 때문이다. 우리가 숨을 쉬고 있다면 우리 중에서 누가 숨 쉬는 것에 관해서 철학하겠는가?

그런데 가장 넓은 의미에서 구원은 무엇을 의미하는가? 그것은 실존적 강제로부터의 해방을 의미한다. 그리고 그것은 우리의 육체성 자체의 조건들로부터의 해방, 공간과 시간 속에 포로됨으로부터의 해방일 수 있다. 좁게 파악하면 구원은 질병과 죽음으로부터의 해방일 수 있다. 아니 그것은 단지 우리를 계속해서 지구로 끌어당기고 또 올림픽 승리자도 결국에는 힘들게 만드는 육신의 무게, 그것만으로부터의 해방을 의미할 수도 있다. 구원은 우리의 개별화, 우리의 성(性) 정체성, 더 정확하게는 우리를 슬픔과 기쁨 속에서 하나의 부족한 존재로 만드는 반쪽 성 정체성으로부터의 해방일 수 있다.

구원은 또 우리가 소속된 사회가 가난으로부터 벗어날 수 있는 가능성을 제공하지 않는다면, 또한 가난으로부터의 해방일 수 있다. 그리고 또 구원을 추구하는 가운데 빠지는 중독으로부터의 해방도 구원일 수 있다 — 편견으로 도망쳐 버리고 싶은 갈망으로부터의 해방이 마찬가지로 구원일 수 있듯이.

최종적으로 — 그렇지만 목록은 무한한데 — 우리에게 우리 존재의 다가올 몇 분간에 관해서도 안전을 제공하지 못하는 우리의 타고난 무지로부터의 해방, 그리고 일반적으로 세계 속의 우리 존재에 관한 불안으로부터의 해방도 구원일 수 있다. 핵심은 덜 완성된 것 — '덜 완성되었다'는 것이 본래 무엇인지 우리가 항상 알지 못하지만 — 으로부터의 해방, 완전한 조건 없는 해방이다.

그래서 각 사람은 그의 각각 다른 악마로부터의 해방을 필요로 한다 — 그가 아스트리드 린드그렌(Astrid Lindgren)의 어린이 책에 나오는, 최고 전성기의 멋지고 영리하고 체격 좋은 남자인 '지붕 위의 카를손'이 아니라면 말이다. 그렇지만 누가 '지붕 위의 카를손'인가?

21. … 그리고 그의 기초

그렇지만 사람이 지붕 위에서 산다고 해도, 그리고 그것이 아주 높다고 해도, 사람은 항상 그 아래 있는 지구에 묶여 있다.

그리고 그래서 우리에게 남아 있는 일은 돌의 기초, 어떤 면에서는 이미 돌 자체인 것에 관해서 이야기하는 것이다. 그것은 바로 제일질료이다.

그러나 그것은 아주 다른 것이 아닐까? 그것은 검은색이고 돌은 붉은색이 아닌가? 그것은 위대한 작업의 시작이고 돌은 끝이 아닌가? 그것은 작용을 받아들이는 것이고, 반면에 돌은 작용하는 것이 아닌가?

물론 우리는 '그렇다'고 말할 수밖에 없다. 그러나 동시에 우리는 우리의 '그렇다'에 대해 조심스러워야 할 것이다. 우리는 모든 것을 가로질러 가는 양극성의 영역에서 움직이고 있고, 그럼으로써 변환, 합일, 일치를 포함한 대립(*opposita*)의 연금술 영역에서 움직인다. 그런데 도대체 제일질료란 무엇인가? 그리고 그것은 어디에 있는가? 질료, 그것이 있는 곳 어디에나 제일질료는 있다. 왜냐하면 그것은 아리스토텔레스적 의미에서 어떻든 감각적으로 인지 가능한 모든 속성, 모든 물질적 속성의 담지자, 즉 물질 '밑에 놓여 있는 것'이기 때문이다.

제일질료의 어디에나 있음, 즉 편재함은 그러나 동시에 어디에도 없음이다. 원래 속성 없는 것은 또한 어디에서도 확인할 수 없는 것이다. 이는 정확하게 돌의 어중간한 위치에도 해당한다. 가치 없고, 어디에나 있지만, 한 번도 흔들리지 않고 변하지 않고 동시에 인식되지 않은 최고의 존재하는 가치일 수 있는 것이다. ─ "사람들은 버렸으나 하나님께는 택하심을 입은 보배로운 산 돌이신 그[그리스도]에게로 나아와"의 돌과 같이.(〈베드로전서〉, 2장 4절)

 그렇지만 다시 세속으로 돌아가자. 아리스토텔레스에 대항하는 죄, 즉 제일질료를 순수하게 만들어 낼 수 있다고 주장하는 것이 동시에 연금술사들의 비밀이다. 한편으로 그들은 제일질료를 가지고 있지 않고, 다른 한편으로는 가지고 있다. 한편으로 이 질료는 검고, 속성이 없고, 죽었으며, 다른 한편으로 그것은 잠재적으로 모든 색채와 모든 속성을 포함하고 있다. 그렇기 때문에 바로 이 질료로부터, 모든 것이 되고 모든 것을 할 수 있는 현자의 돌을 만들 수 있는 것이다. 그것은 태초의 혼돈과 같은데, 혼돈으로부터 모든 것이 생겨날 수 있다. 그렇다면 하나 속의 모든 것(*Hen to pan*), 이것이 일원적 제일질료일 것이다. 그리고 그것이 또 일원적 철학자의 돌일 것이다.

 플라멜이 이야기하듯이 '첫 질료', '첫 작용자(*Agens*)'는 그러므로 어떤 면에서는 이미 '현자의 돌'이다. 플라멜과 마찬가지로 많은 연금술사들이 보기에 본래 노력을 쏟아야 할 곳은 첫 작용자를 발견하는 것이다. 나머지는 이와 비교하면 어린애 장난이다.

 그렇지만 제일질료는 무엇을 상징하는가? 그리고 무엇을 통해서 그것이 상징되는가?

 그것은 철학자의 돌과 똑같이 하나 속에 모든 것이 있기 때문에, 돌을 상징하고, 이 세계에 존재하는 것 모두를 상징하며 또한 그 자신도 모든 것에 의해서 상징된다. 어떤 것에 의해서는 아마 좀 더 분명하게, 다른 것에 의해서는 덜 분명하게 되기는 하겠지만 원칙적으로는 모든 것에 의해서 상징되는 것이다. 이는 또한 왜 연금술의 원질에 대해 헤아릴 수 없이 많은 이름이 존재하는가를 확실히 설명해 준다.

계몽주의 시대의 인물로서 사물을 공정하게 기술하려고 시도하는 앙투안 페르네티(Antoine Pernety)는 그것을 다음과 같이 표현한다.

"자기 질료와 자기 제법을 항상 비밀로 하려는 철학자들은 모든 상태의 질료 자체를 '그들의 질료'라고 아무 구분 없이 표기한다. 그들은 이 목적을 위해서 질료에게 많은 특별한 이름 — 그것에게 단지 일반적 측면에서만 적합한 — 을 부여한다. 그렇기 때문에 지금까지 어떤 혼합물도 [이 단순한 물질처럼] 많은 이름을 갖지 못했다. 그것은 하나이자 모든 것이고, 그것은 모든 것과 유사하다. 왜냐하면 그것은 모든 형상[즉, 속성]을 수용할 수 있기 때문이다. 그러나 그것은 자연의 세 왕국의 개체들이 속한 어떤 종에 배치되지 않은 한 그것일 뿐이다."[23](Eco. 111)

그러므로 제일질료는 모든 것이지만, 구체적인 점에서는 아무것도 아니다. 사람들은 그것에다 마음대로 이름 붙이고 상징화할 수 있다 — 하나의 시작, 시원(始原) 상태, 그러니까 어떤 죽음이나 부패 또는 암흑을 상기시키는 것들을. 그러나 씨앗과 잉태는 어떤 과정의 시작, 어떤 길의 시작이다 — 죽음과 부패가 그것의 종말인 것과 같이. 그것은 자기 자신에게로 오는 길, 이미 발견했다는 예감을 가지고 찾는 것이다. 그리고 동시에 그것은 이미 거기 있음(Da-sein), 도착했음이다. 이 '동시에' 속에는 그 밖에도 종교적 의례의 비밀도 들어 있다.

유사하게 혼란스럽게 하는 것은, 적어도 표기의 측면에서는 연금술

---

[23] 여기서 그것은 하나이면서 모든 것을 말할 것이다.

과정의 두 번째 산물, 레우코시스(*Leukosis*)의 물질적 결과인 '연금술사 은'이다. 페르네티는 그것은 그렇지만 메르쿠리우스(Mercurius)로도 부를 수 있을 것이라고 우리에게 확언한다. 그러나 이 '우리의 수은'은 똑같이 제일질료를 대변할 수 있는 것이다. 페르네티에 따르면 수은 하나에만 최소 50개의 이름이 있고, '하얀 것' 또는 '그 하얀 것'에 대해서는 또 한 부대가 더 있다.

우리는 제일질료 또는 마그눔 마기스테리움(*Magnum magisterium*, 위대한 걸작) 전체와 연관된 논증 직조물 전체를 이제 철학자의 돌에게 전이할 수 있다. 놀라운 것은 페르네티가 돌에 대해서 수십 개의 이름을 나열하는데, 이 모든 것 — 또는 거의 모든 것? — 이 어떤 무엇을 의미하고 어떤 무엇을 상징한다는 것이다. 기이하게도 그 이름들 중에는 연금술 대가들이 돌의 전 단계와 관련해서 사용한 상당수의 이름도 있다.

한 가지만은 분명하다. 돌과 제일질료는 어디에나 있고 어디에도 없으며, 편재한다 — 사람들이 들어가서 헤매는 미로의 중심과 출구가 어디에나 있고 어디에도 없는 것과 마찬가지로.

22. 연금술사의 성격묘사

세계의 미로로 자기 자신을 집어넣는 자들, 이 미로 속에서 돌은 사막의 모래와도 같은 것이었는데 그럼에도 불구하고 거기에서 오아시스를 찾아다녔던 그들은 그러면 어떤 사람들이었을까?

먼저 두 가지 유형의, 분명한 구분 없이 연결되는 연금술사들, 즉 원형화학적 연금술사들과 헤르메스주의적 연금술사들이 존재한다는 것은 잊어버리고, 라틴 게베르에게 이렇게 물어보자. 그가 도대체 실험실의 화덕과 독서대 앞에 서 있는 연금술사에게 무엇을 요구하는지를(42) ― 간단히 말하면 그것은 건강한 육체 속의 건강한 정신(Mens sana in corpore sano)이다. 연금술사는 건강한 신체를 가져야 하고, 장님이거나 불구여서는 안 되며, 병들어서도 안 된다. 그는 열이 나고 있어서는 안 되고 나병에 걸려 있어도 안 된다. 그리고 물론 노쇠하고 죽음에 가까이 가 있어서도 안 된다.

강건한 신체조건에 대한 지적은 실험하는 연금술사가 뜨거운 화로 옆의 흔히 독성 기체와 증기로 가득 차 있던 공기 속에서 시간을 보냈다는 것을 생각하면 충분한 의미가 있다. 가령 수은 증기의 위험성은 잘 알려져 있었는데, 그러나 이에 관한 지식이 이를테면 성능이 훌륭한 후드를 낳은 것은 아니었다. 수은 중독은 초조한 불안감, 떨림, 예민함, 건망증, 그리고 불면을 가져올 수 있었다. 분명히 다른 종류의 중독도 나타났다. 그중에는 환영(幻影)에 시달리는 결과를 가져온 것도 있었다. 그러나 인공적 낙원의 데미우르고스(Demiurg, 창조자)일 뿐이었던 마약이 의식적으로 복용되었다는 것은 전혀 알려진 바 없다.

건강한 혼을 지닌 연금술사는 그런 것이 필요 없는 것이다. 그러나 혼에는 아래와 같은 다른 것이 요구된다.

"자연적 날카로움과 세분화된 혼을 가지고 있지 않은 … 자가 자연의 원리들과 기초들 그리고 기술 — 그가 이것을 이용해서 자연의 작동 중에 나타나는 속성을 통해서 자연을 추적할 수 있는 — 을 탐구한다면, 그는 어떤 날카로운 추상력도 없고 머리가 딱딱하고 정상적 담론을 거의 이해하지 못하는 많은 자들과 마찬가지로 이 대단히 귀중한 과학(Scientia)의 진정한 뿌리를 발견하지 못한다. … 이들 중에서 우리는 단순한 혼을 지닌, 그리고 단지 온갖 환상적 상상에 빠져버린 자들을 발견한다. 그러나 그들이 스스로 발견했다고 믿었던 것은 모두 환상이고, 이성에 부합되지 않으며, 오류로 가득하고 자연의 원리로부터 멀리 떨어져 있다. 왜냐하면 연기로 가득 찬 그들의 머리는 자연의 사물의 진정한 의도를 경험할 수 없기 때문이다. 그리고 더 나아가서 움직이는 혼을 지닌 자들, 이 의견에서 다른 의견으로 튀어가고 이 소망으로부터 저 소망으로 튀는 자들도 많이 존재한다. 이들은 예를 들어서 이성 속의 어떤 기초도 없이 하나의 사항만을 믿고 그것을 가지려고 하면서도, 그러나 조금 후에는 조금 다른 것을 믿고 그것을 가지려는 자들이다. 이 남성들은 운동성이 아주 강해서 그들이 의도하는 아주 작은 일들을 거의 수행할 수 없고 대신에 그것을 완성되지 않은 채로 둔다."(Newm. 257f., 636f.)

그러나 연금술사 금의 최초 탐구자에게는 어떤 성향이 특히 위험한데, 이것은 인색으로 기우는 것이다.

"그리고 돈의 노예(Servi pecuniae)인 다른 자들도 존재하는데, 그들은 이 기적에 찬 과학을 희구하고 그것을 인정하면서도 필수적 경비를 지출하는 것은 꺼려 한다."(Newm. 258, 637)

그의 정신 상태와 관련해서 중요한 것은 "연금술사가 좋은 기분을 갖고 화에 의해서 별로 휘둘리지 않는 것인데, 이는 분노의 폭발로 인해 그가 자신이 방금 시작한 작업을 손상하거나 파괴하지 않도록 하기 위함이다."(Newm. 264, 639)

게베르가 여기서 이상형으로 소개하는 것은 우리의 미쳤거나 낭만적인 수도사, 또는 낭만적이면서 미친 수도사일까? 아니다, 그것은 오히려 근대 자연과학의 프랜시스 크릭이거나 제임스 왓슨이거나 또는 그들과 유사한 영웅이다. 그런 만큼 이후 '경험'과 '실험'이라는 키워드를 가지고 이중나선(二重螺旋)의 발견자와 돌의 발견자의 차이를 가져오는 것이 무엇인지 좀 더 상세하게 묻는 것이 더 중요해진다.

전형적 연금술사와 전형적 자연과학자 사이의 주요한 차이점 중 하나를 우리는 여기서 벌써 확정할 수 있다. 그것은 신에의 부름이다. 게베르는 "우리의 기술은 신의 권능에 의해서 주어진 것이다"라고 말한다. "그리고 그, 가장 영광에 넘치고 가장 고귀한 그는 모든 정의와 인자함으로 가득 차 있다. 그는 그가 원하는 자에게는 언제나 그것을 주기도 하고 빼앗기도 한다"고도 말한다.(Newm. 266, 640)

그러므로 사람들은 겸손해야 한다. 그러나 겸손이란 은총의 느낌, 은총받음의 감정과 결합되어 있는 것이다. 자기가 하는 일에 열광하는 자 — 그러면 그 혼자서만 그 일을 할 수 있다는 주장이 나오는데 — 는 그 자신의 광휘 속에서 반사되어 나타난다. 그리고 그렇기 때문에 연금술 대가의 부드러운 오만은 지난 시기에도 상당히 많은 일반인에게 꽤나 견디기 어려운 것이 되었다. 연금술사가 했던 놀이는 혼의 평형을 위해서는 위험한 것이었다. 그리고 이는 그 놀이를 함께하려 하지 않았거나 함께할 수 없었거나, 또는 비록 물주로서일지언정 한 번이라도 참여해서, 속아 넘어가 버렸던 자의 눈에만 그런 것이 아니었다.

진짜 위험하게 본 자들은 신의 예술과 은총과 희망과 모든 절반의 성공의 '거의 다'가 분해될 수 없이 하나로 결합되었을 때 어떤 일 — 예를 들어서 제프리 초서(Geoffrey Chaucer)의 《캔터베리 이야기》의 우습기도 하고 동시에 비극적이기도 한 성당 참사회원에게 일어난 것과 같은 — 이 일어날 수 있는지를 예견했던 사람들이다. 이 성당 참사회원은 마지막 비밀을 가지고 있으면서 옛 현자들의 책 속에서 읽었던 그 많은 것들을 예감했다. 비밀은 그에게 그런 암시를 해 주는 것이다. 거기에는 단지 드러나기만 하면 되는 내적 관계들이 존재하고, 모든 것이 동일한 것을 가리키는 실험실 속의 특정한 효과도 존재한다. 거기에는 알렘비크 속의 퀸타 에센티아(Quinta essentia, 제5원소)의 솟아오름이 있고, 색채의 변화가 있고, 결국 성공에 이른 수은의 고정이 있는데, 이 모든 것은 성당 참사회원에게 자기가 옳은 길을 가고 있고, 그가 구함을 통해서 구원받게 된다는 것을 암시한다.

그러나 모든 것은 그가 자신의 모든 노고에 대해서 나중에 인정을, 정말 초인간적인 멋진 인정을 받게 되리라는 것을 암시한다. 그런데 그가 그것을 지금까지 이룩하지 못했다면, 이는 비록 감추어져 있기는 하지만 이미 지금도 나타나고 있는 은총의 부족 때문이 아니라, 날

짜와 시간을 제대로 맞추지 못했기 때문이고, 마지막의 결정적 순간에 플라스크가 깨졌기 때문이다 … 그 밖에도 그는 이미 금이, 붉은 것이 비쳐 나오는 것을 보았다, **그는 그것을 본 것이다**….

이 희망의 변덕스러운 춤 속에서 상당수는 자기 삶을, 그리고 자기 제자의 삶까지도, 파멸에 빠뜨릴 수 있었다. 왜냐하면 연금술사의 이미지에는 제자를 하나 두는 것도 들어 있기 때문이다 ─ 실제로는 물론 항상 그랬던 것은 아니다. 제자를 부르는 말은 최종적으로 스승이 택하는 것이고, 연금술에 관한 소논문들은 교재용으로 쓰인 것이다. 그러나 이 교재들은 사안의 성격상 모든 것을 말할 수 없었다. 오직 '사랑스러운 아들'만이 이해할 것이다. 그러나 이해하지 못하는 자들에 대해서는 경고를 해야만 한다.

그런데 이해 못 하는 이들은 자신이 연금술사라고 주장하는 글쟁이만이 아니다. 기본적으로 모든 사람이 그런 자들이다. 호라티우스는 이미 "나는 못된 인민을 증오하고 인민을 내 몸 가까이 오지 못하게 한다"(*Odi profanum vulgus et arceo*)라고 말했는데, 소피스트뿐만 아니라 다른 자들에 대한 경고는 중세 연금술 저작들의 표준 의무이다. 이유는 우리에게 잘 알려져 있다. 그중에서 가장 중요하고 정말 의례와도 같은 것은, 비밀이란 드러나면 저절로 파괴된다는 것이다.

"첫 번째 규칙은 이 기술에 종사하는 자가 말 없고 폐쇄적이어야 하며, 그의 비밀을 어느 누구에게도 공개해서는 안 된다는 것이다. 그는 많은 자들이 비밀을 알고 있으면 그것이 결코 지켜지지 못하며, 비밀이 여기저기에서 발설되면 오류가 달라붙어서 반복된다는 것을 아주 잘 알고 있다. 이렇게 해서 비밀은 상실되고, 작업은 미완으로 남

는다."(Hein. 12)

그러므로 비밀은 그것을 한때 보유했던 자에 대해서도 파괴되고 만다. 중세 후기에는 또 한 가지가 첨가되는데, 이 경향은 근대에 와서 점점 더 심해진다. 연금술사들이 고객들에게 고용되고, 제후들의 궁정 연금술사가 생겨난 것이다. 그런데 이 경우에는 스스로 고안해 낸 특허 보호가 적절한 대처방식이었다.

그 밖에 일을 맡긴 자들 쪽에서의 이러한 발전도 우리 관심을 끌 만한 것이다. 왜 그들, 배우지 않으려 했고, 연금술사의 수고스러운 길을 자기 스스로 가지 않으려 했던 그들이 인공 금을 가지고 ― 그리고 그들의 진짜 금을 가지고 ― 하는 놀이에 가담했을까? 이는 한편으로는 도시의 부상과 연관되고, 다른 한편으로는 영주들 ― 점점 더 보병 부대에 의해서 지탱된 ― 에 유리한 기사제도의 쇠락과 연관될 수 있을 것이다. 이들에게는 봉토(封土)에 대한 봉신적 충성 같은 것이 아니라 돈으로 맺어진 계약에 대한 신의가 중요했다. 충분한 부를 보유했던 제후들만이 그러한 부대를 가질 수 있었는데, 이는 부대 전체를 그 훈련자들과 함께 어디로부턴가 사들였던 몇몇 부자 도시들의 경우도 마찬가지였다.

예를 들어 15세기에 베네치아에 고용되었던 콘도티에레 바르톨로메오 콜레오니(Condottiere Bartolomeo Colleoni) ― 그의 멋진, 말 타는 그림이 오늘날 캄포 산티 조반니 에 파올로(Campo Santi Giovanni e Paolo)를 장식하고 있는 ― 는 당대의 스포츠 스타, 그리고 그에 합당한 수입을 거두던 스타였다. 기사가 보병이 되고 보병이 용병이 된 이래, 전쟁의 승리는 나폴레옹이 말했다고 하듯이 세 가지 요소, 즉

돈, 돈, 돈에 의해서 결정되었다. 간단히 말해서 귀금속 수요가 증가하고 또 증가했던 것이다.

그러나 서양에서 왜 귀금속 수요가 중세 말 무렵이 되어서 증가했고 그것이 1390년부터 1415년 사이에 엄청난 유동성 위기를 유발했는가에 대한 또 다른 원인들이 있었다. 그중 하나는 오리엔트 무역이었는데, 이것은 본질적으로 물물교환 무역이 아니라 현찰을 지불하는 무역으로 진행되었다. 거대 무역상들이 아랍 국가들로부터 들여온 향신료, 비단, 진주를 사려면 금과 은이 필요했다. 그러나 15세기 초에는 결국 곳곳에서 납 주화로 지불해야만 했을 정도로 위기가 커졌다. 그렇다면 인도로의 바닷길을 찾는 것 — 그것도 잘못된 방향으로 — 은 금을 찾는 것, 먼 광산이 아니라 연금술사의 레토르트에서 나오는 금을 찾는 것과 크게 다른 것이었을까? 이 모험은 저 모험과 마찬가지로 위험했다 — 양측 모두에게. 물론 돈을 지출했던 왕은 그것을 사용했던 제독이나 연금술사의 경우보다 덜 위험했다.

가짜-알베르투스는 그의 독자들에게 이렇게 간언한다.

"무엇보다도 유의해야 할 점은 자기의 [연금술] 작업의 어느 하나를 제후들이나 권력자들과 함께 착수하는 것인데, 그 이유는 두 가지 불행을 불러오기 때문에 그렇다. 그 하나는 당신이 매여 있게 되면 그들이 당신에게 때때로 '마이스터, 어떻게 되어 갑니까? 우리는 언제 좋은 결과를 보게 됩니까?'라고 물을 것인데, 그들은 스스로 작업이 끝나기를 기다릴 수 있는 처지가 아니기 때문에, '그것은 아무것도 아닙니다, 그것은 사기 같은 것입니다'라고 말할 터인데, 그러면 당신은 오래도록 사람들의 진노에 시달리게 될 것이다. 그리고 당신이 좋은 결말에 이르지 못한다면, 그로 인해 당신은 영원한 진노를 겪을 것이다. 그렇지만 당신이 좋은 결말에 이른다면, 그들은 당신을 영원히 곁에 두고 떠나는 걸 허락하지 않으려 할 것이며, 그래서 당신은 당신 자신의 말에 의해서 얽매이고, 당신 자신의 행위에 의해서 붙잡힌다." (Goltz 62 f.; Heines 13f.)[43]

연금술사들 — 진짜 연금술사들 — 이 인류의 사교적 부류에 속하지 않았다는 것은 놀랄 일이 아니다. 대부분의 진지한 연금술사들은 괴짜였고, 심사숙고했고, 자기 자신과 많은 씨름을 했는데, 분명히 당시에도 훈련된 눈을 지닌 사람들은 이를 통해 그들을 약삭빠른 사기꾼이나 금 제조자로부터 구별할 수 있었다. 오늘날에도 "머플로(Muffelofen)를 사용하는 자는 불평꾼(Muffel)이다"라는 속담이 있다. 연금술사들은 신학자들과도, 정치가들과도 잘 어울리지 못했다. 그리고 그들은 우리가 아는 한은 결코 고대 후기의 입문-종파들 스타일로 공개적 결사체를 설립하지도 않았다.

간단히 말하면 그들의 생각이 잠재적으로 아무리 폭발성이 강했다고 해도, 그들은 신학적으로나 정치적으로 위험하지 않았다. 연금술사들은 그냥 주변 현상이었다. 그 이유는, 그들이 자신들이 추구하던 것을 외부의 도움 없이 도달하려 했고, 그것을 어떤 집단을 위해서가 아니라 '고작해야 사랑하는 아들'을 위해서 도달하려고 했기 때문이다. 프라하에 있는 유명한 황금 골목 또는 즐라타 울리츠카(Zlatá ulicka)는 유쾌한 패거리가 형성되었음을 반증하는 것이 아니다 — 비록 거기에서도 시종들과 격이 낮은 궁정 사람들과 함께 몇몇 연금술사들이 살기는 했지만. 루돌프(Rudolf) 2세 황제가 끌어당기는 힘은 그들을 흐라차니(Hradčany) 근처의 이곳에 닿게 만들었는데, 이때 그들은 더 높은 궁정의 일원으로 올라가는 데 성공하리라는 희망을 품고 있었다.

미하엘 마이어(Miachel Maier) 같은 자도 그랬는데, 그것 때문만은 아니지만 우리는 이제 그를 또 살펴보게 될 것이다. 페스(Fes)의 중앙 모스크에서 열린 '투르바'(*Turba*) 스타일의 회의도 연금술사들이 동업조합(*Zunft*) 같은 방식으로 영원한 패거리를 만들었다는 것에 대한 증거가 아니다. 연금술은 '자유로운 직업'이었고, 어떤 동업조합 정관에도 묶여 있지 않았으며, 그 때문에 어떤 '품질 관리'에도 묶여 있지 않았다. 물론 이는 많은 협잡꾼에 의해 이용당했다.

협잡꾼이라는 키워드는 우리에게 진정한 연금술사 외에 항상 연금술 사기꾼 — 그 외에도 흔히 원형 화학자의 특성을 가지고 있던 — 이 있었다는 점을 상기시켜 주어야 한다. 믿음이나 의심에 따라, 희망이나 실강에 따라 연금술 대가와 돌팔이의 변형들은 흔히 동형(*isomorph*)으로, 빈 곳 없는 혼합 결정의 대열 속으로 서로 조합해 들어갈 수 있는 것으로 나타난다. 우리가 사기꾼 — 기껏해야 자기 자신을 사기 치는 — 으로 여길 많은 연금술사들은 진정한 연금술사들과 정확하게 동일한 겸허와 오만의 혼합을 보인다. 그러나 그들에게 그것은 흉내 내기에 이용되었다.

은총받지 못한 자는 연금술 작업에 조금도 끼어들 수 없다고 하는, 주장일 수도 있고 단순히 양측에 의해서 전제된 것일 수 있는 이 앎은 의심 많은 의뢰인을 실험실로부터 멀리 떼어 놓을 수 있었다. 게다가 사기꾼은 그가 맞닥뜨려야 하는 압도적 힘 앞에서 위장된 겸허를 이용하여 시간을 벌고 오류와 실패에 대해 변명할 수 있었다.

오늘날 우리는 물론 심리학적 지식이 없던 시대의 어리석은 제후들이나 고위 성직자들보다 훨씬 영리할 것이다. 우리는 연금술사의 성격유형이 그의 모방자와는 근본적으로 구별된다는 것을 확고하게 깨달을 것이다. 즉, 진정한 연금술 대가는 내향적이지만 반면 그의 모방자는 외향적이다. 다만 흔히 그렇듯이 악마는 여기서도 디테일에 숨어 있다.

23. 성 삼위일체

그러나 또 연금술사들, 정확하게 말하면 연금술의 외투를 뒤집어쓴 남성들, 말하자면 사기꾼은 아니었지만 그럼에도 바로 제후들에게 접근하려고 시도했던 자들 — 가짜-알베르투스가 그토록 분명하게 경고한 — 도 있었다. 연금술의 위대한 작업(*Magnum opus*)이 어떻게 정치적-종교적 선전수단으로 투입될 수 있었는지를 보여 주는 사례는 프란체스코회 수도사인 울마누스(Ulmannus)의 《성 삼위일체의 서》라는 책인데, 이 책은 여러 가지 면에서 우리의 관심을 끌 만하다.

우리는 울마누스에 관해서 많이 알지 못한다. 그러나 우리가 어디에서 언제 그와 마주칠 수 있는지는 안다. 그러므로 제국도시 콘스탄츠로 가서 1414년과 1418년 사이의 시기를 골라 보겠다. 이 시기에는 오늘날에도 아직 존재하는 백화점에서 이후 황제가 된 지기스문트(Sigismund) 왕의 발의에 의해서 소집된 공의회가 열렸다.

사람들은 나중에 가서야 뒷북치는 예언자가 되어 콘스탄츠의 이 공의회가 중세를 구하려는 마지막 시도, 그리고 실패한 시도라는 것을 알아챌 수 있다. 거기서의 핵심 주제는 교회의 행정적 통일성이었고 세 명의 교황이 네 번째 교황을 위해서 폐위되었다. 신앙의 통일성이었고 — 종교개혁가 요하네스 후스(Johannes Hus)는 이 통일성을 위해서 화형장에서 희생당했다 — , 유럽으로 진격하는 튀르키예인들에 대항하는 십자군전쟁이었다. 그러므로 교회와 제국이 중요하고 힘 있는 남자들에게 제공할 수 있는 모든 것을 콘스탄츠로 불러올 충분한 이유가 있었던 것이다.

붉은색, 검정색, 그리고 갈색 수단[24]을 입고 도시의 이미지를 지배했던 많은 성직자들 중에서 우리는 프란체스코파의 갈색 수도복을 입고 분명히 약간 어둡고 우울한 모습을 한 남성을 발견할 것이다. 그런데 그에 대해서 우리는 그가 연금술-신학 내용을 담은 책을 하나 쓰고 있다는 것을 알고 있다. 《성 삼위일체의 서》는 공의회가 열리는 동안 이미 요약본이 지기스문트 왕에게 바쳐졌고, 그 후 1419년에 제국의 가장 힘 있는 제후들 중 하나인 프리드리히 폰 브란덴부르크(Friedrich von Brandenburg) 성주에게 전해졌다.

책의 수취인은 대충 선택된 것이 아니었다. 왜냐하면 울마누스의 주된 관심은 제후들을 신앙을 위한 전쟁에 뛰어들게 하는 것이었기 때문이다. 울마누스가 그의 저작을 독일어로 쓴 이유는 아마 그가 비신학자를 대상으로 삼았기 때문일 것이다.

책의 핵심 관심사는 무엇이었는가? 우선 신앙을 공고하게 만드는 것이었는데, 그러면서 울마누스는 스스로 이단의 가장자리에서 움직였다. 그가 보기에는 마리아와 그리스도의 인간적 측면은 단일성을 형성하고, 이를 통해서 그들은 "아주 찬란한 성 삼위일체"가 된다.(Junk. 140)[25] 그런데 이는 삼위일체로부터 비밀스러운 사위일체가 나온다는 것을 의미할 수도 있다.(44) 울마누스는 아버지 신이 예수와 마리아의 단일성을 가지고 신적 인간형을 만들어 냈는데, 이 인간형만이 인간 대 인간의 관계에서 인간을 어느 정도 죄의 짐으로부터 해방할 수

24　가톨릭 성직자의 평상시 정복.
25　Junk.는 Junker의 약어이다.

있다고 생각했다.(45) 이 해방 행위의 상징은 일곱 개의 행위를 동반하는 연금술 작업으로, "모르티피키렌(Mortificiren)은 죽이는 것이고, 승화는 쫓아내는 것이고, 증류는 물을 받아들이는 것이고, 하소는 태우는 것이고, 용해는 흘려보내는 것이고, 염색은 색을 입히는 것이고, 응결은 누르는 것이다."(Junk. 187)

이때 일곱 개의 행위는 일곱 개의 금속, 일곱 개의 기본 덕, 일곱 개의 행성, 그리고 그리스도의 일곱 개의 기적과 연관 지어지는데,(46) 이를 통해서 연금술과 신학의 긴밀한 결합 — 얽힘이라기보다는 — 이 생겨난다. 일곱 개의 두 시간 뭉치가 각각 하나의 행성 내지 하나의 금속에 배치되고 그다음에 배치의 순환 고리가 새롭게 시작됨으로써 점성술도 들어가게 된다. 그러므로 일주일이 지나는 동안 하루의 모든 시간이 연속적으로 일곱 행성 하나하나와 연결되는 것이다.

또한 돌의 제조 과정도 일곱이라는 틀 속에서 진행된다 — 다소 혼란스러운 텍스트에는 일이 어떻게 진행되어야 하는지가 잘 나와 있지 않지만. 어쨌건 울마누스는 사람들이 오랫동안 16세기에 와서 안드레아스 리바비우스(Andreas Libavius)에 의해서 발견되었다고 믿었던 사염화 주석($SnCl_4$) 같은 몇몇 화학물질을 알고 있었고, 게다가 그는 초석을 명반 및 비트리올과 함께 건조 증류해서 얻었고, 금과 은의 분리를 위한 분리수로 이용되었던 질산도 알고 있었다. 그리고 더 나아가서 황산 철, 황산 구리, 황산 아연 및 주석과 안티몬 같은 다른 물질들도 알고 있었다. 근대적으로 말하자면, 그는 염화물이 은을 침전시키고, 그것이 질산 속에 함유되어 있으면 그 분리작용을 증진시킨다는 것도 알고 있었다.

다른 면에서도 그는 화학 지식을 증명하는데, 그가 스스로 한 번이라도 실험을 했는지는 확실하지 않다. 아무튼 그도 '현자의 돌'에는 도달하지 못했다 — 돌이 선과 악 사이의 싸움, 반대되는 것들의 합일과 함께 그의 책의 세 가지 커다란 주제의 하나이긴 했지만.

어쨌건 울마누스는 돌을 어떻게 만드는가에 대해서 말하지 않는다. 우리는 그의 화학물질들에 대한 언급, 그리고 솔(Sol)과 루나(Luna)와 합일해 주는 매체로서의 메르쿠리우스(Mercurius)가 중요한 역할을 한다는 언급에 만족할 수밖에 없다. 그러나 울마누스는 돌을 정확하게 알고 있었다. 왜냐하면 가련한 프란치스코회 수도사, 종의 종인 그는 겸허를 소리 높여 외치도록 선택된 자들 — 돌을 아는 것이 허용된 — 에 속하기 때문이다. 돌은 신과 동일하다. 그리고 그것은 최종적으로 완성에 도달하기 위해서 죽음을 통과했기 — 모르티피카티오(Mortificatio) — 때문에 예수와도 같다. 돌은 모든 덕을 자기 속에 포괄하고 있기 때문에 모든 것을 변환할 수 있고 모든 것을 구원할 수 있다. 그러므로 그것은 또 엘릭시에르, 파나케아(Panacea), 즉 만병통치약이다.

이때 울마누스는 그전에 이미 다른 사람들이 그랬듯이 흰 돌과 붉은 돌을 구분한다. 둘 다 모든 질병을 치유하지만 붉은 엘릭시에르는 차가움을 쫓아내고, 흰 엘릭시에르는 열을 쫓아내는데, 이는 남성적인 것과 여성적인 것의 전통적 관계들과 연관이 있다. 울마누스의 돌이 지니고 있다고 하는 물리학적 요술로서 여기서 더 보충할 만한 것은, 그것이 그 보유자를 보이지 않게 할 수 있을 뿐만 아니라 그의 현현(顯現)의 시점을 신처럼 스스로 결정할 수 있는 능력을 부여한다는 것이다. 그때 낙원의 뱀이 속닥거리는 것을 듣지만 않는다면!

그러나 또한 돌은 해가 없으면서도 중요한 속성을 가지고 있는데, 이것은 울마누스의 고통받은 혼에게 분명히 긍정적으로 작용했을 것이다. 돌은 계속해서 유쾌한 기분으로 만들어 주기 때문이다.

유쾌한 기분은 순결하지 않은 자와 불신자에 대한 원칙적 증오와는 양립이 거의 불가능한 것인데, 울마누스는 책 서두에서 선과 악은 모든 인간의 가슴에 함께 존재한다고 선언한 후에 무엇보다도 그의 책 마지막 부분에서 이 증오를 폭발시킨다. 은총받은 자에게만 주어지는 연금술의 지혜는 올바른 믿음과 올바른 지혜를 뒷받침하며, 은총받은 자의 가르침을 따르려 하지 않는 — 순결하지 않은 자와 같이 약함 때문에 또는 이단자와 불신자와 같이 '눈멂'으로 인해 — 자에 대항해서는 불과 검을 가지고 싸워야 한다는 것이다.

1472년에 나온 판에서는 나중에 황제가 된 프리드리히(Friedrich) 왕이 이 검을 잡아야 할 자로 나온다. 그러나 이때 울마누스 또는 그의 저작을 편찬한 자는 사람을 잘못 골랐다. 프리드리히 3세는 잘 알려져 있듯이 제국의 느림보로 여겨졌고, 적당히 게으른 탓에 상당수의 불행을 막았던 것이다.

울마누스의 광신(狂信)은 바로 연금술 속에서 표출될 수 있었던 어떤 내적 추구와 조응하는 것이었다. 그에게는 무엇보다도 **합일**이 주된 관심이었는데, 여기서 합일이란 항상 양극적인 것들의 합일을 의미한다. 신비주의자들 — 우리는 울마누스도 그의 행동에 대해 심리학적으로 하나하나 해석하기 전에 우선 여기에 소속시키려 하는데 — 의 영역에서 최고의 목표는 신성과의 경험 가능한 결합이다. 그러나 이 결합의 파트너는 전혀 다른 것일 수는 없다. 그것은 인간적인 것의 다른 쪽 극단이다. 그리고 여기서 마리아의 형상이 어떤 특별한 의미를 얻는다. 그것은 남성적인 것의 파트너로서의 여성적인 것만을 나타내는 것이 아니라, 신적인 것의 파트너로서의 인간적인 것도 나타내는 것이다. 그러므로 그녀는 순결하고 죄가 없어야만 한다. 그러나 그녀는 단지 인간이기 때문에, 그녀 안에서는 신적인 것의 다른 쪽 상대자가 고양될 수 없다. 그러나 그녀의 아들 속에서 바로 이 일이 일어난다. 그리스도의 인간적인 면은 마리아이고, 신적인 면은 성부이다.

그런데 '고양한다'는 것은 서로 약화시킴이나, 자웅동체 덩어리 ― 그 속에서 개별자는 자신의 정체성을 상실하는 ― 로의 동화를 의미하지 않는다. 왜냐하면 그것 속에는 반대되는 것이 없기 때문이다. 이와 반대로 고양은 남성적인 것과 여성적인 것이 일자 속에서(in Einem) 최고로 발현되는 것이다. 그것은 아무것도 빼앗지 않고 단지 주기만 하는 모순적 합일이다. 성적 결합이 그 자체에 약간 모순적인 것을 가지고 있는 것처럼, 그것은 자신을 나-아닌 것에 헌신함으로써 나(Ich)를 자기 자신에게로 가져온다. 반대되는 것은 영원을 향해 자신을 여는 것처럼 보이는 순간에 해체된다 ― 그러한 행위를 하지도 않는 가운데. 이 모순적 결합의 표현은 '현자의 돌'이 헤르마프로디토스의 형상으로 나타나는 것이다.

헤르마프로디토스의 상징은 연금술의 특정한 시기에만 명성을 누렸지만, 그래도 그것은 많은 연금술사들의 어두운 갈망들에 대한 최선의 표현이었던 것처럼 보인다. 이는 특히 상징과 사실이 아직 하나 속에 있는 것으로 여겨졌던 중세의 세계상이 무너져 내렸던 근대 초기에 그랬다. 말하자면 이 상황에서 연금술은 초월적인 것의 '증명 가능성'을 마지막으로 지켜 주는 방벽이 되었고, 이는 질료 속에서 아주 단단하게 이루어졌다. 이러한 종류의 증거들에서 주된 관심사는 사실적인 것을 뛰어넘는 것, 즉 초월하는 것이고, 이는 양극적으로 서로 배제하는 근본감정 상태들이 통합되는 경우에 일어나는데, 그러나 그 각각은 스스로 모든 것을 포괄하기 때문에 서로 변증법적으로 궤멸시킬 수 없다. 물질적인 과정의 상으로서의 헤르마프로디토스는 세계를 관통하는 양극성의 극복이 더 높은 것으로의 합일 ― 양극을 둘러싸는 합일, 헤르마프로디토스가 오직 남성적인 것과 오직 여성적인 것에 더해 제3자적인 것이기 때문에 삼위일체로 볼 수 있는 합일 ― 속에서 일어날 수밖에 없다는 앎의 육화였다.(47)

자연, 그리고 또 인간은 양극성들의 코스모스로서 하나의 단일자(*Einheit*)이다. 중국의 연금술 대가들은 태극(太極)을 말하고, 이집트의 연금술 대가들은 헨 토 판(*Hen to pan*)을 말한다. 물리학자들은 그들의 물리학적 세계이해와 관련해서 상보성에 대해서 이야기한다. 양자역학은 "동일한 물리학적 대상이 두 개의 서로 다르고 겉보기에 서로 배제적인 표현 형태, 즉 입자와 장(또는 파동)을 가지고 있다는 것을 발견했다. 이 두 형태 ― 실험 속의 모든 원자적 대상은 이 형태로 나타나는데 ― 는 수많은 동등한 가능성들로부터 도출된 것이 아니다. 그것은 오히려 하나의 완전한 배타성을 형성한다. 하나의 입자는 그것이 하나의 장소에 있다면 이와 동시에 그것으로부터 떨어진 또 하나의 장소에 존재할 수 없는 물리학적 형체이다. 하나의 장은 공간에 걸쳐서 퍼져 있는 형체이다. 어떤 형체의 입자적 성질은 그것의 작용의 국지화를 증명하는 모든 실험들(예를 들면 안개상자 사진)로부터 나온다. 어떤 형체의 장적 성질은 여러 개의 서로 떨어진 장소들의 공동작용을 증명하는 모든 실험들로부터 나온다(간섭)."(Weizs. 86)[26]

어떤 것 — 동일한 시간에 동일한 장소에 있는 — 은 동시에 다른 것, 완전히 다른 것이다. 이것을 설명하는 두 개의 묘사는 소립자의 본질을 묻는 물음에 대해 두 개의 올바른 답을 제공한다. 그리고 그럼으로써 우리 일상의 실제 뒤편에 있는 실제의 본질을 묻는 물음에 대해서도 그렇게 한다. 이 더 높은 또는 더 깊은 실제도 우리가 그것을 오직 어떻게든 감각을 가지고 파악할 수 있을 때만 이해할 수 있다. 그리고 이 두 개의 묘사 이외에 다른 것은 더 이상 제공되지 않는다.

그런데 여기서 나는 물리학의 언명들이 더 높은 지혜의 중얼거림이라는 식으로 함부로 떠들려는 것은 아니다. 그러나 상보성과 관련해서 나는 근대 물리학자들의 인식세계와 연금술사들의 세계 사이에 많은 유사성이 존재하기 때문에, 조심스럽기는 하지만 그 하나를 다른 하나의 설명으로 이해할 수 있다고 믿는다. 종교들의 문제를 비교할 경우에도 유사한 이야기가 나올 수 있는데, 이는 특히 그리스도의 상재(Sosein)에 대한 물음의 경우에 해당된다. 연금술 영역에서는 헤르마프로디토스가 완전히 분리되어 있고 동일하지 않은 정체성의 모순을 제공한다 — 우리가 헤르마프로디토스를 우리 세계이해 속의 허구적 연금술사의 정신 속에 들어 있는 두 존재자로 이루어진 형체로

---

[26] Weizs.는 Weizsäcker의 약어이다.

보지 않는다고 가정한다면.

서양의 연금술사들에게 자연은 자기동일성 — 동시에 차이이기도 한 — 으로서 나타났다. 이 자기동일성 — 동시에 차이이기도 한 — 은 어느 누구에 의해서나 매일 경험 가능하기 때문에 인간의 두 개의 일상적인 기본 존재 상태라는 거울 속에서 가장 분명하게 나타난다. 우리는 남성 또는 여성이며, 동시에 이 두 기본 존재 상태를 초월하는 어떤 것, 즉 인간이다.(48) 항상 감각적인 것 속에, 물질적인 것 속에 남아 있으려 시도했던 연금술사들은 이를 표현하기 위해서 두 가지 경험을 하나의 이미지 속에 합치지 않으면 안 되었다. 그리고 이는 불가피하게 동일한 장소, 동일한 시간에 동일하지 않은 것이 있는 모순, 즉 진리의 괴물을 낳았다. 그런데 이 괴물은 "밝은 날 비밀스럽게" 관찰의 중심이나 소실점(*Fluchtpunkt*)도 재현하지 않는 — 왜냐하면 관점 하나하나가 모두 **모든 것을 포괄하는** 상징이기 때문에 — 그림조각들로 소박하게 묘사되었는데, 이 조각들은 관점에 따라 아마추어적으로 서로 연결되었다.

헤르마프로디토스란 형상은 완전히 일체포괄적인 여성적인 것이고 완전히 일체포괄적인 남성적인 것이다. 그것은 민주적으로 동등한 절반-절반을 조금 가지고 있는 것도 아니고, 헬레니즘적 헤르마프로디토스의 대리석상의 자웅동체적 달콤함을 조금 가지고 있는 것도 아니다. 그것은 하나 속의 둘, 단일성 속의 모순적 다성(*Vielheit*)이다. 실제로 헤르마프로디토스는 레스 비나(*res bina*), 즉 이중적인 것으로도 표기되었지만 레비스(*rebis*)라는 한 단어로 표기되었다. 헤르마프로디토스는 '동일한 것으로서의 다른 것으로서의 동일한 것'으로서 무한히 많은 해석을 허용하고, 그렇기 때문에 그것은 거의 언제나 그림으로 재현된다. 이 해석들은 영적인 것과 실제적인 것의 영역 사이에서 상당히 연금술적으로 진동한다.

연금술사의 작업실에서 헤르마프로디토스는 황과 수은 내지 진사(辰沙)로 여겨졌다. 진사는 혼합될 때는 검은색이었다가 가열되면 붉게 되기 때문에 종종 헤르마프로디토스로 불렸다. 그리고 동시에 사람들은 그것을 왕과 왕비의 옷을 걸친 해와 달로도 보았고, 또한 신학적 관점에서 그리스도로도 보았다. 헤르마프로디토스는 통상 돌의 완성된 조화의 선구 형태로 해석되기는 했지만, 그 속에서는 현자의 돌과 그리스도가 어느 정도 동등한 구조를 이루고 있고, 그리스도가 소우주를 구원하듯이 돌은 대우주—별들의 그것이 아니라 지구 질료의—를 구원한다. 그리고 신이 대우주를 파괴할 수 있는 것처럼 돌도 그렇게 할 수 있다. 올마누스는 이를 감지했다. 그리고 그가 그림을 가지고 사고했기 때문에 《성 삼위일체의 서》 속에는 헤르마프로디토스의 그림 두 개가 나온다.

첫 번째 그림에는 왕관을 쓰고 야누스 머리를 한 형상, 한쪽은 분명하게 남성이고 다른 쪽은 분명하게 여성인 형상이 나온다. 여성적인 쪽, 즉 여성은 손에 뱀 세 마리가 들어 있는 잔을 들고 있는데, 뱀은 승화를 가리키지만 또 수은도 가리킬 것이다. 수은은 사실 광물계, 식물계, 동물계와 자주 연결되었고, 또 저승세계, 인간세계, 신의 세계와도 연결되었지만, 또한 남성성, 여성성, 신성과도 연결되었다. 반면에 남성 쪽, 즉 남성은 손에 똘똘 말린 뱀 한 마리를 들고 있는데, 이는 돌로의 응결(Koagulation)을 가리키고 동시에 황을 상징한다. 날개는 연금술사 화로 속의 불을 가리키는 것이기도 하고, 헤르마프로디토스 속에서의 존재의 뛰어넘음을 가리키는 것이기도 하다.

왕관은 현자의 돌 ― 금 내지 은을 만들어 내는, 은나무와 금나무로 상징된 정수의 형태로 질료를 가득 채울 수 있고 그럼으로써 구원할 능력을 가진 ― 의 상징일 수도 있다. 천부적 재능이 있는, 그러니까 날개 달린 질료의 용은 나무의 뿌리로부터 접근하고 그것들을 동시에 헤르마프로디토스의 물질적 기초 ― 용 자신이기도 한 ― 와 연결한다.

그림에서 다루는 것은 **한 개의 형상**이기 때문에, 형체는 반드시 어떤 근친상간적인 것을 그 속에 가지고 있다. 심리학의 넓은 영역에서 볼 때 그것은 어머니-아들 관계를 가리킬 수도 있다. 《성 삼위일체의 서》에서 마리아의 위치는 근친상간적 연결을 암시한다. 그러나 그것은 또한 좀 더 일반적인 시각에서 볼 때 다른 성적 무의식에 대한 인간 의식의 관계를 암시할 수도 있다. 그런데 허먼 멜빌(Herman Melville)이나 모리스 마테를링크(Maurice Maeterlinck) 같은 창작자들은 탄생 전에 속해 있었던 그토록 다른 것, 그리고 그토록 동일한 것에 대한 가망 없는 갈망에 대해 이야기하는데, 그러나 이들뿐만 아니라 리하르트 바그너(Richard Wagner)도 《니벨룽의 반지》에서 그러한 이야기를 한다. 바그너의 반지의 경우에는 마술적 망각, 인간의 우주적 소속성을 다른 것으로 소멸시키는 망각이 탄생의 역할을 넘겨받는다.

뒤에 나올 '심리학과 연금술'에 관한 장에서 우리는 단일성의 형상 조는 전 형상으로서의 헤르마프로디토스를 그리고 그럼으로써 현자의 돌의 형상 또는 선구 형상으로서의 헤르마프로디토스도 다시 한

번 만나게 될 것이다.

이 모든 것에도 불구하고 잊지 말아야 할 것은, 헤르마프로디토스가 쉽사리 잘못된 집단으로 빠져들어 갈 수 있는 상당히 불안정한 형체라는 것이다. 그래서 울마누스는 그의 '밝은 헤르마프로디토스'에다 ─ 물론 연금술 문헌에서 아주 보기 어려운 일이기는 하지만 ─ '암흑의 헤르마프로디토스'를 대비시킨다. '암흑의 헤르마프로디토스'는 무엇보다도 돌을 얻으려다 실패한 시도를 나타내는 것이 아니다. 그것은 적(敵)그리스도를 나타낸다. 당연히 루시퍼는 동시에 그것의 어머니인데, 이에 대해서도 울마누스는 단도직입적으로 말한다. 이 '암흑의 헤르마프로디토스'의 남성 쪽은 뱀 대신에 검을 들고 있고, 여성적인 쪽은 손잡이가 달린 잔 대신 왕관을 들고 있다. 검과 왕관은 여기서 권력욕과 물욕을 상징하는데, 이것들은 연금술에서 온전히 금 만들기 추구로 나타난다.

헤르마프로디토스의 육신 위에 퍼져 있는 일곱 개의 왕관은 울마누스가 그리스도의 일곱 덕 및 일곱 상처와 대비시키는 일곱 개의 주된 죄악, 즉 오만, 인색, 과도함, 육욕, 노, 증오, 질투를 가리킨다. 헤르마프로디토스의 발아래 머리가 둘 달린 용이 토해 낸, 그의 다리를 감고 올라오는 여자 머리가 달린 뱀들은 루시퍼의 육욕과 음란을 분명하게 보여 준다. 또한 양극을 떼어 내는 데는 성공하지만 대신 극복될 수 없는 새로운 대립 ─ 선과 악 사이의, 그가 순전히 추상적인 것 속에 놓아두려고 하지 않는 것처럼 보이는 ─ 을 열어젖히는 가련한 수도승의 경직성도 명백하게 보여 준다. 이는 울마누스가 그노시스의 함정으로부터 도망칠 수 없다는 것 외의 다른 것을 의미하지 않는다.

3장 수도원 그리고 그 밖의 다른 곳에서 243

24. 아르스인가 스키엔티아인가?

울마누스 같은 국외자를 다룸으로써 우리가 '연금술사의 직업상'이라는 주제를 매듭지은 것은 결코 아니다. 우리의 미친 수도승은 연금술이 눈부신 미래의 기획도, 벌이가 좋은 기획도 아니라는 것을 우리에게 확인시켜 주었을 뿐이다. 그러나 미래의 기획은 아니라고 해도, 적어도 그것은 아카데미적인 직업은 아니었을까? 그래도 어쨌든 연금술사들은 스스로 철학자라고 부르지 않았는가?

우리는 '아니'라고 말할 수 있다. 그럼에도 우리는 연금술이 스키엔티아(Scientia), 즉 과학이었는가 아니면 아르스(Ars), 즉 수공업적 예술이었는가라는 물음 속으로 얽혀 들어간다. 아니라는 것은 연금술을 어떤 대학에서도 가르치지 않았다는 것과 관련이 있다 — 그것이 대학 가까이에 자리를 잡았다고 가정할 수 있다고 해도.

'스키엔티아인가 아르스인가?'라는 물음은 중세 의학 — 명백하게 대학의 학과였고 그럼에도 대체로 연금술보다 별로 성공적이지도 않았던 — 에 대해서도 제기할 수 있을 것이다. 그런데 이미 이 물음도 일찍이 중세 문헌에 등장한다. 예를 들어 1100년 무렵에 후고(Hugo von St. Victor)는 교육제도에 관한 글에서 의학을 연극기술과 함께 묶어서 아르테스 메카니카이(Artes mechanicae), 즉 수공업적 예술에 넣었다. 이때 그가 말하는 의학은 이발사 의학[27]이나 군의관 의학이 아니라 학자 의학 — 이론적이지만 또 실천적이고 수공업적인 면도 가

---

[27] 서양에서는 중세에 이발사가 의사 일(특히 외과)도 했다.

루시퍼적 삼위일체. 여성의 머리를 가진 뱀이 나온 용 위에 서 있는 모습.
울마누스, 《성 삼위일체의 서》, 1433

지고 있는 — 이었다.

그러나 중세의 대학 시스템 속의 의학은 그것의 수공업적 설비 — 본래는 이 시스템이 원하지 않았던 — 와 우리 시각에서 볼 때 그 미심쩍은 성공에도 불구하고, 항상 스키엔티아, 즉 과학의 지위를 주장했고, 신학 및 법학과 함께 교양학부(artes liberales, 자유 학문) 위에 놓여 있던 세 개의 고급 학부를 구성했다. 교양학부는 또한 '일곱 개의 자유 학문' — 문법, 수사학, 변증법(논리학), 산학, 기하학, 천문학(부활절 등의 계산) 및 음악(화성론) — 을 통해서 연금술 교육의 기초를 놓았기 때문에 우리에게 중요하다. 그런데 이 일곱 학문이 자유로운 이유는 한편으로는 그들에게 세속적 밥벌이라는 오명이 걸려 있지 않고, 다른 한편으로는 그것들이 특정한 효용이 없고, 원리에 대한 인식이란 의미에서의 학문의 기초로서 — 물론 상당히 낮은 수준에서 — 봉사할 수 있기 때문이다. 아르테스(Artes)라는 단어는, 여기서의 관심이 — 예외를 제외하면 — 지식의 증대가 아니라 체계적 지식의 이용이라는 것을 보여 준다. 아카데믹한 영역으로의 본래의 입문은 '교양 학부'를 마친 다음에 비로소 시작되었다.

연금술은 의학이 겪은 것과 유사한 영욕을 겪기는 했지만 의학과 달리 결코 그러한 지위에 오르지 못했다. 연금술은 대학 캠퍼스에서 공식적으로 모습을 드러내는 것이 허용된 적이 한 번도 없다. 그런데 연금술은 그것의 성공적인 자매와 마찬가지로 이론 부분과 실천 부분을 가지고 있었는데, 이에 대해서는 이미 13세기에 로저 베이컨이 지적했다. 《오푸스 테르티움》(*Opus Tertium*, 세 번째 작품)에서 그는 이렇게 말한다.

"다른 학문이 하나 존재하는데, 이것은 원소로 이루어진 사물의 형성, 특히 혼이 없는 사물을 다룬다 … 그런데 이 학문은 학생 대중에 의해서 무시당하고 있다. 그렇기 때문에 그들은 불가피하게 이 학문으로부터 나오는 자연 현상들에 대한 하나하나의 지식, 예를 들어서 혼을 지닌 사물의 형성에 관한 지식은 얻지 못한다. … 이 학문에의 무지 때문에 일반 자연철학에서도, 이론적 의학에서도, 그리고 따라서 실천 의학에서도 기본적 지식이 존재할 수 없다. 왜냐하면 실천을 위해서는 자연철학과 [여기서는 자연과학의 물리학적 기초 같은 것으로 이해될 수 있는] 이론 의학이 필수적이기 때문만이 아니라, 혼이 없는 사물로부터 나온 모든 간단한 의약제들이 이 학문으로부터 나오기 때문이다. … 그리고 이러한 종류의 학문은 이전에 기술된 어떤 것보다도 더 위대한데, 그 이유는 그것이 더 커다란 효용을 가져다주기 때문이다. 그것은 국가의 재정과 수많은 다른 필요를 충족시킬 수 있을 뿐만 아니라, 인간의 생명을 아주 오래 연장할 수 있는 것을 발견하는 방법도 가르친다. 그런데 이는 자연 혼자서는 실현할 수 없는 것이다."[Newm. 21 (47)]

600년 후에 리비히(Liebig)라는 위대한 화학자는 그의 화학 편지에서 의미상으로 볼 때 동일한 말을 한다 ─ 물론 여기서는 그가 사랑하는 화학을 옹호하면서. 리비히도 복스 클라만스(*vox clamans*, 외치는 소리)처럼 모습을 나타냈다 ─ 물론 그것은 베이컨처럼 더 이상 사막에서 외친 것은 아니었지만. 말하자면 베이컨의 경우에는 그 견해는 거의 자기 혼자만의 것이었다. 분명히 아르스 스페쿨라티바(*Ars speculativa*, 사변 예술)와 아르스 프락티카(*Ars practica*, 실천 예술)의 결합이라는 콘셉트를 가지고 있던 그는, 우리가 어떤 것이 옳지만 동시에 역사적으로 비생산적이라고 생각할 때 멋지면서도 부적절하게 말하듯이, '자기 시대를 앞질러' 있었다. 베이컨은 연금술에 관한 견해를 제시함으로써, 하나의 경험과학을 — 그 추종자들에게 말하기조차 무서운 수작업까지도 요구했던 — , 스키엔티아이기도 한 아르스를 지지한 것이다.

그런데 물론 스키엔티아는 이제 인식론이라는 의미의 또는 자연철학에서 말하는 에피스테메(*Episteme*)로서의 옛 의미는 더 이상 가지고 있지 않다. 에피스테메는 명백한 기본 원리에 따라서 "무엇이 세계를 가장 깊은 내면에서 지탱하는가"에 대해서 설명한다. 이때 당시에 자연철학에서 자명했던 것이 오늘날에는 종종 명백한 것과는 완전히 구별되는 것으로 나타난다. 우리가 테크네(*Techne*)를 "제조를 목표로 한 지식", 그것의 사용을 통해서 "발생, 생성, 조성, 창조의 아주 특정한 과정이 가동되는" 지식으로 정의한다면(Schad. 71),[28] 우리 시대에는 기술과학들과 마찬가지로 자연과학들도 테크네이다.(49)

특히 이와 관련해서 특기할 만하고 우려할 만한 것은, 태고의 예술쪽으로 몸을 돌린 보수적 아니 반동적 연금술이 동시에 호모 파베르(*Homc faber*, 공작인)의 이데올로기 — 근대 기술의 이데올로기가 될 터인 — 의 담지자였다는 역사적으로 보증된 사실이다.

그래서 베이컨 말고 다른 중세의 저자들도 연금술을 과학과 예술들의 정전(*Kanon*) 속에 넣는 시도가 특별한 문제를 의미한다는 것을

---

28 Schad.는 Schadewaldt의 약어이다.

느꼈다. 예를 들어서 다니엘(Daniel of Morley)은 연금술을 천문학의 뻐꾸기 알 같은 것으로 보았고, 아랍의 과학 이해에 의지하는 도미니쿠스 군디살리누스(Dominicus Gundissalinus)는 연금술을 아무 조건 없이 스키엔티아 나투랄리스(Scientia naturalis) 영역 속의 스키엔티아로 만든다.

그럼에도 불구하고 인간의 노력이 혼잡스럽게 뒤섞인 곳에서의 연금술의 위치는 오직 불분명하게 규정된 것으로 나타난다. 그 작용 영역도 마찬가지로 그렇다. 알베르투스 마그누스는 연금술을 암석학의 일부로 보았고, 다른 사람들은 야금학을 연금술 속에 집어넣었으며, 염색 기술과 유리 제조가 특징인 공업적 화학도 때때로 연금술로 치부되었다.

베이컨은 의약제 제조에 대해서 이야기하는데, 위에서 인용한 텍스트에서 이야기하는 것은 엘릭시에르가 아니라 우리가 의약제로 보는 것의 제조가 분명할 것이다. 그러나 중세의 의약제는 주로 비광물성 의약제로 이루어져 있었던 반면에, 베이컨에 의하면 연금술에서는 그와 정반대로 혼이 없는 사물로 만드는 것이다.

게베르(Paolo di Taranto)의 《이론과 실천》에서도 이 점에 대해서 이야기한다. 그는 연금술사들의 기초물질, 즉 황과 수은 — 모두 휘발성의, 말하자면 내적으로 단단하게 고정되어 있지 않은 — 속에서는 4원소의 힘들, 즉 뜨거움, 차가움, 건조함 및 습함이 일정 부분 유지되고 있는 반면 다른 모든 화합물에서는 그것이 무뎌진다고 주장한다. 게베르는 그렇기 때문에 연금술 대가들은 약사들과 달리 "자연의 손"(Newm. 129)을 가지고 직접 작업할 수 있고, 그렇게 해서 직접 물질변환을 성사시킬 수 있다고 예리하게 결론을 내린다.

자연의 손을 가지고 작업해야 한다는 이 요구, 바로 이에 따라서 게베르는 《숨마》(*Summa*)에서 연금술에서의 식물성 및 동물성 물질 사용의 완전한 거부로 나아간다. 연금술은 자연을 모방하는데, 자연은 금속들을 성장시키고 물질변환시킬 때 그러한 물질을 사용하지 않는다는 것이다. 이 언급은 그 밖에도 연금술에서는 자연을 대상으로 비자연적 폭력이라는 의미에서의 마술을 하는 것이 아니라는 주장을 포함하고 있다.(50)

25. 연금술사들과 사회의 다른 적들

연금술의 다양한 표현 형태에 대한 모든 지적, 연금술의 자연철학적 의미와 목적을 둘러싸고 펼쳐진 모든 토론에 대한 지적은, 연금술이 어째서 의학 — 자신의 과제를 충족시키는 데 있어 연금술보다 별로 성공적이지도 못했던 — 과 달리 미래의 학문도, 미래의 수공업도 되지 못했는가라는 물음에 답해 주는 것은 물론 아니다. 단단하게 짜 맞춰진 중세의 질서 속에서 연금술의 입지는 불확실했고, 계속해서 그러했다.

그런데 당시의 연금술사들이 오늘날의 초심리학자들이 똑같이 그런 것처럼, 그들의 노력의 대상 — 프사이 효과든, 현자의 돌이든 — 에 대해 확신할 수 없었다는 것은 상당히 맞는 말이다. 그러나 이는 중세 대학 학자들의 잠복 상태로 존재하는 의심 탓으로 돌릴 수 있는 것은 아니다. 그것은 적어도 주된 원인은 아니다. 왜냐하면 이들도 가령 천사들과 그 행태에 관해서 아주 당연한 것처럼 논했기 때문이다. 그럼에도 불구하고 13세기 말에 이제 더 이상 전혀 새로운 것이 아니었던 아르스 노바(Ars nova)는 아주 공식적으로 소용돌이 속에 휘말렸다. 1287년부터 도미니코 수도회의 총회는 여러 차례의 결정에서 연금술의 실행을 금지했고, 1317년에는 아비뇽 교황 요하네스 22세가 연금술사 무리에 대항하는 '스폰덴트'(Spondent Quas Non Exibient)라는 교서를 내놓았다.

물론 요하네스 22세는 영성적인 것이나 자연철학적인 것에 거의 흥미가 없었지만, 반면 그만큼 연금술의 경제적 측면에 대해서는 관심이 컸다. 천 년 전의 디오클레티아누스 황제와 똑같이 그는 사기꾼들과 곧 위조자들을 손봐 주려고 했다.(51) 그러면서 그는 모든 연금술사들이 이런 부류에 속한다고 추측했는데, 이는 그가 공표한 다음 말에 나타난다.

"간교한 물질변환의 도움으로 [그들은] 사물의 자연에서는 허용되지 않는 일, 즉 진짜 금과 은을 위조한다."(Newm. 36)

그는 더 정확한 근거는 제시하지 않는다. 그러나 교서에는 사악한 영(靈)에 관한 이야기가 나오기 때문에, 사람들은 거기에서 가리키는 것은 '악마의 도움을 이용하는 연금술사'라는 결론을 내릴 수밖에 없었다. 반면에 교서는 마술이 연금술에게 도움을 준다는 것은 명확하게 주장하지 않는다. 교황의 자리를 차지한 대 모험가이자 사기꾼인 그 저자는 스스로도 연금술 쪽으로 기우는 성향을 가지고 있었다고 한다. 그러나 그는 분명히 자신을 스스로 탄핵하려고 하지는 않았다. 반면에 자기를 위해 어두운 악마를 사용하는 위험은 감수하지 않았다. 그래서 그는 정의로운 자의 분노는 충분히 표출할 수 있었다.

그러나 어떻게 연금술사들은, 그들이 악마의 도움을 받았든 받지 않았든 위조자라는 악평을 얻게 되었을까? — 그런데 이 악평으로 인해서 교서에 올라간 벌은 단지 보상, 감옥행, 수익의 압수 같은 비교적 약한 것이었다. 확실히 모든 철학자들이 바티칸의 규칙을 따른 것은 아닌데, 그 규칙은 '생각하지 말라! 그래도 생각한다면 말하지 말라! 그래도 만일 생각하고 또 말한다면 쓰지 말라! 그래도 만일 생각하고 말하고 쓴다면, 그 결과에 대해서 놀라지 말라!'라는 것이다. 그럼에도 불구하고 상당수의 허풍선이 연금술 대가들의 실현되지 못한 주장들이 그들의 나쁜 평판의 주원인이었을 수는 없다. 의사들 중에도 돌팔이가 있지 않았던가. 연금술이 아주 나쁜 냄새, 그것도 이중적 의미에서 그런 냄새를 풍긴다는 평을 얻게 된 더 중요한 이유는 그것이 항상 악마적인 유황 냄새를 조금 풍겼다는 것에서 찾아야 한다. 여기서 악마적이란 말이 가리키는 것은 죄를 지닌, 그리고 교회의 은혜에 내맡겨진 인간 ─ 그가 아무리 지식이 많다고 해도 ─ 에 대해 스스로 사기에 가깝게 과대평가를 하는 그노시스였다.

엑소시스트적인 향 연기의 향기는 연금술의 모든 자연철학적 사고 속으로 퍼져 갔다. 특기할 만한 점은 어느 한 문헌이 또 연금술을 둘러싼 토론에서 상당한 역할을 했다는 것인데, 그것은 마녀와 이단자를 다룬 《카논 에피스코피》(Canon Episcopi, 주교의 정전)였다. 문헌에서는 겉으로는 단지 일반적인 자연철학적 물음으로 보일 뿐인 물음에 대해 신학적 결정이 내려졌다. 이 결정은 신에 의해서 만들어진 사물이 자기 종에서 다른 종으로 인공적으로 변환될 수 있다고 주장하는 자는 불신자로서, 이방인보다 더 나쁘다는 것이다.

그런데 이 주장도 불신자로부터 결국은 교회의 충성된 아들이 나온다는 식으로 비트는 것이 가능했다. 올드라도 다 폰테(Oldrado da Ponte)라는 교회 법률가가 그렇게 비틀었는데, 그는, 연금술사들은 신만이 할 수 있는 금속 종의 변환을 그들 멋대로 시도했다는 비판을 받는다고 말한다. 그러나 그들은 "어떤 종이 다른 종으로 물질변환된다"고 주장하는 것은 전혀 아니다. "왜냐하면 그것은 불가능하기 때문이다. 그들은 그러나 어떤 금속 종[금 같은]이 다른 종[주석 같은]

으로부터 만들어질 수는 있다고 말한다."(Newm. 37) 그는, 그러한 변환 — 이에 의해서 천한 금속이 귀금속이 되는 — 은 자연적 과정이고, 따라서 연금술사들은 그것을 실험실에서 재현할 수 있다고 생각한다.

그럼에도 그들은 국외자였고, 미심쩍은 명성을 지니고 있었다. 제기되는 물음은 그들이 왜 사회의 다른 미움받던 집단과 같은 운명의 고통을 받지 않았는가 하는 것이다. 두 번째 물음은 악평 속에 한 알갱이 진리 — 감지되기는 하지만 알아차리는 데까지 이르지는 못했던 — 가 숨어 있었는가 하는 것이다.

그러니까 왜 사람들은 황 냄새를 풍기는 연금술 대가들을 그들이 튀어나온 것처럼 보이는 지옥으로 돌려보내지 않았는가? 왜 마녀, 이단자 그리고 유대인에게는 불타는 지옥문이 활짝 열려 있었는데, 연금술사들에게는 그렇지 않았는가? 답은 연금술사들의 주변 위치가 다른 주변 집단들의 그것과는 달랐다는 데서 찾을 수밖에 없다.

서양 역사의 가장 어두운 장, 즉 마녀사냥 쪽으로 우리 몸을 돌리기 전에 우리가 해야만 할 일이 있는데, 바로 '마술적', '종교적', '비학'(okkult)이라는 세 가지 개념을 명확하게 하는 것이다. 이들 개념은 우리가 마녀와 연금술사의 연무로 가득 찬 구역에서 거듭해서 만나는 것이고, 서로 긴밀한 관계를 맺고 있다. 주장과 반대주장의 안개 속에서 길을 잃지 않기 위해서는 이 세 가지 개념을 구분해 놓는 것이 중요하다.

도대체 마술이란 무엇인가? 간단히 말하면 그것은 특정한 행위를 통해 인간의 환경에 영향을 미치려는 시도이다. 그러나 그러한 시도는 대부분 마술적인 것을 전혀 갖고 있지 않고, 따라서 거기에 또 어떤 다른 것이 덧붙여져야 한다. 나는 이 다른 것은 마술적 영향이 미치는 본래의 대상 속에 숨어 있다고 생각하는데, 이것은 사물에 속한 힘이다. 이 힘은 질료적 물체의 행동으로부터 추상된, 순수하게 물리학적 크기로서 감지되는 것이 아니다. 그것은 마치 살아 있는 것, 그렇기 때문에 말을 걸 수 있는 것으로 느껴진다. 그러므로 마술에서는 주문의 말과 이름이 그토록 큰 역할을 하는 것이다. 그러나 마술의 대상은 그 자신이 결정할 가능성, 자유의지가 없다. 병 속의 혼령처럼 그것은 주문을 알고 있는 사람 누구에게나 봉사하는 것이다. 마술적 실천은 그 대상 속에서, 즉 힘 속에서 하나의 불가피한 작용을 불러일으키는데, 이는 오늘날 우리 식으로 말하면 기술적 실천이 힘을 이용하는 것과 똑같다.

물론 마술적 실천은 항상 작용하는 것이 아니고, 어디서나 작용하는 것도 아니며, 어떤 대상 또는 어떤 사람에게나 작용하는 것도 아니다. 이에 대한 해명은, 개별 경우에 대해 두 가지 방식으로 이루어질 수 있었다. 첫 번째 해명은 마술적 힘은 미지의 이유에서, 예를 들어 특정 의약제와 같이 선택적이라는 것이고, 두 번째 해명은 힘이 본래 인격이라는 것이다. 토마스 아퀴나스는 치유력 있는 성유물이 어떤 경우에나 작용하지 않는다는 사실을 이렇게 설명한다. 즉, 성유물 자체가 작용인자(*Agens*)가 아니라 그것에 소속된 천사가 작용인자라는 것이다.

천사가 어떤 미심쩍은 특징을 가지고 있다면, 그는 바로 악마이다. 우리가 이 점을 고려하며 중세의 세계 — 그 대상이 우리의 대상만큼

3장 수도원 그리고 그 밖의 다른 곳에서 255

객관적이지 않았던 — 속으로 들어가면, 당시의 많은 지식인들 역시 마술을 인식론적으로 미심쩍게 보면서도 그것을 주로 도덕이라는 시각에서 판단했다는 사실이 놀라워 보이지는 않는다. 마술은 마술사에게 권력을, 그것도 파악하기 어려운 권력을 주었다. 이는 그들을 의심스럽게 만들었지만 백색 마술, 즉 자연적인 것을 손상시키지도 않고 악한 것을 하려 하지도 않았던 마기아 나투랄리스(Magia naturalis, 자연 마술)는 묵인되었다. 15세기에 마기아 나투랄리스는, 불타오르는 헤르메스주의의 영향을 받으면서 힘차게 팽창하는 근대 자연과학 — 특히 비학적(okkult) 현상들의 인식과 이용 쪽으로 방향을 틀었던 — 의 원천이 되기까지 했다. 이에 대한 훌륭한 사례는 1558년에 나온 잠바티스타 델라 포르타(Giambattista della Porta)의 《마기아 나투랄리스》(Magia Naturalis)인데, 여기에는 기술적 놀이 외에, 무엇보다도 광학적 관찰들이 기술되어 있다.

이와 달리 흑색 마술은 신의 율법을 넘어서고, 그럼으로써 자연의 율법도 넘어서는 행위이며, 특히 그것이 비자연적 조작을 통해서 악한 것에 도달하려고 한다면 근본적으로 부정되어야 하고 단죄받아야 할 것이었다.(52) 물론 흑색 마술도 경계가 모호한 경우가 있었다. 그 한 가지 예는 사랑의 마술의 영역인데, 물론 여기서 사랑에 빠진 사람은 자기가 마술사와 마녀에 의해서가 아니라 사랑하는 대상에 의해서 마술에 걸린 것으로 생각하고 싶어 했다. 또 하나의 경계 영역을 형성한 것은 아주 인기 있던 점치는 기술(Mantik)이었는데, 이것은 불, 물, 흙, 공기를 이용한 미래 해석, 강령술, 수상술, 그리고 견갑골(Schulterblatt)을 가지고 하는 예언을 말한다. 특정한 힘을 불러냄으로써 미래에 대해 아는 것은, 교회가 똑같이 의혹의 눈으로 바라보았던 점성술과 마찬가지로 신에 의해서 주어진 인간의 자유의지를 건드렸다. 그래서 점치는 기술은 아르테스 프로히비타(Artes prohibita, 금지된 기술)에 속했던 것이다.

신을 거스르는 흑색 마술과 함께 우리는 마술 영역과 이웃하고 있는 영역인 종교로 오게 된다. 그러나 적어도 하나의 명백한 차이는 존재한다. 기도에서 사람들이 비는 신은 월등한 자유의지를 가지고 있다는 것이다 ― "당신의 뜻이 하늘에서 이루어지듯이 땅에서도 이루어지게 하소서." 기도는 은혜로운 관심을 애원한다. 그 이상은 할 수 없다.

그런데 종교의 권역과 마술의 권역을 연결하는 것은 그 둘이 비학적인 것(Okkultes)을 포함하고 있다는 사실이다. 그리고 이는 중세에 두 가지 의미를 가지고 있었다. 비학적인 것은, 아리스토텔레스적 성질을 가지고 있지 않다는 것, 즉 감각을 통해서 경험 가능하지 않다는 것을 뜻할 수도 있었고, 그러므로 그 결과 비학적인 것은 인과론적으로 설명될 수 없다는 것을 뜻할 수도 있었다 ― 아리스토텔레스적 원인은 성질들이 출현하기 위한 조건 같은 것이기 때문이다.(53) 아리스토텔레스에게 사고한다는 것은 지성 속에 이미지를 만드는 것을 의미하기 때문에, 비학적 원인은 정말 상상 불가능한 것이었다. 그런데 이제 기독교 아리스토텔레스적 스콜라학자들은 비학적인 것에 관해서, 천사와 악마에 관해서, 게다가 행성 영향, 자기 작용 또는 미사에서의 성체 변화에 관해서 이야기하게 되었다. 그러나 그것은 스키엔티아 나투랄리스 바깥에 있는 것이었다. 왜냐하면 그것은 진정한 의미에서 초감각적이었기 때문이다.

르네상스와 바로크 시대에 와서야 비로소 비학적인 것은 초감각적인 것이란 오명을 벗는다. 반면 동시에 그리고 계속해서 초감각적인 것, 마술적인 것, 마법 걸기는 마녀광기(魔女狂氣)라는 이 집단광기 — 역설적이게도 그토록 진보를 추구하던 17세기 근대 초기에 최고조에 이르렀던, 그리고 다른 경우에는 서로 원수지간인 가톨릭교도와 개신교도가 일치해서 빠진 — 의 중심에 놓여 있었다.

중세 초기에 사람들은, 밤에 날아다니고 변신하는 것과 같은 이방인의 관습의 효력에 대해서 누가 믿으면, 그 사람도 이방인이라고 생각했다. 교회법으로 받아들여진, 이미 언급된 《카논 에피스코피》는 이 점에서 어떤 의문도 허용하지 않았다. 이는 사람들이 마술을 가능한 것으로 여기지 않았다는 것을 말하지는 않는다. 그것은 아주 당연하게 — 거리낌 없이는 아니지만 — 실행되었고, 또한 간간이 저주 마술로 인한 재판도 있었는데, 그것들은 대부분 비교적 가벼운 처벌을 받았다.

그러나 대중으로부터의 밀고가 보통 처음에는 마술적인 작은 행위에 맞춰졌다고 하더라도, 사탄 자체가 그와 관련되면 우리는 마술의 영역을 떠나게 된다. 사람들은 악마가 자신에게 봉사하도록 강제할 수 없다. 악마가 봉사하는 이유는 세계를 훼손하고 이를 통해서 세계를 지배하는 데만 관심이 있기 때문이다. 악마는 이 일을 14세기 초부터, 그러니까 중세적 삶의 질서가 붕괴되기 시작할 때부터 활발하게 수행한 것처럼 보인다. 이때 그, 항상 남성으로 생각되었던 악마는 보통 도덕적으로 그렇지 않아도 양면적인 마술의 일부를 이용했다. 그런데 이 일부는 보통 여성 담당이었다. 남성이 집, 마당, 가정의 마술적 보호를 책임졌던 반면, 산파 역할(아이 살해, 낙태), 요리, 치료약 제조(독물 혼합) 그리고 가축 돌보기(우유 마술, 그러나 또한 날씨 마술)는 여성의 임무에 속했던 것이다.[29]

이때 특히 위협받았던 여성들은 미망인들 — 여성의 훨씬 높은 기대수명으로 인해 그 수가 충분했던 — 과 같이 사회적으로 보호받지 못한 사회 주변집단에 속한 여성들과, 미혼 여성들과 같이 사회에 제대로 통합되지 못한 집단이었다. 게다가 여성은 어두움, 차가운 것, 습한 것, 그리고 뱀과 가깝고, 따라서 특히 악마의 유혹 기술에 쉽게 넘어갔다 — 마녀광기의 희생자 중 약 20%가 남성이었고, 이들 중에서 상당수는 성직자였음에도 불구하고. 그리고 중세 후기의 법 집행에서는 곧 고문에 의해서 강요된 진술 — 간접증거가 알려져 있지 않았기 때문에 자백은 유일한 증거 수단으로 여겨졌다 — 과 밀고라는 면밀하게 고안된 시스템이 존재했기 때문에, 악의 일반적 음모에 대한 증거 또한 점점 더 많이 발견될 수 있었다.

재판은 그것에 의해 보호받아야 하는 세계의 질서와 마찬가지로 잘 정돈되어 있었고, 질문과 답변을 통해 아주 잘 형식화되어 있었기 때문에, 사악한 대항세계에 대해 항상 동일한 상을 그려 냈다. 마녀 종파라는 생각은 마술에 의해 촉발된 개인적 범죄라는 생각과 함께

---

29 우유 마술은 가축에 마술을 걸어 먹거나 가공하기 어려운 우유를 만들어 내게 하는 것을, 날씨 마술은 좁은 영역에서 날씨가 갑자기 바뀌게 하는 것을 가리킨다.

나타났다. 실제로 가련한 마녀는 잘 몰랐지만 그렇게 파악된 마녀짓(Hexerei)은 이교도적 잔재를 지닌 민속마술보다는 이단에 더 가까웠다. 이 이단은 그노시스와 마찬가지로 악을 세계의 주인으로 인정했다. 마녀광기는 순결파 신자 전쟁(Katharerkrieg) 후에 비로소 본격적으로 퍼졌는데, 이 전쟁은 서양의 깊은 불안의 신호였다.

순결파적-그노시스적 세계이해의 무의식적 반영 속에서 종종 '정직한 가슴'을 가지고 마녀를 '가차 없이' 박해했던 바로 그 사람들은, 약초 여성이든 부르주아 여성이든, 다른 사람들의 험담이나 고문에 의한 허위자백에 희생된 불쌍한 여성들에게서 세계의 존속에 대한 위험을 보았을 때, 그들의 희생자들이 압도적인 힘과 악이 벌이는 세계음모를 믿는다는 혐의를 씌웠다. 많은 도시에서 일어난 박해의 그 엄청난 힘은 바로 이 편집증적 세계음모 분위기 ─ 물론 그 영향권 속에서 욕심, 인색, 권력욕, 허영도 번성할 수 있었던 ─ 로부터 나온 것이다.

그러나 마녀들은 너무 교양이 없었기 때문에 신학적 토론이 가능한 이단자가 될 수 없었다. 마녀들은 보통 읽지도 쓰지도 못했다. 상당수의 남성들의 경우에는 달랐는데, 그들에게는 사람들이 신학적 견해를 요구할 수 있었다. 그러면 사람들은 그들을 마녀나 암호문 이단자(Kryptoketzer)가 아니라 이단자로 화형에 처했다. 불은 똑같이 뜨겁고 고통도 똑같이 컸지만, 악은 다른 이름을 가졌던 것이다. 이와 관련해서 역사학자 휴 트레버-로퍼(Hugh Trevor-Roper)는, 이단자들에 대한 관심이 더 컸던 곳에서 화형된 마녀들의 수가 상대적으로 적었다고 지적한다.

페스트 시기 중에, 그리고 그 후인 1341~1352년에 강화되었던 유대인 학살과 관련해서도 인구학적 관계가 밝혀질 수 있다. 말할 것도 없이 신 살해라는 원죄에 가까운 죄가 있는 유대인들이 페스트에 대해 책임이 있었는데, 왜냐하면 그들이 우물에 독을 뿌렸기 때문이라는 것이다. 이는 계몽된 세기에 인종적으로 천한 사람들 때문에 인플레이션과 실업이 발생한다고 말하는 것과 똑같다. 또한 유대인들이 시온의 현자들의 음모 같은 국제적 음모를 통해서 국가와 사회를 무너뜨렸다는 이야기도 마찬가지이다.

그들이 글과 가까웠다는 것은 중세에 이미 많은 유대인이 높은 교양을 갖게 되는 결과를 가져왔다. 마이모니데스(Maimonides)가 그 좋은 사례이다. 그러므로 그들에 대해서는 마녀와는 다른 식으로 접근해야 했다. 사람들은 그들이 신 살해의 종교에 매달렸다는 이유로 그들을 모든 토론으로부터 배제함으로써 벌했다. 개종했다면 그들은 진정한 종교에 위선적으로만 봉사한 것이고, 개종하지 않았다면 그들의 악함을 기독교 세계에 대항하는 저주받을 만한 음모에 공개적으로 참여함으로써 드러낸 것이다. 그들이 무슨 일을 했든 그들은 박해자의 광신에 먹이를 제공했던 것이다.

모든 세 집단, 마녀, 이단자 그리고 유대인 집단에 명백하게 공통적인 점은 그들이 불안정한, 편집증적인 사회, 내적 교란의 전형적인 투사 속에 자리한 박해광기가 희생자를 찾아다니던 사회에서 살았다는 것이다. 광기(狂氣) 자체는 물론 좋은 이유들을 가지고 있다. 그것은 개별적 경우에는 대충 이렇게 보일 수 있을 것이다. 즉, 내 아이들이 페스트로 죽었다, 나는 곤궁에 빠져 있다, 그러나 나는 이 모든 일을 책임질 정도로는 악하지 않다, 그리고 나는 안다, 이렇게 쓰디쓴 절망 속에서, 악한 자들은 타자 … 타자 … 타자 … 라는 걸.

그런데 타자가 존재하지 않는다면, 우리는 타자로 만들 수 있는 자를 찾아야만 한다. 장-폴 사르트르(Jean-Paul Sartre)가 말했듯이 "지옥, 그것이 타자들이다." 그러나 타자들은 지옥이 아니다. 그들은 희생양, 지옥으로 내몰리는 희생양이다.

그렇지만 우리가 질문해야 할 것은, 위에서 언급된 사회의 주변집단에게 쏟아졌던 모든 비난이 연금술사들에게도 적용될 수 있지 않았을까 하는 점이다. 그들도 금 모조술을 가까이 했다는 이유로 마찬가지로 희생양이 될 수 있지 않았을까? 그들도 마술과 비학에 매달려 있지 않았던가? 그들도 이단적 사고의 방향과 어느 정도 가까이하지 않았던가? 그들도 유대적 사고, 특히 카발라로부터 영감을 얻지 않았던가? 이 세 가지 물음 모두에 대해서 우리는 '제한적으로 그렇다'고 대답할 수 있다.

마술과 비학을 당연한 것으로 받아들였던 세계에서는 연금술사도 그로부터 자유로울 수 없었다. 점성술의 영향과 관련해서는 더욱 그렇다. 또 현자의 돌도 대단히 마술적-비학적인 효능을 가지고 있는데, 이는 연금술의 영성적 구성요소들이 헤르메스주의적-비학적 공감반감 관계들, 그리고 동시에 불명확한 범신론으로부터 활력을 얻으며 살아가는 것과 같다. 그러나 아르스 노바(Ars nova)를 내가 소유한《대영백과사전》(제15판, 1990)같이 마술 및 마녀기술(Witchcraft)과 함께 비학이라는 항목하에서 다루는 것은 지나친 것 같다. 어쨌든 나는 게베르 같은 사람의 저작에서 마술적인 것은 조금도 발견할 수 없었다.

이단적 사고 경향과 관련해서 우리는 연금술사들이 범신론에 가까이 가 있고 동시에 그노시스주의와도 가깝다는 것을 이미 언급했다. 실제로 많은 연금술 대가들의 종교적 태도는 조심스럽게 말하면 불명확하다 — 무엇보다 근대 초기에 그러하다. 그러나 여기서 미리 말하면, 연금술사들의 종교적 표상에서 불분명한 부분은 너무 불명확해서 연금술의 추종자들조차도 그들이 믿었던 것의 결과를 꿰뚫어 보지 못했다. 그런데 연금술사 자신 그리고 그들에 대한 재판관으로 초빙될 수 있었던 모든 자들이 지녔던 확신 — 그들 또한 모두 올바르고 신앙이 바른 가톨릭 또는 개신교도일 뿐 다른 무엇이 아니라는 — 말고 다른 어떤 것이 각각의 연금술 대가를 더 잘 보호할 수 있었겠는가?

유대 신앙에 대한 기독교 연금술사들의 관계도 비슷했다. 연금술과 유대 사상은 상당한 관계가 있었는데, 그 사상은 숭앙받던 예언자 마리아(Maria Prophetissa)의 형상 속에 잘 육화되어 있었다. 그러나 가장 거친 정통 그리스도교 광신자들도 솔로몬 왕과 구약의 예언자들을 숭앙하지 않았던가? 상당수의 연금술 저작들 속에 들어가게 될 터인 카발라도 연금술의 표현형상에 해를 끼치지는 못했다. 성서의 철자 순서 속에서 더 높은 섭리의 신호를 간취하는 이 특별한 신비주의는 어떤 면에서는 기독교인에게도 친숙했던 훈련에 잘 들어맞았다. 그들의 신학자들도 성서 속에는 겉으로 드러난 텍스트 저편에 더 넓은 의미 차원이 존재한다고, 즉 알레고리적 의미의 구원역사적 의미 차원,

역사윤리적 의미에서의 도덕적 의미 차원, 그리고 마지막으로 유비적 의미에서의 최후의 것과 관련된 종말론적 의미 차원이 존재한다고 믿었다. 이제 어느 누가, 카발라를 약간의 노력을 기울여야 하지만 근본적으로 기독교적인 해석기술로 파악했다면, 그는 유대적 박식에 대한 경탄 속에서 아주 잘 살아갈 수 있었다 ― 코앞에서 즉각 이단 재판의 화형 냄새를 느끼지 않고도.

그러나 바로 이 기독교화는 다른 누구보다 유명한 인문주의자, 헤르메스주의자, 그리고 인간 자유의 사도인 조반니 피코 델라 미란돌라(Giovanni Pico della Mirandola)가 구약에서 신약에 대해 카발라적으로 암호화된 알레고리적 암시를 발견함으로써 이루어졌다. 그러므로 어떤 연금술 대가라도 자기가 연금술 전통의 비밀로 가득한 말들 속에서 특별한 지혜들과 암시들을 찾았을 때 자기 영혼의 구제가 위협받는다는 느낌을 가질 필요가 없었다.

그렇지만 모든 자기보호 메커니즘, 양측의 모든 오해의 메커니즘에는 비상하게 중요한 것이 또 덧붙는다. 연금술사들, 적어도 그들의 엘리트들은 기독교 전통의 정통 전범을 통해 교육받았다. 그들과 그들의 잠재적 고발자들은 동일한 기독교적 성서와 세상적 성서, 즉 구약과 신약, 그리고 아리스토텔레스의 저작을 놓고 선서를 했다. 유대인들과 달리 연금술사들은 기독교 내적 담론으로부터 말하자면 엄격하게 배제되어 있지는 않았다.

사람들이 유대인 연금술 대가를 불태웠다면, 이는 그가 연금술사였기 때문이 아니다. 물론 연금술의 가르침에 대해 이단 의혹 ― 전혀 근거 없던 것은 아닌 ― 을 품은 자도 있었다. 이에 대해서는 스페인

종교재판관 니콜라스 에이메릭(Nicholas Eymerich) 같은 사람이 그의 《연금술사에 대한 반대》(1396)를 통해서 언급했다. 그러나 기독교 내부 세계에서 그러한 의혹은 두려워할 만한 결과를 낳을 수 없었다. 이는 그것이 구체화될 수 없었기 때문이다.

연금술사들은 그 의혹을 진심으로 부당하다고 보았고, 그들은 자기들의 전체 성격상 선교사적 또는 아예 혁명적인 열심은 드러내지 않았다. 그러므로 교회 행정처는 그들을 유대인 옆, 그리고 이단자 옆에도 세울 수 없었다 ― 그리고 또 마녀 옆에도. 만일 박해자의 언어를 말하지 않았다는 것 때문에 재판까지 갔다면, 그들의 운명은 이미 그전에 정해져 있었던 것이다.

마녀짓으로 고발당한 여성은 지적이고 신학적이고 자연철학적이고 법학적으로 교육받은 광신자들의 도당(Clique)과 대면했다. 그녀들이 가령 가련한 약초 여성으로서 병 치료 직업을 수행했다면, 그녀들은 무식뿐 아니라 지식까지도 라틴어 문장을 이용해 숨길 능력이 없었다. 비르투테스가 무엇인지, 콸리타테스 마니페스타이(qualitates manifestae, 발현된 성질)가 무엇인지, 콸리타테스 오쿨타이(qualitates occultae, 숨겨진 성질)가 무엇인지 그들은 말할 줄 몰랐다. 그리고 그들의 짓눌린 비참하고 불쌍한 영혼은 그들의 재판관과 똑같이 악마가 있음을 믿었다.

반면에 연금술사들은 스키엔티아 나투랄리스(Scientia naturalis)가 무엇인지, 아르스 프로히비타(Ars prohibita)가 무엇인지 잘 알고 있었다. 그리고 사람들은 연금술의 얼치기, 돌팔이에게도 마찬가지로 일반적으로 마녀짓이나 이단이라는 딱지를 붙이지 않았다. 그들도 교육받은 연금술사처럼 행동하고 말했기 때문이다. 물론 그들은 행동과 말에 있어 서툴렀다. 그러나 그들은 물질적인 면에서든 이념적인 면에서든 그들 자신을 제외하고는 아무에게도 해를 끼치지 않았다. 연금술 대가들은 교회와 대학 출신의 교육받은 엘리트들과 함께, 언어 — 중세 세계 체계의 안정화에 봉사했고 동시에 정의로운 자라는 그들의 자기규정에 봉사했던 — 의 우리 속에 앉아 있었다. 이 우리는 그들을 가두는 동시에 보호했다.

26. 연금술에서의 그림

연금술사들이 그들의 우리 안에서 무엇을 말하고 생각했든 간에, 그들의 신적 예술은 단순한 생각 이상의 것이었고, 그랬기 때문에 이미 일찍이 연금술과 예술의 만남, 가령 클레오파트라의 저작 속의 그림들에서와 같은 만남이 이루어졌다. 이미 여기서 연금술은 예술을 그들 메시지의 도구로 사용했던 것이다.

문학에서 그것은 예를 들어 테오프라스토스와 히에로테오스(Hierotheos)의 교훈으로 가득한 시구-소논문(*Vers-Traktate*) 같은 것이었는데, 그것들은 조지 리플리(George Ripley), 토머스 노턴(Thomas Norton)(두 사람 모두 15세기) 등의 작품들과 함께 멀리 근대에 이를 때까지 사랑받았다. 또한 연금술적 내용의 경우도 있었는데, 특히 근대에 나온 것들이 그런 내용을 담고 있었다. 그러나 이것은 높은 예술적 의미를 가지고 있지는 않았다.

반면 회화에서는 예술적으로 수준 높은 자료들이 우리 앞에 풍부하게 놓여 있다. 여기서 우리는 도구와 용기의 예술적 스케치를 발견하고, 이미지적 상징으로 표현된 것을 발견하고, 전체 과정 또는 복합적 상태를 재현한 다면적 스케치와 회화를 발견한다. 그리고 이 모든 것은 원시적 예술 수준부터 완성 수준의 회화에까지 걸쳐 있다.

15세기 초에 제작된《성 삼위일체의 서》의 그림들은, 비록 그것이 특출한 예술작품이 아니기는 하지만 텍스트의 파트너로서 높은 가치를 보여 준다. 이와 달리 16/17세기에 나온 연금술 저작《스플렌도르 솔리스》(*Splendor Solis*)의 그림들은 이미 이야기했듯이 대가의 솜씨를 보여 준다.(54) 또한 1600년 직후에 만들어진 몇몇 장식수집품과 그림 시리즈의 동판화도 높은 예술적 가치를 지닌다. 그 사례로는 17세기에 라인강 변에 자리 잡고 있던 구리동판 제작자 가문 데 브리(de Bry)의 작업장에서 제작된 두 수집품이 있는데, 하나는 15세기의 아브라함 폰 람프슈프링(Abraham von Lambspring)이라는 헤르메스주의자가 집필한 〈현자의 돌에 관한 시〉(인쇄 1625)라는 연금술 시구-소논문에 나오는 람프슈프링 그림들(Lambspringsche Figuren)의 수집물이고, 또 하나는 미하엘 마이어의 유명한 저작 《아탈란타 푸기엔스》(*Atalanta Fugiens*)이다.

그런데 우의화집(寓意畫集, Emblembuch)들은 1531년에 인문주의자 안드레아 알치아토(Andrea Alciato)가 최초로 출판한 후에 등장한 전형적인 근대적 현상이었다. 그렇지만 그 뿌리는 연금술의 뿌리와 마찬가지로 이집트의 고대 후기까지 거슬러 올라간다. 이집트의 태곳적 지혜에 대한 르네상스 학자들의 관심 — 자신의 일에 대한 확신이 별로 없는 자들의 시각으로부터 나온 — 은 말하자면 그들이 필요로 했던 것의 발견을 낳았다. 그것은 기원후 100년에서 400년 사이의 언젠가 그리스어로 옮겨졌고, 1419년에 재발견되어 1505년에 인쇄된 책인데, 호라폴로[Horapollo(Horus-Apollon, 호루스-아폴론)]라는 사람이 썼으며 《히에로글리피카》(*Hieroglyphica*)라는 제목이 붙어 있었다.

여기에 담긴 내용은 비밀로 가득한 작은 그림들, 바로 상형문자에 대한 해석 — 대부분 맞지 않기는 하지만 — 이었다. 빌리발트 피르크하이머(Willibald Pirckheimer)와 노스트라다무스(Nostradamus) 같은

미하엘 마이어, 《아탈란타 푸기엔스》, 1618 표지.
그림은 마테우스 메리안(Matthaeus Merian)의 판화.

학자들 알브레히트 뒤러(Albrecht Dürer) 같은 예술가 등은 호라폴론(Horapollon)의 저작에 활발한 관심을 보였다. 그 책에서와 같이 비밀로 가득한 그림들과 그것에 대한 해석들은 나중에 우의화집들 속에도 담겼다 ― 대부분 경구 형식의 시구 형태로, 그러나 종종 산문 텍스트도 함께 포함해서.

나는 감각으로 파악할 수 없는 다의성 ― 이 의미들의 자연스런 담지자가 바로 그림들인 ― 을 지닌 우의화집들의 새로운 문학 양식 ― 옳고 명백한 해석을 발견했다고 주장하는 ― 이 바로 연금술 출판물의 이상적 모범, 본보기가 되었다는 것이 놀랍다고 생각하지 않는다. 그림설명이 붙은 다른 많은 텍스트들 중에는 ― 그것들이 우의화집에 속하든 아니든 상관없이 ― 다음 책들도 있다.

야누스 라키니우스(Janus Lacinius)(1546)의 인상적인 그림 시리즈가 들어 있는《프레키오사 마르가리타》(*Preciosa Margarita*, 귀중한 진주), 그리고 더 나아가서《아르티스 아우리페라이》(*Artis Auriferae*, 금의 예술) 전서에 포함되어 있고 칼 구스타프 융이 상세한 주석을 붙여 놓은(55) 저자 미상의《로사리움 필로소포룸》(*Rosarium Philosophorum*, 철학자들의 묵주 또는 철학자들의 장미, 1550), 히에로니무스 로이스너(Hieronymus Reusner)의《판도라》(*Pandora*), 조반니 바티스타 나자리(Giovanni Battista Nazari)의《금속의 변환에 관하여》(*Della tramutatione metallica*, 1599), 그리고 다니엘 슈톨치우스 폰 슈톨첸베르크(Daniel Stoltzius von Stoltzenberg)의《화학의 유원지》(*Chymische Lustgärtlein*, 1624)이다.《화학의 유원지》는 데 브리(de Bry) 가문의 작업장에서 제작된 여러 개의 그림 시리즈를 포함하고 있는데, 이것들은 저자에

늑대가 왕을 집어삼킨다 — 늑대가 불탐으로써 왕을 되살려 낸다.
《아탈란타 푸기엔스》의 엠블럼 24.

돌이 땅으로 던져지고 산 위로 들어 올려졌다. 그것은 공중에도 존재하고, 강 속에서 영양분을 얻는다.
《아탈란타 푸기엔스》의 엠블럼 36.

의해서 조금 세련되지 않은 독일 시구로 주석이 붙어 있었다.

이러한 종류의 문헌으로부터 얻은 인상을 전달하기 위해서는 한 가지 사례로 충분할 것 같은데, 이것은 슈톨치우스(Stoltzius)의 20개 그림 시리즈로부터 선별한 그림들을 재인쇄한 요한 다니엘 밀리우스(Johann Daniel Mylius)의 《필로소피아 레포르마타》(Philosophia refor- mata, 개혁된 철학, 1622년 인쇄)이다. 이 그림들은 연금술 과정 전체를 이미지를 통해 묘사하고 있다.

- 그림 1의 주제는 메르쿠리우스인데, 여기서 그것은 마그눔 오푸스의 기초 또는 전체 작업 자체로 여겨졌다. 그렇기 때문에 일곱 개의 행성들 중에서 해와 달 및 네 개의 행성만이 그림의 네 귀퉁이에 그려져 있다. 그림 가장자리에서 솟아오르는 증기들은 두 개의 금속을 형성하는 증기이다. 세 개의 조각상은 세 자연계의 수은을 나타낸다.
- 그림 2에서는 왕과 왕비로서의 솔(Sol)과 루나(Luna)를, 그들 위에서는 하늘의 메르쿠리우스를 볼 수 있다. 반면에 그들 발 옆의 녹색의 이중 사자는 그들 공통의 용제 — 분명 산이거나 산 혼합물일 — 를 나타낸다. 사자가 녹색인 이유는 그것이 모든 외관과는 반대로 생명의 선사자일 뿐만 아니라 거의 모든 은 시료와 금 시료 속에 구리 — 물론 산에 색을 입히는 — 가 약간 포함되어 있기 때문이다.
- 그림 3과 4는 모두 욕조 — 그 안에서 솔과 루나가 불과 물에 녹게 될 — 를 나타낸다 — 솔루티오(Solutio).
- 그림 5에서 욕조는 둘을 결합했다. 여기서 슈톨치우스는 신화적 짝인 가브리쿠스(Gabricus)와 베야(Beya)를 암시하는데, 이 쌍은 가

위는 《필로소피아 레포르마타》의 표지.

아래는 연금술 과정을 묘사한 그림.
요한 다니엘 밀리우스, 《필로소피아 레포르마타》, 1622, 영국 국립도서관.
그림 재인쇄: 다니엘 슈톨치우스 폰 슈톨첸베르크, 《화학의 유원지》, 1624, 다름슈타트 1964 재인쇄

브리쿠스가 베야 속에서 해체되어 서로 소멸해 들어간다. 이는 동시에 둘의 죽음 — 모르티피카티오(Mortificatio) — 을 의미한다. 시작 단계의 니그레도(Nigredo, 검게 하기)와 푸트레팍티오(Putrefactio, 부패)는 그림 오른쪽의 검은 새들이 상징하고 있다. 밀리우스나 슈톨치우스의 경우에 푸트레팍티오는 그러니까 콘융크티오(Coniunctio, 결합) 다음에 온다.

• 그림 6에서는 유리로 된 관, 즉 바스 헤르메티쿰(Vas hermeticum) 속의 왕 부부가 어떻게 썩는지를 볼 수 있다.

• 그림 7에서는 그림에 나온 그대로 두 죽은 자의 혼이 그들의 육체를 떠난다 — 수블리마티오(Sublimatio, 승화). 검은 질료가 남는다.

• 그림 8은 솔과 루나, 왕과 왕비, 가브리쿠스(Gabricus)와 베야(Beyâ)의 육체가 아직 생명이 부여되지 않은 헤르마프로디토스로 합쳐진 것을 보여 주는데, 이 헤르마프로디토스는 이제 — 분명히 여러 차례의 증류나 승화 때 — 하늘의 이슬, 즉 하늘의 스피리투스(Spiritus)에 의해 물로 축여지고 맑아진다.

• 그림 9에는 검은 까마귀가 등장한다 — 무덤이 아니라 합일된 쌍이 침대에 누워 있는 침소 앞에서. 혼-까마귀(Seelen-Krähe)는 그것과 교신하는 까마귀들을 분해의 물로부터 구해 낸다. 연금술사 쌍의 이중 육체는 이렇게 해서 다시 살아난다 — 비비피카티오(Vivificatio).

• 생명 부여의 첫 단계, 이것은 그림 10에 표현되어 있는데, 흰색 돌의 헤르마프로디토스로 상징된다. 그런데 흰 돌은 생명을 주고 은으로 물질변환할 수 있는데, 이에 대해서는 여성적인 것의 상징으로서의 반달, 그리고 수태를 가져다주고 그림으로써 — 증류를 통해 —

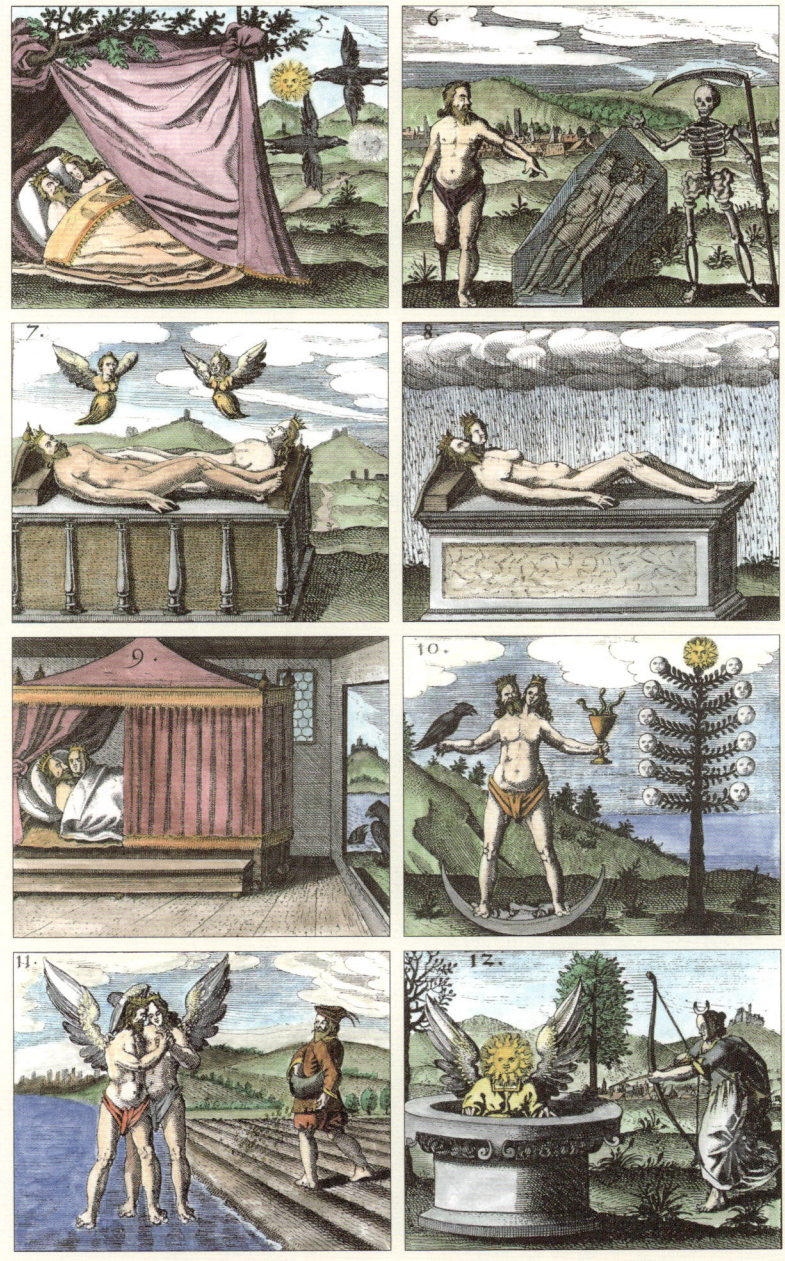

영을 가져다주는 것의 상징으로서의 은 나무가 나타내고 있다. 헤르마프로디토스의 남성적 부분의 혼-까마귀는 그에 반해서 아직 육체 속으로 들어가지 않은 것처럼 보인다. 그러므로 밀리우스와 슈톨치우스는 명백하게 하얀 돌을 만들어 내게 될 하찮은 작업(opus minus)을 구별하고, 최고의 돌, 즉 붉은 돌을 목표로 하는 위대한 작업(opus maius)도 구별한다.

• 그림 11이 의미하는 것은 재해체인데, 이는 그림 오른쪽에 있는 물 및 이제 영을 받은 날개 달린 헤르마프로디토스의 부분적인 분리가 가리킨다. 그리고 그것은 또 남성적 황과의 합일도 의미하는데, 이 황은 텍스트가 말하고 있듯이 화염 속의 이중육체에게 힘을 주기 위해서 뿌려진다.

• 그림 12에서는 질료 내지 수은의 우물에서 솔이 솟아오르는데, 그러나 이때 그것을 루나의 화살이 꿰뚫고, 이에 의해 여성적인 것과 접촉함으로써 우물, 즉 질료를 금으로 변환할 수 있게 된다.

• 그림 13은 아마 새로 만들어진 헤르마프로디토스가 계속해서 수은을 섭취하며 양육된다는 것을 의미할 것이다.

• 그림 14의 착륙 중인 것이 분명한 새는 '그무에트'(Gmuet), 즉 혼을 상징하는데, 반면에 날개 달린 천사는 '영'을 나타낸다. 텍스트에는 그 밖에 간접적으로 키르쿨라티오(Circulatio)의 위와 아래를 참조하라는 언급이 있다.

• 더 많은 키르쿨라티오, 더 많은 하늘 이슬 또는 더 많은 수은은 그림 15가 보여 주듯이 어머니 질료의 손에 있는 잠재적 금과 은의 힘과 양을 강화한다 ― 물티플리카티오(Multipicatio).

• 그림 16에서는 영을 부여받은 금과 은이 변환의 우물로부터 올라온다. 펠리칸은 순환하는 자기복구를 나타낸다. 그러나 새끼를 자기 피로 키우는 펠리칸은 또한 돌의 상징이기도 하다. 왜냐하면 돌은 투사(Proiectio)할 때 천한 질료를 금으로 변환하기 위해서 죽는다고 볼 수 있기 때문이다.

• 그 결과 그림 17에서 붉은 돌은 사자와 뱀을 지배하는 온전한 지배자로 등장한다. 이때 사자는 분해의 원리를 나타내고, 우로보로스로서의 뱀은 원초적 혼돈의 원리를 나타낸다. 해 나무의 결실은 붉은 엘릭시에르를 사용한 투사의 결실들이다. 마지막 세 개의 그림은 이 과정을 속기술적으로 요약해서 재연한 것이다.

• 그림 18은 다시 메르쿠리우스 노스테르(Mercurius noster), 즉 우리의 수은인 녹색 사자가 모든 일곱 금속들뿐 아니라 해까지도 삼킬 수 있으며, 그럼으로써 해를 몸에 지닐 능력이 있음을 확인해 준다.

• 그림 19는 현자의 돌이 해와 달의 아들이라는 것을 보여 준다.

• 그림 20에서는 마침내 왕이 그 구성요소들의 투사 내지 재통합을 거쳐 천한 존재의 무덤으로부터 솟아오른다.

이로써 우리에게 연금술 과정이 더 명확해졌는가? — 물론 우리가 그것에 관해 아직 아무것도 모른다는 전제하에서. 나는 이 물음에 대해서 우리가 조심스럽게 '그렇다'라는 대답을 할 수 있다고 생각한다 — 비록 우리에게 제시된 명확성이라는 것이 어스름 속의 불특정한 명확성이기는 해도. 연금술 그림들은 모두 그렇다 — 비록 그것이 자주 오해받기는 했지만. 앙드레 브르통(André Breton)이 초현실주의의 두 번째 선언에서 플라멜의 책 속의 아이살해 그림이 초현실주의의 대작(*le tableau surrealiste*)이라고 주장했을 때, 이는 아마 달리(Dali) 같은 인물에게 도움이 되기는 했을지 모르지만, 연금술과 관련해서 그 주장은 어떤 진리도 지니고 있지 않았다. 플라멜의 아이살해는 연금술이란 범위 안에서의 실제, 그리고 실험실이란 현실 속에서 실행 가능한 이야기를 말해 주는 것이다. 그것은 가난한 사람들의 성서에서와 똑같이 그림이 이야기를 읽어 주는 것과 같다. 이와 유사하게 《필로소피아 레포르마타》의 그림들도 그런 식이다.

반면에 초현실주의의 작품들은 **오직 자기 자신만을 통해서** 세계를 가리킨다. 그것들은 대항세계 ― 이것도 세계이다 ― 로서의 그들 자신을 기술한다. 그러나 크리스토퍼 브레이더(Christopher Braider) 같은 예술사학자들이 이야기로서의 회화와 묘사로서의 회화 사이의 차이에 착목해서 중세에서 근대로의 이행 중에 회화에서 텍스트의 ― 특히 성서의 ― 그림을 통한 설명으로부터 감각적 실제 ― 자연 ― 의 사실주의적 재현으로의 이행이 완수되었다는 주장을 펴는데, 그것은 그냥 일반적으로도 거의 틀린 말이다.[56] 그리고 연금술 그림에 대해서는 그것의 예술적인 질이 어떻든 상관없이 전혀 들어맞지 않는다. 연금술 내부의 그림들은, 바로크 시대에 나온 그림들까지도 연금술 작업(*Opus alchemicum*)을 가리키는 알레고리들이다. 그렇지 않다면 그것은 연금술 그림이 아니다.

우리는 14세기 이래 연금술에서 그림이, 다시 말하면 알레고리화하는 그림이 점점 더 전면으로 부상하는 것을 확인하지 않을 수 없다.

《성 삼위일체의 서》에서 우리는 그림과 단어의 균형 잡힌 관계를 발견하는데, 이때 둘은 서로 상호작용하는 가운데 하나가 다른 하나를 설명한다. 그림의 영적 다의성 — 그렇지만 동시에 시각적으로는 명백한 — 은 이때 말하자면 교량 역할을 한다. 이 교량을 통해서 울마누스는 그의 신학적, 연금술적 표상들을 서로 연결한다 — 그것들을 상상 가능하게 만들고 그럼으로써 실제의 것으로 만들기 위해서, 그리고 동시에 그것들의 실제성을 감정적으로 극복하기 위해서. 앞에서 언급한 연금술 우의화 문헌에서는 그림과 짧은 시구 설명이 하나로 융합되었는데, 이 융합은 그림 — 결국은 설명을 촉발하는 계기로 작용하는 — 에 보조 기능만을 넘겨주지는 않는다. 슈톨치우스의《필로소피아 레포르마타》를 위한 시구들은 대부분 너무 순진하고 소박해서 인용할 만한 가치가 없을 정도이다.

이러한 발달이 결국 최고조에 달한 것은 1677년에 나온《침묵의 서》(*Liber Mutus*)에서인데, 이 책은 알투스(Altus)라는 독특한 가명을 지닌 연금술 대가에 의해서 편찬되었다. 알투스는 잘 알려져 있듯이 '높은'뿐만 아니라 '깊은'으로도 번역될 수 있고, 그럼으로써 연금술사의 심리학적 위치의 특징을 가장 잘 나타내 준다.(57)《침묵의 서》는 실험하는 쌍 — 연금술 대가와 그의 신비의 누이(*Soror mystica*) — 의 그림들이 넘쳐나는 가운데 단지 두 개의 글로 된 부가물, 즉 마지막 장 앞 장의 "기도하라, 읽으라, 읽으라, 읽으라, 다시 읽으라, 노력하라, 그러면 발견할 것이다"(*Ora, lege, lege, lege, relege, labora et invenies*)와 마지막 장의 "보는 자로서 너는 떠나간다"(*Oculatus abis*)는 경구를 포함하고 있다.(Cans. 127, 129, Tafel 14, 15) 둘 중 어떤 것도 역설적이지 않다. 왜냐하면 그림들도 읽을 수 있고, 그림들에 대한 명상은 그 응시자를 진정한 '보는 자'가 되도록 해 줄 터이기 때문이다.

이는 바로 이미 우리 입 밖으로 튀어나왔을 것 같은 물음, 즉 '왜 이러한 그림으로 가는 발전이 있었는가'라는 물음으로 인도한다. 하나의 이유는 분명히 시간에 대한 그림의 관계 속에서 찾을 수 있다. 그림은 모든 말보다 더 많은 것을 이야기해 준다. 말들은 단지 '차례차례', 그러니까 시간 속에서 들을 수 있고 읽을 수 있지만, 반면에 그림들은 이 '차례차례'를 한 번의 응시 속에서 파악할 수 있는 '나란히'와 '서로서로'로 만들 수 있다. 그러므로 대상에서는 명백하지만 의의에서의 다의성을 전달하는 것은 말보다 그림 하나를 통해서 더 잘 이루어질 수 있다 ─ 가령 예술가가 두 개의 시간적으로 분리된 사건들의 비밀의 의미동시성에 대해서 말하려고 할 경우에. 일반적으로 그림은 '말해지지 않은 관계들'을 통해서 많은 것 ─ 이성적 담론에게는 허용되지 않지만 유사이성적(*ratiomorph*) 이해에는 열려 있는 ─ 을 전달할 수 있다.(58)

이와 관련하여, 그림들이 단지 아름다움만을 겨냥하고 그 밖의 다른 메시지는 겨냥하지 않는다면, 그것들은 오직 그 자신만을 가리키고 그림으로써 또한 해석도 그 자신으로부터 나올 수밖에 없다는 것은 전적으로 타당하다. 동일한 말은 예술을 위한 예술(*L'art-pour-l'art*) 텍스트에도 해당된다. 그러나 연금술 그림과 연금술 텍스트는, 중세에 사람들이 성서와 그 그림설명을 이해한 것과 같은 성격의 것이다. 둘은 의미로부터, 다양한 층위의 의미들로부터 생명력을 얻었다. 연금술 그림들은 화학 반응을 단순히 묘사하는 것에서 끝나지 않는다.

그것들은 수많은, 연상적으로 연결되어 있고 말로 할 수 없는 메타포들을 도발해 불러낸다. 그림들은 그 자체에 어떤 무한한 것을 가질 수 있고, 이미 그렇기 때문에 그 자신을 넘어서 먼 곳을 가리킬 수 있다. 좀 더 제대로 표현하면, 사람들은 무한한 것을 연상적으로 그 속에 집어넣을 수 있다. 그런데 이때 연상들은 보통 그림들에 부수된 텍스트 또는 잘 알려진 전통적 표상들로부터 나온 것이었다. 둘은 최초의미 같은 것을 제공했던 것이다.

이에 의해서 연금술사들은 그들의 생각들, 그들의 무의식적 생각들까지 명상적으로 그림 속에다 넣고 그림과 생각을 하나의 느껴 아는 통일체로 융합할 수 있게 되었다. 오늘날 우리는 이를 거의 재연할 수 없다. 그러나 그렇게 생각하면, 역사적으로 고찰할 때 그림을 통한 묘사가 연금술 속으로 침투한 것은 분명히 헤르메스주의적 또는 신헤르메스주의(Neo-Hermetismus)적 관념들—최종적으로 말로부터 벗어나는—의 침투, 아니 득세를 보여 주는 하나의 지표이기도 하다. 근대 자연과학이 선두에 나서는 근대가 시작될 때 헤르마프로디토스의 그림이 획득하는 유명세를 고찰해 보면, 이는 마치 연금술이 우리에게 이렇게 이야기하는 것 같다. "나는 새로 유행하는 화학자들과 질료이론가들의 피상적 설명기술을 더 이상 따라갈 수 없다. 그러나 나를 명상하라, 그러면 너는 진정한 의미에서 내가 의미하는 것을 알아챌 것이다. 너는 보는 것을 배울 것이다."

그런데 우리가 소립자 물리학과 연금술에서의 상보성과 그 표현형태의 문제에 대해서 다시 생각하면, 우리는 여기서 인간의 자기 환경에의 참여에 관한 몇 개의 논평을 덧붙일 수 있다.

우리는 현상들 — 화학 반응이 되었든 물질이 되었든 — 이 자기 스스로를 가리키는 것처럼 보이는 세계, 바로 그런 세계에서 산다. 이때 우리는 현상들이 조금도 자립적인 것이 아니고, 처음부터 우리와 그것들 사이의 해석 관계 속에 놓여 있다는 것을 대체로 잊어버린다. 이는 우리의 감각, 기억능력 및 연상능력이 우리에게 제공하는 그 모든 것 속에 우리 자신이 관여되어 있다는 것을 의미한다. 그러나 인간의 인지는 더 많은 것을 할 수 있다. 인간의 인지는 우리 감각들과 감각 인상에 의해 뒷받침되는 우리의 기억을 뛰어넘는, 다시 말해서 **초월하는** 무언가를 포괄할 수 있다. 인간 역사가 전개되는 동안 현상들이 본래 무엇을 초월하는가에 대한 아주 다양한 입장들이 존재했지만, 이는 여기에서 다룰 주제가 아닐 것이다. 연금술의 입장을 우리는 이미 알고 있다. 이 입장은 잠재적으로 범신론적이었다. 즉, 연금술 대가들은 모든 사물 속에서 신적인 것의 반영을 알아챘다. 그런데 이 반영은 질료의 거울이 아니라 질료 속에서, 좀 더 분명하게 말하면 질료를 관통해서 일어났는데, 바로 그렇기 때문에 질료는 그 자신을 뛰어넘은 것을 표출할 수 있었다.(59)

소립자 물리학도 우리 감각의 세계 뒤편에 있는 세계를 인식하는데, 이 세계는 신의 세계와 마찬가지로 우리 감각의 세계와 모사 관계를 갖지 않은, 그러니까 그것을 초월하는 세계이다. 여기에서도 대상들을 초월하는 것은 감각적으로 파악될 수 없다 — 비록 우리가 그것이 대상들을 최초로 만들어 낸다고 주장하기는 하지만.

그러면 왜 연금술사들과 물리학자들은 오늘날 다시 한배에 타고 있지 않은가?

이에 대한 대답 중 하나는 아마 다음과 같을 것이다. 즉, 연금술사들은 초월에 참여하는데, 그렇게 할 수 있었던 이유는 그들이 자기 인간 존재의 복합성 전체를 이 참여에 바쳤고, 그럼으로써 그들의 담론적 오성이 아니라 또는 그것뿐만 아니라 무엇보다도 그들의 감각도 이 참여에 바쳤기 때문이다. 연금술사들의 사고방식은 복합적이었고, 그들은 이 복합성을 그들의 복합성 속에서 유지하려고 했다. 그리고 이와 동시에 그들은 주관적이었다.

반면에 근대 물리학자들은 — 그리고 그들과 함께 우리는 — **참여하지 않는다**. 왜냐하면 우리는, 우리가 자연 그대로의 자연을 대상으로 만들 경우 분석적이고 대상관련적인 사고를 하기 때문이다. 근대성의 세계 속에 있는 우리는 대상의 상징을 가지고 있고, 대상을 대상으로부터 분리했다 — 그것을 그 자체로서 고찰하기 위해서. 우리는 대상으로부터 대상을 분석적으로 고립시키고, 대상은 이에 의해서 그리고 이와 함께 초월성을 잃어버린다. 즉, 헨 토 판(Hen to pan), 헨 카이 판(Hen kai pan), 모든 것 속의 하나, 하나 속의 모든 것 속에 놓여 있는 초월성을 상실하는 것이다.

모든 사물, 모든 인상, 모든 체험을 다른 사물, 인상, 체험 속에서 다시 발견하기를 원칙적으로 포기하는 것은 아주 큰 장점을 가지고 있다. 그것은 우리에게 사고감정의 불투명한 언행으로부터 정밀한, 객관적으로(sine ira et studio) 매개 가능한 언명을 가져다준다. 이는 또한 상보성과 연관이 되는데, 물론 이 상보성은 대상을 관통해서 초월로 향해 가는 출구를 더 이상 허용하지 않는다. 정밀함을 원한다면 우리는 분리하지 않을 수 없다. 왜냐하면 정확하게 한계를 설정한 물음에 대해서만 우리는 정확하게 한계를 설정한 대답을 요구할 수 있기 때문이다. 예를 들어 하이젠베르크의 불확정성 원리는 정밀한, 측정 결과에 의해서 제안된 물음에 대해서 대답한다. 그리고 소립자와 관련해서는 입자로서의 질료가 정밀한 물음에 대해 대답하고 마찬가지로 파동으로서의 질료가 정밀한 물음에 대답한다. 이때 중요한 것은 단순성이지 복합성이 아니다. 중요한 것은 정밀한 언명이지 다층적 의미의 다양성 속에서 재연될 수 있는 복합적 다층성이 아닌 것이다.

자연과학적 사고와 연금술적 사고에 대한 우리의 태도는 우리가 두 영역의 그림들을 우리에게 작용시킬 때 가장 분명하게 깨달을 수 있다.

먼저 반으로 잘라진 구의 절단면에 무질서한 파동 다발이 붙어 있는 그림을 상상해 보자. 우리는 그러한 그림을 분명 어떤 초월적인 것으로서의 소립자적 존재의 실재로 이해하지는 못한다. 그러나 왜 못하는가? 왜 그림은 우리에게 아무것도 말해 주지 않는가? 왜냐하면 물리학적 물음에 대해서 가능한 한 가장 단순한 것으로 환원된 물리학적 대답은 어떤 미학적 자극도 주지 못하기 때문이고, 또 시각적 언명은 수학적 방정식의 언명을 넘어가는 것, 즉 새로운 언명 — 비록 이것이 교육과 관련된 인식일지라도 — 은 아무것도 전달하지 않기 때문이다. 그러니까 우리 안에서는 자연의 모순 내지 우리 사고의 모순에 직면할 때 장엄한 전율이 솟구치지 않는 것이다.

물론 이와 똑같이 우리는 상보성 현상의 표현으로서의 헤르마프로디토스의 그림을 들여다볼 때에도 우리 안에서 경건한 흥분 같은 것을 느끼지 못한다. 이는 본래 전달해야 할 것, 즉 초월을 우리 20세기의 자식들에게는 더 이상 전달하지 못하는 고대 이집트 신들의 그림들의 경우에도 마찬가지이다. 헤르마프로디토스의 그림도 이와 아주 유사하다. 우리는 그의 비밀을 추측하기는 하지만, 그것은 우리 감정의 삶 속으로 넘어오지 않는다. 비밀은 근대 초기의 연금술적 사고의 영역에 남아 있는 것이다.

그렇지만 우리는 헤르마프로디토스의 그림과 마주할 때는 파동-입자상과 마주할 때와는 다른 행동을 취한다. 우리는 초월과 접촉할 권리로부터 미학으로 도망치는데, 이는 교회의 예술작품 앞에서 하는 것과 같고, 그럼으로써 우리는 똑같이 이들 작품에게 부당한 짓을 저지른다. 내가 생각하기에, 그럼으로써 우리의 미학적 고찰은 연금술적 사고의 영역으로부터 물러난다. 그러나 이는 자연과학적 객관화의 영역까지 가는 것이 아니라, 우리가 아직 **평가**할 수 있는 영역까지만 간다. 왜냐하면 이 영역에 사물들의 복합성이 의미 있게 보존되어 있기 때문에, 그러니까 아직도 여전히 다른 것 — 이것이 연금술사들이 나타내려고 했던 것이 아니기는 해도 — 을 암시하는 것으로서 보존되어 있기 때문이다.

《스플렌도르 솔리스》(*Splendor Solis*)라는 소책자에 나오는 헤르마프로디토스의 그림은 《성 삼위일체의 서》에 나오는 그것보다 더 우리를 동요시킨다. 16세기에 출간된 《스플렌도르 솔리스》에 나오는 헤르마프로디토스는 우리가 그 작가를 모르기는 하지만 예술적 대작, 예술적 형체로서 그 자신 너머에 있는 것을 가리키는 대작이다. 그러나 이

'현자의 돌'과 세계를 구성하는 4원소인 흙, 공기, 물, 불의 합일을 상징하는 헤르마프로디토스. 4원소는 방패와 알에 표현되어 있다—대체로 흙은 알 껍질, 공기는 알 막과 공기주머니, 물은 흰자, 그리고 불은 노른자에 해당한다.

알을 든 헤르마프로디토스. 살로몬 트리스모신,《스플렌도르 솔리스》, 16세기, 영국 국립도서관

이상야릇한 이중인간은 우리의 열정을 더 이상 초월적인 것 — 그 육신을 통해서 은은히 스며 나올 터인 — 으로까지 요동시켜 주지 않는다. 유감스럽게도 우리는 이에 대한 모든 감각을 상실했을지 모른다. 연금술적 헤르마프로디토스와 현자의 돌은 우리로부터 영원히 사라져 버린 것이다.

27. 예술과 연금술

그림과 연금술의 관계에 대한 고찰은 물론, 우리가 **연금술** 비밀인 연금술적 헤르마프로디토스로 가는 통로를 더 이상 찾을 수 없게 되었다고 고백함으로써 다 끝난 것이 아니다. 주제를 넓히기 위해 외부로 눈을 돌린 화가의 작품들 속에 나오는 연금술과 연금술사들을 살펴보는 것은 여전히 흥미로운 일이다. 그런데 우리는 예술이라는 거울 속에서 연금술에 관한 '공개적' 견해 — 그렇기는 하지만 의식적으로 발표된 것도 아니고 깊이 생각한 것도 아닌 — 를 가장 잘 알아챌 수 있다. 그리고 연금술의 영역에 다른 예술들이 어떻게 끌어들여졌는지를 보는 것도 흥미로운 일이다.

 우선 우리가 연금술사로 쳐줄 수 없는 화가들의 거울에 비친 연금술사들 내지는 연금술에 관해서 이야기해 보자. 이 거울은 우리에게 근본적으로 항상 동일한 그림을 보여 준다. 우리 눈앞에는 높은 목표에 사로잡힌 자, 이 사로잡힘을 통과해서 지혜를 발견한 자가 등장한다. 그러나 우리는 또 비극적이거나 희비극적인 또는 단지 우습기만 한 망상가를 보는데, 그는 자신이 꿰뚫어볼 수 없는 환영에 매달려 있다. 이 여러 표현 형태로 나타나는 망상가는 연금술사의 한 형태이다. 의도적이든 그렇지 않든 자기기만형 사기꾼으로부터 변화가 일어나는 이행기에는 사기 악당의 **다른** 변형본 사기꾼들이 등장하는데, 그는 우리에게 교활하고 악한 자로, 또는 단지 가소로운 자로, 그러나 대부분은 상당히 웃기는 형상으로 제시된다. 이는 회화와 대중소설에 모두 동일하게 해당된다. 우리에게 아주 충분히 알려진 이들 변형본 둘을

3장 수도원 그리고 그 밖의 다른 곳에서 289

계속해서 새로운 판으로 바꾸어 가며 리뷰하는 것은 지루하기도 하고 시간이 오래 걸리는 일이기도 하다. 그렇기 때문에 아주 좁은 범위 안에서 조망하는 것으로 충분할 것이다.

여기서 15/16세기의 경계인으로 들 수 있는 자는 히에로니무스 보스(Heronymus Bosch)인데, 프라도(Prado)박물관에 걸려 있는 그의 《쾌락의 정원》(Garten der Lüste)이라는 세폭제단화(Triptychon)에서는 연금술 모티프가 다루어지고 있다. 물론 연금술 모티프란 너무 건조하게 말한 것이다. 여성 미술사학자 로린다 딕슨(Laurinda Dixon)이 증명했듯이, 세 개의 판 위에는 히에로니무스 보스의 조금도 난해하지 않은 연금술적 세계상 전체가 펼쳐져 있는데, 그는 그 시대의 높은 교육을 받은 것이 틀림없고, 그 자신이 무엇을 그렸는지도 잘 알고 있었다.

우리에게 내부의 일별을 제공하는 보스의 그림에는 실험하는 연금술사가 없다. 이는 대부분의 다른 화가들의 경우에는 달랐는데, 여기서는 대표적 인물로 17세기의 다비트 테니르스 2세(David Teniers d. J.)를 들 수 있다. 연금술사 부엌을 그린 그의 많은 그림들에서 테니르스는 우리에게 연금술 대가 ― 종종 자화상으로서의 ― 를 그의 상징들, 즉 기구들, 화로들, 책들로 둘러싸여 있고, 박제된 이구아나 같은 이색적 동물들로 둘러싸인 그림의 중심인물로 보여 준다. 이때 이구아나는 우로보로스의 육화, 그러나 또 의학의 첨가물, 그리고 어리석음의 상징도 나타내는데, 그는 이것을 바로크적 화풍으로 환상적인 것을 구체적인 것 속으로 끌어들임으로써 그림에 등장시킨다. 허무함은 또 알브레히트 뒤러의 1514년의 유명한 동판화 《멜랑콜리아 I》

다비트 테니르스(David Teniers d. J.), 〈연금술사〉, 17세기, 바이에른 주립회화수집관

(*Meleneolia I*)의 주제로도 등장하는데, 이것은 '알케미카'(*Alchemica*)라는 부제도 충분히 붙일 만하다. 멜랑콜리와 지혜는 친척 — 희망컨대 먼 — 인 것처럼 보인다. 왜냐하면 그것들이 아마 흔히 마비를 가져오는 무력감을 낳기 때문일 것이다. 테니르스의 그림에서도 그렇지만 연금술사들은 흔히 의자에 앉아서 명상하는 모습으로 그려졌다. 이제 사람들은 그의 모습 속에서 신들림을 발견하지 못한다. 왜냐하면 지혜를 추구하는 가운데 그는 현자가 되었기 때문이다. 그리고 현자는 비록 그가 행동에 대한 갈증을 간직하고 있다고 해도 손을 더럽히는 것이 허용되지 않기 때문에, 테니르스의 그림들에는 종종 화로를 작동시키는 시종이 등장한다.

다른 예술가들은 희열의 순간을 표현했는데, 예를 들어서 18세기에 조지프 라이트(Joseph Wright)는 〈연금술사〉(*The Alchemist*)라는 그림에서, 인의 발견자인 헤니히 브란트(Hennig Brand)가 어떻게 종교적 열광에 들떠서 초지구적으로 빛나는 증류 플라스크 앞에 무릎을 꿇는가를 보여 준다. 다른 예술가들은 또 진리의 순간 속의 연금술사들과 그 임무 부여자들을 묘사한다. 그런 그림으로는 1850년 이후에 얀 마테이코(Jan Matejko)가 그린 것이 있는데, 여기서는 연금술 대가 미카엘 센디보기우스(Michael Sendivogius)가 루돌프 2세 황제 앞에서 물질변환 — 물론 성공한! — 을 시연하고 있다. 이미 그전 18세기에서 19세기의 낭만주의로의 이행 중에 우리는 윌리엄 블레이크(William Blake)의 작품에서 연금술 또는 연금술에 가까운 주제와 모티프의 보고를 발견한다.

얀 마테이코, 〈연금술사 센디보기우스〉, 1867, 우치미술관
(원서에 없으나 이해를 돕기 위해 실은 도판—옮긴이)

그러나 연금술의 다른 면, 성공 못 한 면도 예술가들은 놓치지 않았다. 16세기 초에 한스 바이디츠 2세(Hans Weiditz d. J.)가 제작한 목판화에서 우리는 이미 상당히 몰락한 연금술사 한 사람이 부서진 그릇과 데토르트의 난장판 가운데에서 벽난로를 만지고 있고, 그 옆에 서 있는 조수가 머리에서 벼룩뿐만 아니라 절망의 생각도 긁어내려는 모습을 본다.

비슷한 시기에 만들어진 피터르 브뤼헐 더 아우더(Pieter Bruegel de Oude Ä.)의 동판화는 단 하나의 판에서 연금술을 하는 농부의 희비극적 망상뿐만 아니라 그의 가족 전체가 집과 농장으로부터 쫓겨난 결과를 보여 준다. 사람들은 웃고 싶어 하지만 사람들 얼굴에 덧붙여진 그 미소는 연민과 우려 속에서 사라지는 것 같다. 농부는 그가 연금술사이기 때문에 당연히 그런 운명을 당한 것일까? 그렇지 않으면, 그가 교육받지 못했고 망상에 빠져서 더 높은 지혜의 학자 집단 속으로 숨어들어 갔기 때문에 그렇게 된 것일까?

예술은 그것이 연민을 느끼는 곳에서도 예리하게 본다. 물론 다른 예술들 — 소설은 부분적으로 예외로 치자 — 은 브뤼헐과 같이 연금술 대가들과 연금술 대가이고 싶은 자들을 그렇게 거칠게 다룬 것 같지는 않다 — 내가 아는 한 그들에게 어디에서도 기념비를 세워 주지는 않았지만. 기념비에 새겨지는 영광은 출신이 다소 미심쩍은 공적인 인물에게만 허용되었다. 그런데 이런저런 연금술사가 일단 공적으로 들어 올려지면, 이는 돌 단상 위에서 일어나지도 않았고 오랫동안 지속되지도 않았다. 16세기 말의 연금술사 호나우어(Honauer)와 18세기의 카에타노(Domenico Manuel Caetano)의 운명 — 두 사람은

〈연금술사〉, 피터르 브뤼헐(Pieter Bruegel d. Ä.)의 드로잉을 바탕으로 한 1560년경의 동판화.
프로이센 문화유산 이미지 아카이브, 베를린

도금된 모조금 장신구를 두르고 교수형을 당했는데 — 은 이를 뒷받침한다.

그러나 이는 석수장이와 건축가들이 연금술을 시도하지 않았음을 의미하지는 않는다. 실제로 연금술 모티프 또는 연금술로 해석될 수 있는 모티프들이 교회 벽에서 발견된다. 《성당들의 비밀》(*Le Mystere des Cathedrales*)이라는 책의 저자 — 우리에게 풀카넬리(Fulcanelli)라는 필명으로만 알려져 있는 — 그리고 그의 제자 외젠 캉슬리에(Eugène Canseliet) 같은 20세기의 연금술 대가들은 고딕 초기의 성당 노트르담 드 라옹(Nôtre Dame de Laon) 같은 곳에서는 13세기에 만들어진 조형 아치를 볼 수 있고, 그 테두리 작품(*Bänderwerk*)에는 왕홀(*zepter*), 사다리, 책들을 지닌 연금술의 화신이 등장한다고 지적한다.

이 인물은 자유학문을 상징하는 듯한 묘사의 최첨단에 놓여 있기 때문에 교양 7과(*Artes liberales*) 자체를 상징할 수 있을 것이고, 그리고 이는 또한 어떤 사람이 연금술의 기본 진리를 받아들여서 내면화하고 그럼으로써 체험으로 받아들였다면, 그는 어떤 식으로든 상징으로 가득 찬 것처럼 보이는 모든 것, 허무맹랑한 것들 속에서도 연금술적인 것을 발견할 수 있다는 암시로 이용될 수도 있을 것이다. 육신 속의 연금술 묘약은 여러 명의 헬레나(Helena)를 볼 수 있게 해 주는 것이다.

그러나 테두리 작품 속의 인물은, 건축의 아주 훌륭한 질서를 지닌 중세의 성당이 성서나 연금술 텍스트와 아주 똑같이 다양한 의미 가능성과 해석 가능성을 향해 열려 있다는 것에 대한 암시이기도 하다. 고딕 건축술 속으로는 내재하는 것과 초월적인 것의 관계에 관한 패

많은 지식이 들어갔다. 수공업적인 비밀 유지의 전통은 이 지식을 분명 자기 속에다 간직했고, 그것을 최종적으로 어두운 경로를 통해 프리메이슨의 기초로 삼았다.

그런데 연금술도 수공업적인 비밀스러운 지식을 보살피는 데서 시작해서 세련된 비의적(esoterisch) 가르침으로 발달해 가지 않았던가? 상당수의 연금술 대가들이 성당에 대해서 내적이고 갈구하고 해석하는 관계를 가지고 있었다는 것은 그렇게 보면 전적으로 이해할 만하다. 이는 빅토르 위고(Victor Hugo)의 수석 대사제 클로드 프롤로(Claude Frollo)와 노트르담 교회의 관계를 보면 바로 드러난다. 성당은 얼어붙은 불꽃만이 아니라 살아 있는 불꽃과도 같은 것이다. 그것은 또한 우주이고, 하나 속의 대우주와 소우주의 모상이며, 그럼으로써 모든 것의 모든 것에 대한 단단한 관계조직망이다. 이는 근대의 계곡 속에서 낭만주의자들이 다시 높이 평가하게 되었다.

그러나 성당은 또한 돌로 만들어진 음악, 눈으로 볼 수 있게 된 화음인데, 이는 성당을 가득 채운 성가가 귀로 들을 수 있는 화음이었던 것과 같다. 그렇다, 16세기 말의 후안 바우티스타 빌랄판도(Juan Bautista Villalpando)의 유토피아적-헤르메스주의적 이상-건축은 잘 알려진 모듈을 넘어서 음악적 화성관계, 즉 피타고라스의 숫자비들 — 그 속에서 세계와 하늘이 만나게 될 — 을 육화시키는 것을 목표로 했다. 그러면 연금술에 대한 음악의 관계는 어떠한가?

여기에서 우리는 중세의 전성기와 14세기 초, 그리고 월터 오딩턴(Walter Odington) — 음악에 관한 책 하나와 연금술에 관한 책을 하나 쓴 — 을 참고할 수 있을 것이다. 두 책은 그러나 내용 면에서 서로 전혀 관련이 없다. 반면에 히에로니무스 보스는 음악가를, 더 자세히 말하면 특정한 유형의 음악가를 아주 의도적으로 연금술사 옆에 배치한다. 이로써 그는 틀린 악기를 잡은 엉터리, 즉 세속적 음악가가 말하자면 오르간이 아니라 현악기를, 그것도 모조된 21현의 하프같이 잘못 제작된 악기를 연주하는 것과 같은 거짓 연금술사의 헛된 작업을 비난하려는 것이다.(60) 그러나 어떤 현악기에도, 오르페우스가 사랑의 희구에 대해서 연주할 때 신들도 굴복하게 만들었던 그의 현악기 리라(*Lyra*)30의 분위기가 조금은 숨어 있다.

바로 현악기에 의해서 연결된, 두 예술의 긴밀하고 긍정적인 관계를 보여 주는 그림이 있는데, 이것은 1595년에 출간된 연금술사 하인리히 쿤라트(Heinrich Khunrath)의 《암피테아트룸 사피엔티아이 아이테르나이》(*Amphitheatrum Sapientiae Aeternae*, 영원한 지혜의 원형극장)에 나오는 것이다. 그림 앞쪽에는 깊은 곳까지 뻗어 있는 방, 그 뒤에 있는 하나의 궁형 문에 의해서 끝나는 방이 나오는데, 문 위에는 "도르미엔스 비길라"(*Dormiens vigila*, 자고 있는 동안 깨어 있으라)라는 금언이 쓰여 있다. 그리고 동시에 천장의 보에 새겨져 있는 몇 개의 단어는 "신의 영이 불어오지" 않으면 아무것도 이루어지지 않는다고 단언한다. 방의 전면으로 들어서면, 우리는 오른쪽 긴 벽 그림 앞에서는 완전한 연금술 실험실을, 그리고 왼쪽 벽 옆에서는 연금술 대가가 그 앞에 무릎 꿇고 있는 제단이 놓여 있고 입구는 열려 있는 천막을 보게 된다. 그러나 방 한가운데에는 긴 탁자가 있고, 그 위에는 펜, 잉크통과 저

---

30 그리스의 고대 현악기의 이름.

울, 악보 책들과 두 개의 라우테(*Laute*, 구식 현악기), 비올라 하나, 하프 하나가 펼쳐져 있다. 그림 중앙 전면의 탁자 위에 걸려 있는 천에서 우리는 "무시카 상크타, 트리스티티아이 스피리투움퀘 말리그노룸 푸가, 퀴아 스피리투스 에호바 로벤테르 프살리트 인 코르데 가우디오 피오 페르푸소"(Musica sancta, tristitiae spirituumque malignorum fuga, quia spiritus Jehova lobenter psallit in corde gaudio pio perfuso) 라는 말을 읽을 수 있는데, 이는 대략 "성스러운 음악, 슬픔과 사악한 영의 추방자, 신의 영은 경건한 기쁨으로 가득 찬 가슴속에서 즐겨 연주하기 때문에"라는 의미이다. 그것은 연금술사들을 위협하는 심리학적 멜라노시스, 즉 멜랑콜리로부터 그들을 지킬 터인 음악이다. 오늘날 우리는 그것을 음악치료라고 부를 것이다.

쿤라트의 동판화 속의 탁자 위 악기들은, 세계가 화음으로 가득 차 있다는, 아니 세계가 화음이며, 연금술 대가는 이 화음 — 몇 개의 원소를 가지고 또는 심지어 단 하나의 숫자를 가지고 모든 것을 만들어 내는 — 을 그의 조작들 속에다 재현해 내야 한다(*Hen to pan*)는 피타고라스적 생각에 대한 암시로 활용된다.

물론 대체로 메타포적인 것에 머물러 있는, 음악과 연금술의 연결은 쉽게 이해 가능하다. 이는 모든 연금술사의 수호신인 헤르메스가 최초의 음악 악기, 즉 라이어(Leier)의 발명자로 여겨졌다는 것에서도 상징적으로 드러난다. 일곱 개의 관이 달린 팬플루트도, 메타포와 상징의 직조물 — 그 속으로 연금술이 짜여 들어간 — 속으로 잘 어울려 들어갔다. 그러나 물론 4원소를 4현, 즉 네 줄의 라우테(*Laute*)와 비교한 저자들이 음악과 음악이론에 대해 상당한 이해가 있었는가는 논외로 하자. 오푸스 알케미쿰(*Opus alchemicum*), 즉 연금술 작업 속에 음악을 형식적, 상징적으로 도입한 사례를 적어도 나는 알지 못한다. 음악과 관련된 알레고리와 메타포는 소우주 속 작업의 일반적 위치를 가리키는 것이다. 그러나 그것들은 가령 색과 채색에 대한 지시가 행동지침의 의미를 갖지 못하는 것과 마찬가지로 그런 의미는 조금도 갖지 못한다. 그런데 플라톤-피타고라스 전통의 화성론, 로버트 플러드(Robert Fludd)와 요하네스 케플러(Johannes Kepler)에서 아타나시우스 키르허(Athanasius Kircher)에 이르기까지 근대 초기의 많은 우주론에서 중요한 자리를 차지했던 이 화성론과 관련해서는, 그런 까닭에 연주할 수 없고 그럼으로써 어떤 실험실에도 적용 불가능한 음악작품들이 생겨났다.

다른 한편 실험실에서의 음악적 표현들은 치유 의도 없이도 존재하게 되었다. 왜 연금술사들은 실험할 때 중얼거리고 시편을 낭송하고 노래해서는 안 되는가? 음악, 즉 리듬을 지닌 소리는 보여지는 것과 보는 자 사이의 거리를 안다. 그러므로 말이나 노래로서의 톤은 감추어져 있는 것과 더 가까울 수 있다. 마술적인 중얼거림 같은 것은 오늘날의 실험실에서조차 나타난다 — 물론 대부분 부끄러움 때문에 말없이 화학자의 머릿속을 통과하는 기도, 또는 좀 더 정확하게는 절박한 기도는 전혀 거기에 넣지 않더라도.

그러나 아주 특기할 만한 것은 진짜 작곡들 — 그 속에서 연금술적 언명과 음악적 언명의 종합이 추구되었던, 그러니까 단순히 아주 일반적으로 연금술과 연금술사만이 아니라 연금술적 행위와 상징들을 주제로 가지고 있는 — 도 존재한다는 것이다. 이와 관련해서는 무엇보다도 두 명의 성직자, 즉 14세기 보헤미아 출신의 요하네스 폰 테셴(Johannes von Teschen) 및 지벤뷔르겐(Siebenbürgen, 현재의 트란실바니아) 출신의 니콜라우스 멜히오르(Nicolaus Melchior)의 이름을 들 수 있다.

멜히오르는 검은 사제복을 입고 있었음에도 불구하고 1531년에 아마 주화 위조로 보이는 죄목 때문에 처형당했다. 요하네스 사제는 연금술 작업과 돌을 찬양하기 위해 안티폰(Antiphon), 즉 예배식 대창(liturgisch Wechselgesang)인 《풀케르 라피스 노스테르》(Pulcher lapis noster, 우리의 아름다운 돌)를 작곡했는데, 거기에서는 4중 (증류) 운동의 결과가 그려진다. 니콜라우스 사제는 《프로케수스 수브 포르마 미사이》(Processus sub forma missae, 미사 형식의 프로세스)라는 작품을 작곡했으며, 여기서 그는 작품의 음악적 장엄함에도 불구하고 가톨릭 미사를 거의 패러디처럼 보일 정도로 연금술화함으로써 훨씬 더 멀리 나아갔다.

그러나 연금술 작곡이 화제가 될 때는 항상 미하엘 마이어(Michael Maier)의 이름이 나오는데, 그의 펜으로부터는 이미 언급된 1617년의 50개 우의화(Emblem)를 지닌 《아탈란타 푸기엔스》(Atalanta Fugiens)가 탄생했다. 이 작품은 그 전체의 복잡성 속에서 어느 정도는 자연의 본성을 묘사한다. 그런데 연금술보다 자연의 본성 속에 더 깊이 얽혀 들어간 것이 무엇이 있는가? 그러므로 《아탈란타 푸기엔스》의 중심 주제는 변신, 즉 물질변환이 된다. 그러나 또 자연의 인식도 그 중심 주제에 들어간다.

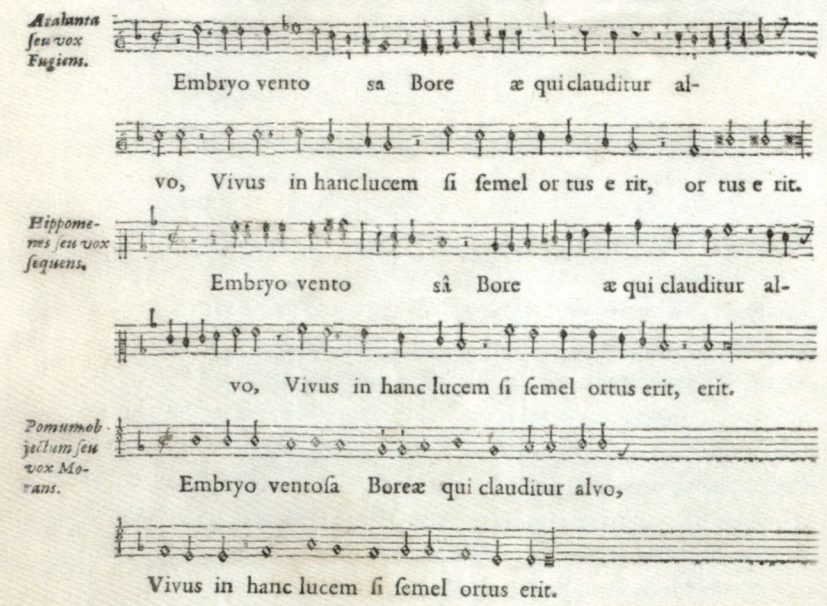

바람이 그를 뱃속으로 데려갔다.
《아틀란타 푸기엔스》의 악보 1과 엠블럼 1

(원서에 없으나 이해를 돕기 위해 실은 도판. 이하 엠블럼도 마찬가지 ―옮긴이)

EMBLEMA I. *De secretis Naturæ.*

Portavit eum ventus in ventre suo.

EPIGRAMMA I.

Embryo ventosâ BOREÆ *qui clauditur alvo,*
  Vivus in hanc lucem si semel ortus erit;
Unus is Heroum cunctos superare labores
  Arte, manu, forti corpore, mente, potest.
Ne tibi sit Cæso, nec abortus inutilis ille,
  Non Agrippa, bono sydere sed genitus.

2

9

자연과 물질변환에 대해 묘사한 《아탈란타 푸기엔스》의 우의화.
숫자는 엠블럼 번호이다.

위   대지는 그의 양육자이다.
아래   나무와 노인을 이슬 맺힌 집에 함께 가두어라. 그 열매를 먹으면 그는 젊어질 것이다.

물질변환을 묘사한 《아탈란타 푸기엔스》의 우의화.
숫자는 엠블럼 번호이다.

오비디우스(Ovidius)가 그의 변신에서 이야기하듯이 요정 아탈란타의 신화는 인간에 의해서 극복된 자연의 신화이다. 즉, 아름다운 아탈란타는 성가신 구애자들을 떼어놓기 위해서 별로 권할 만하지 않은 방법을 좇는다. 그녀는 그들에게 자기와 경주를 할 것을 요구하고, 승리자에게는 그녀 자신을 상으로 내건다. 그리고 속보 경주에서 이긴 후 그들을 죽인다. 마찬가지로 아름다운, 게다가 영리하기도 한 히포메네스(Hippomenes)는 사랑을 차지하기 위한 경기를 사랑의 도움으로 끝맺는다. 그도 아름다움의 마음을 차지하기 위해서 자기 목숨이 걸린 것처럼 달린다. 그러나 그는 그 전에 아프로디테에게 헤스페리데스의 하늘 정원에서 나온 세 개의 금 사과를 부탁했고, 그것을 차례차례 떨어뜨린다. 그리스의 소녀들도 아름다운 것을 사랑한다. 그렇지 않으면 그들은 단지 호기심이 많거나 그들의 구애자들보다 꾀가 더 많은 것이다. 그래서 아탈란타는 세 번 허리를 구부리느라 뒤처지고, 히포메네스가 승리를 거둔다. 그는 멀리 떨어진 신들의 어머니 키벨레(Kybele)의 사원에서 아탈란타와 결혼식을 올린다. 그러나 화가 난 키벨레는 긴장이 풀린 이 쌍에게 자신의 성스러움을 모독한 죄로 사자로 변환하는 벌을 준다 — 이 아름다운 것들에게, 프타(Ptah)와 그의 사자머리를 한 사크메트(Sachmet)를 조금 연상시키는 아름다운 선물을.

그런데 신화들도 무한히 해석 가능한 것을 그 속에 가지고 있고, 그렇기 때문에 사람들은 우리의 작은 이야기를 마이어의 동시대인인 프랜시스 베이컨(Francis Bacon)과 함께 이렇게 해석할 수 있다. 즉, 히포메네스는 자연을, 아탈란타는 자신의 이익과 편의를 추구함으로써 — 어쨌든 사과는 금으로 되어 있다 — 그녀의 본래 운명으로부터 분리된 예술을 대표한다고. 마이어 자신은 신화를 약간 모호하게 연금술적으로 해석한다. 그에 의하면 여기서 아탈란타는 메르쿠리우스 필로소피쿠스(Mercurius philosophicus)이고, 황인 히포메네스에 의해서 움직임이 고정되고 붙들려 매어진다. 신들의 어머니의 사원은 헤르메스주의적 용기인데, 사람들은 용기 속의 액체가 붉어지면 사자 이야기를 한다.

마이어는 신화에 등장하는 운동의 형태들을 단시(Epigramm)에 부합하는 50개의 2성부 카논에 옮겨 놓았다. 거기에서는 아탈란타의 소리가 먼저 나오고, 그 뒤에 히포메네스의 소리가 따라오는데, 순환의 마지막 즈음에 와서는 몇 차례 그녀의 소리와 함께 울린다. 세 번째 소리로는 금 사과의 칸투스 피르무스(Cantus firmus, 주 선율)가 덧붙여진다. 그렇지만 이 주제를 가지고 상세하게 연구한 과학사학자 크리스토프 마이넬(Christoph Meinel)의 견해에 따르면, 마이어는 그 자신이 떠맡은 복잡한 과제를 미학적으로 감당할 능력이 없었다. 그렇기 때문에 그는 아마, 음악과 연금술이 함께 어울리는 몇 개의 사례가 있는데도 불구하고 뛰어난 후계자를 찾지 못했을 것이다. 그러나 연금술을 수행하는 중요한 작곡가 또는 작곡하는 연금술사에 관해서는 보고할 것이 없다. 어쩌면 음악을 창조할 수 있는 자는 금 만들기를 통한 구원의 기술이 필요하지 않았을지 모른다.[61]

물론 신의 예술이 어떠한 연금술 교육의 의도도 갖지 않은 작곡 시도의 주제가 된 적도 몇 차례 있었다. 어떻든 모든 원소를 통과하여 신비에 이르는 순례 여행이라는 하나의 모티프는 예를 들어서 볼프

강 아마데우스 모차르트가 그의 〈마술 피리〉(Zauberflöte)에서 갑옷으로 무장한 남성들의 합창 속에서 음악으로 구현했다. 이로써 우리는 연금술의 음악적 자기표현과 연금술이라는 구실을 내건 음악의 자기표현 사이의 경계에 명확하게 도달한다. 그 밖에도 아주 최근에 밝혀진 바는 모차르트가 에마누엘 쉬카네더(Emanuel Schikaneder)의 각본을 바탕으로 작곡한 〈현자의 돌 또는 마술 섬〉(Der Stein der Weisen oder die Zauberinsel)이라는 가극(Singspiel)에 참여했다는 것이다.

언급할 만한 것은 또한 벤 존슨(Ben Jonson)의 희극 〈연금술사〉(The Alchymist)를 위해 사용된 무대음악이 게오르크 프리드리히 헨델(Georg Friedrich Händel)의 작품이라는 것이다 — 비록 그가 이 음악을 그러한 목적을 위해서 따로 만든 것은 아니었지만. 18세기와 19세기에 연금술을 주제로 한 오페라 — 희가극적인 — 는 거의 20개에 달하는데, 그중에는 루이스 슈포어(Louis Spohr)의 것도 있다. 20세기의 것으로서 내가 알고 있는 것은 레오시 야나체크(Leoš Janáček)가 〈마르코풀로스 사건〉(Die Sache Makropulos)이라는 오페라를 작곡했다는 것과 자코모 푸치니(Giacomo Puccini)가 가브리엘레 단눈치오(Gabriele d'Annunzio)의 대본을 오페라로 만들려는 생각을 했다는 것뿐이다. 야나체크의 오페라에서는 엘릭시에르가 중심 역할을 하고 있다. 그러나 푸치니는 단눈치오의 작품이 "너무 현혹적이라고 보았으며, 나는 좀 제대로 된 일을 하고 싶다"고 말했다. 그래서 그는 이 프로젝트를 〈나비부인〉을 위해서 포기했다.

오페라의 대본인 각본 이야기를 통해서 우리는 이미 소설의 구역으로 들어섰다. 이곳에는 비교적 이른 시기인 13세기 초에 나온 볼프람 폰 에셴바흐(Wolfram von Eschenbach)의 운문체 소설 《파르치팔》(*Parzival*) 같이 연금술 모티프를 지닌 초기 장편이 존재한다. 볼프람은 여기서 일반적으로 연금술 지식만을 보여 준 것이 아니다. 그는 또 현자의 돌과 붉게 빛나는 성석(Gral) — 그가 연금술의 이야기 방식을 따라서 모든 사물의 "뿌리와 싹"이라고 표기하는 — 사이의 간과할 수 없는 유사성 또는 더 나아가서 현실유비를 만들어 낸다. 성석은 불타 버린 불사조를 부활시킬 수 있고, 그 현존재는 병든 성석왕(Gralskönig)의 생명을 유지시킨다.

더 나아가서 중세의 소설 문학(*Romanliteratur*) 주변에서 특별히 이름을 들 만한 것은 마찬가지로 시로 쓰인 장미 이야기(*Roman de la Rose*)이다. 이 작품은 1230년 무렵에 기욤 드 로리스(Guillaume de Lorris)가 쓰기 시작했고, 나중에 1280년 무렵에 장 드 묑(Jean de Meung)에 의해서 2부로 완성되었다. 드 묑은 여기서 연금술 이론과 실천에 관한 정확한 지식을 보여 준다. 그에 의하면 연금술은 모든 예술이 그렇듯이 완벽하지는 않지만 진정한 예술이다. 자연을 주의 깊게 뒤따르는 가운데 그것은 물질변환도 실현시킬 수 있다.

이렇게 긍정적인 평가는 중세와 근대 초기의 다른 창작자들 중에서는 찾을 수 없다. 단테 알리기에리(Dante Alighieri)는 두 명의 연금술사를 동시에 지옥의 끓는 물에 집어넣는다. 그리고 프란체스코 페트라르카(Francesco Petrarca)는 연금술에 관한 이성과 희망이 서로 싸우도록 하는데, 이때 희망은 연금술사 가슴속의 물욕 및 어리석음과 힘을 합쳐서 이성을 이긴다. 제프리 초서(Geoffrey Chaucer)의 《캔터베리 이야기》(*Canterbury Tales*)에서도 크게 다른 것 같지 않다. 15세기

말의 제바스티안 브란트(Sebastian Brandt)의 도덕적 교훈시《바보들의 배》(Narrenschiff)도 비슷하게 연금술에 적대적이다. 여기서는 "연금술의 엄청난 속임수"를 비난한다. 브란트는 여기에 거명된 작가들 중에서 유일하게 연금술 실천의 허망함에 대해 이야기할 뿐만 아니라 물론 아주 가볍게 지나가긴 하지만 그의 거부 이유에 대해서 "아리스토텔레스가 이야기하듯이 / 사물의 형상은 변화하지 않는다."는 말을 통해서 연금술을 거부하는 이론적 근거도 제시한다.(Federm. 388ff)

그런데 연금술에 관해서 쓰는 것이 반드시 그것에 대해 판단하는 것을 의미하지는 않았다. 시 아래에 연금술적 비유들이 깔려 있다고 해도, 아니 바로 그것들로부터 생명력을 공급받았다고 해도, 이로 인해 시인의 전체 작품 속에 평가 의도가 들어 있어야만 하는 것은 아니었다. 좋은 사례는 16/17세기의 존 던(John Donne)이다. 체념 어린 사랑의 시에서 그는 사랑의 행복은 엘릭시에르처럼 찾기 어렵다는 것을 우리에게 알게 해 준다. 풍성하고 오래 지속되는 희열을 꿈꾸는 사랑하는 자들, 그렇지만 이것을 겨울밤만큼이나 서늘한 여름밤 너머까지 가지고 가지 않는 사랑하는 자들에게서 일어나는 것은, 찾아가는 도중에 적어도 좋은 냄새 나는 물질이나 의약품이 생겨나면 벌써 자기 실험용기를 칭찬하는 연금술사에게서 일어나는 일과 비슷하다는 것이다. 던은 그러나 다른 시에서는 그가 확고하게 믿는 그리스도의 부활을 금으로부터 엘릭시에르를 얻는 것과 비교한다.

연극무대도 연금술을 무시하지 않았다. 이는 이미 1610년에 나온 벤 존슨의 사기꾼 희극〈연금술사〉의 타이틀에서 드러난다. '서브틀'(Subtle)라는 특기할 만한 이름의 신사가 돌 코먼(Dol Common)이라는 미심쩍은 숙녀와 하나가 되어 경애할 만한 에피쿠르 마몬 경(Sir Epicure Mammon)을 움직여서 그의 온 재산을 위대한 작업에 바치게 하는데, 이 재산은 그 후 적당한 순간에 폭발로 날아가 버린다. 연금술이 희극의 훌륭한 재료만이 아니었다는 것은 괴테의 암흑의 신사의 아들들에 관한 비극이 보여 준다. 그를 만들어 낸 괴테와 마찬가지로 파우스투스 박사는 상당한 연금술 지식을 가지고 있었다 ― 파우스트 씨의 비행에 대한 책임은 연금술보다 메피스토가 더 많이 져야 하지만. 19세기에는 연금술이란 주제에 바쳐진, 오늘날에는 대체로 알려지지 않은 상당수의 다른 연극이 있었다. 예를 들어서 알렉상드르 뒤마(Alexandre Dumas)가 제라르 드 네르발(Gérard de Nerval)과 공동으로 작업하여 〈연금술사〉(*L'alchimiste*)라는 제목의 5막짜리 극을 무대에 올렸다는 것을 누가 아는가?

그러나 19세기는 연금술과 관련해서도 장편소설의 세기였다. 그리고 이때 우리에게 가장 먼저 눈에 들어오는 것은 ― 누가 이 책을 읽지 않았겠는가? 아니면 적어도 영화를 보지 않았겠는가? ― 빅토르 위고의 장편 《파리의 노트르담》(*Notre Dame de Paris*)이고, 그것과 함께 돌로 된 연금술 비밀 ― 사악한 대사제가 해독하려고 마음먹은 ― 을 보여 주는 파리 대성당이다. 실제로 이미 17세기에 고비노 드 몽뤼상(Gobineau de Montluisant)이라는 자는 우리 세기의 미스터리한 연금술 대가 풀카넬리(Fulcanelli)가 한 것과 같이 성당의 연금술 비밀에 관한 책을 썼다.

그러나 오노레 드 발자크(Honoré de Balzac)도 《연금술사, 절대의 탐구》(*L'alchimiste, La Recherche de l'Absolu*)라는 장편을 썼는데, 그 주인공

발타자르 클라에(Balthazar Claes)는 질소를 분해하려는 노력을 통해서 동시대의 화학 지식을 아주 잘 알고 있음을 보여 준다. 다른 한편으로 그는 절대적인 것을 추구하는 가운데 모든 한계를 넘어서려는 전형적으로 연금술적인 희구를 가지고 있다. 그리고 동시에 그는 전형적으로 연금술적인 희망의 폭력 — 유레카라는 말이 터져 나오게 함으로써 파멸과 죽음을 향해서 도취해 가게 만드는 — 에 의해서 추동된다.

그런데 이 발타자르 클라에의 캐리커처에 가까운 인물은 위대한 시인 아우구스트 스트린드베리(August Strindberg)인데, 그는 파리 — 세기말에 연금술사들과 신비학 신봉자들도 가득했던 — 에서 정신적 위기를 겪는 동안 실제로도 연금술을 탐구했다 — 그것도 모든 사물의 원초적 기초를 찾는 가운데. 그런데 그는 연금술이 어쩌면 신비적 참여(Participatio mystica) 중에 구원을 가져오는 세계 비밀에 접속하게 해 줄지도 모른다고 생각했다. 자연과학의 통찰을 보여 주면서 동시에 자연의 탈신비화를 저지하려고 하는 저작 《안티바르바루스》(Antibarbarus)에서 그는 자신을 '시인화학자'로 여겼고, 원소들 — 원소 상태로는 아무것도 아닌 — 의 물질변환을 전제하는 일반적 발전학설을 퍼뜨렸다. 이때 물질변환은 물론 얼마 후에 부상할 핵물리학에서 이야기하는 글자 그대로의 의미에서가 아니라, 그 정신에서의 물질변환을 말한다. 즉 황은 그의 견해에 따르면 하나의 유기화합물과 같이 탄소, 수소 및 산소로 이루어져 있고, 요오드는 합성될 수 있으며, 수은은 금으로 물질변환될 수 있다.

연금술에 대한 특별한 선호의 시기인 독일 낭만주의 시기에는 물론 장편소설과 단편도 나왔는데, 거기서 연금술은 적어도 메타포적 또는 모티프적으로 사용되었다. 예를 들어 — 낭만주의는 아직 남겨 두어야 할 터인데 — 노발리스(Novalis)의 《푸른 꽃》(Heinrich von Ofterdingen), 그리고 거기에 들어 있는 무엇보다도 아주 기이한 동화, 그 밖에 루트비히 티크(Ludwig Tieck)의 단편 《루넨베르크》(Der Runenberg)가 있다.

우리 세기에는 연금술사 또는 현자의 돌의 소유자는 베르너 베르겐그륀[Werner Bergengruen, 《위대한 만물용해액》(Das große Alkahest)], 마르그리트 유르스나르[Marguerite Yourcenar, 《검정의 작업》(L'Œuvre au noir)], 프란츠 슈푼다[Franz Spunda, 《바포메트》(Baphomet)], 마리아 세페시[Maria Szepes, 《붉은 사자》(A Vörös Oroszlán)], 프레데릭 트리스탕[Frederick Tristan, 《발타자르 코베르의 영웅적 고난》(Les Tribulations héroïques de Balthasar Kober)], 파울로 쿠엘료(Paulo Coelho, 《연금술사》), 윌리엄 개디스(William Gaddis, 《위조》), 린제이 클라크[Lindsay Clarke, 《화학적 결혼》(The Chymical Wedding)] 및 분명히 다른 상당수 작가들의 장편에서 중심에 서 있고, 다른 역할도 한다.

새로운 연금술을 문학적으로 우리 세계로 끌어들이는 시도 — 유르스나르와 개디스의 경우 아주 성공한 — 는 일반적으로 화학과 연금술 사이의 관계에 대한 어떠한 언급도 회피한다. 그 대신 — 작가는 마지막에 독자를 피곤하게 하려고 하지 않는데 — 그들 중 상당수는 그저 진정한 보물은 자기 가슴속에서 찾아야 한다는 고루한 지혜를 반복하거나 아예 세계를 행복하게 만드는 것에 대한 향수 속에 빠져 버린다.

물론 대작가나 비의적 문학을 아는 자들도 적어도 가장자리에서 연금술적 사고의 정신을 전달하려고 시도했다. 예를 들어서 보르헤스(Jorge Luis Borges)는 그의 《파라셀수스》 이야기에서, 그리고 움베르토 에코(Umberto Eco)는 《푸코의 진자》라는 장편소설에서 그런 시도를 했다.

마지막이지만 중요하게 언급해야 할 것은, 우리 세기 그리고 연금술과 관련해서 적어도 마찬가지로 '불신자인' 지난 세기의 서정시인들도 간간이 이 주제를 받아들였고, 프랑스 상징주의에서는 하나의 예술 프로그램으로서, 아르튀르 랭보(Arthur Rimbaud)가 표현하듯이 '언어의 연금술'(Alchimie du verbe)로서 받아들였다는 것이다. 랭보는 독서를 통해서이긴 하지만 연금술과 카발라를 탐구했다. 그의 시적 발달의 한 단계에서 그의 주된 관심은 철자, 단어, 바라봄을 그 표현 연관성의 실재의 연결끈으로부터 환각적으로 분리하는 것이었다. 즉 이곳 — "자연이란 빛의 황금빛 섬광"(62) — 으로부터 새로운, 이성적 사용으로부터 해방된 보편적 감각세계와 언어세계의 현자의 돌로 돌진해 가기 위해, 일종의 제일질료로서 풍성한 열매를 맺는 언어의 혼돈을 만들었다. 그런데, "그 일은 일어났다"(Cela c'est passé). (Rim. 310)31

그러나 연금술을 주제로 택한 자들의 선두에 설 자는 라이너 마리아 릴케(Rainer Maria Rilke)인데, 그는 모든 연금술 행위의 이중성을 정확한 말로 나타내는 데 성공했다.

---

31 Rim.은 Rimbaud의 약어이다.

기묘하게 미소 지으며 실험조수는

플라스크를 밀어 넣었다, 반쯤 가라앉아서 연기를 내놓는.

그는 자기가 무엇을 더 필요로 하는지 이제 알았다,

그 속에서 아주 고귀한 물건이

생성되기 위해서는. 그는 시간들이 필요했다,

그 자신과 부글거리는 이 호리병을 위해서 수천 년이.

그리고 두뇌에서는 별들이, 마음에서는 최소한 바다가 필요했다.

그가 원했던 괴물, 그것을 그는 이 밤에 놓아주었다.

괴물은 신에게로 그리고 옛 척도로 돌아왔다;

그러나 그는 술꾼처럼 혀 꼬부라진 소리를 내며 비밀 칸 위에 누워 있었고

그가 가졌던 금 조각을 갈망했다.(Rilke I, 530)

원주

3장 수도원 그리고 그 밖의 다른 곳에서

(1) 보에티우스(Boethius)는 이미 520년에 당시에는 로마의 주교였고, 교황이었을 호르미스다스(Hormisdas)에게 보낸 한 편지에 다음과 같이 썼다. "그대가 할 수 있는 한 믿음을 이성과 결합하시오."(Coniuge si posses fidem rationemque)

(2) 여기서는 아리스토텔레스 자연철학의 형이상학적 전제와 관련해서 매우 중차대한 어려움만을 언급하는 것으로 한다. — 핵심 인물들은 아베로에스주의자들, 시게루스 폰 브라반트(Sigerus von Brabant, 라틴 이름 시게리우스 Sigerius)이다.

(3) 그럼에도 이슬람 제국에서도 유대인 학대는 있었다. 무와히드 왕조 치하의 스페인에서도 마찬가지였다.

(4) 번역자의 이름만 보아도 우리는 꽉 닫혀 있었다는 중세가 많은 관계들에서 얼마나 세계를 향해 열려 있었는지를 읽어 낼 수 있다. 교회 그리고 그것과 함께 과학도 국제적이었다. 정말 닫혀 있었다는 말 자체가 이 시기에 대해서는 시대 착오적인 것이 아닐 수 없다. 영국의 섬의 수도사였던 미카엘 스코투스(Michael Scotus, Michael Scot)는 시칠리아에 머무를 수 있었고, 플랑드르 사람 빌헬름 폰 뫼르베케(Wilhelm von Moerbeke, Willem van Moerbeke)는 그리스에서, 이탈리안 게라르도 다 크레모나는 스페인에서 살 수 있었으며, 프랑스인 제르베르 도리악은 로마에서 교황의 자리에까지 올랐다. 아오스타 협곡에서 태어난 이탈리아인, 켄터베리의 안셀름(Anselm von Canterbury)는 켄터베리(Canterbaury)의 대주교였다.

(5) 음악에서의 새로운 경향, 아르스 노바(*Ars nova*)(필리페 드 비트리, 1320년 무렵)와 혼동하지 말라.

(6) 《Quellaltro, che ne fianchi è cos poco Michele Scotto fu, che veramente delle magiche frode seppe il gioco.》 미카엘 스코투스와 아주 가까이 있는

깡마르고 호리호리한 남자는 마술의 속임수를 할 줄 아는 자이다[신곡(Divina Commedia), Canto XX, 115~117, Laath 138].

(7) 카타르파는 1209년 이후 20년 만에 정치적으로 완전히 궤멸당했다. 그러나 이들의 가르침은 14세기까지 은근히 이어져 왔다.

(8) 오웬 바필드(Owen Barfield)가 우상숭배의 인식론적인 기초에 관한 어떤 연구에서 말하듯이, 모든 인지는 그 가장 단순한 것까지도 "내가 얼마나 기억하든지 분명 내 안에서 일어나는 어떤 종류의 활동의 결과이다."(Barf. 23)

(9) 콘라드 페르디난트 마이어(Conrad Ferdinand Meyer)는 "나는 정교하게 쓰인 책이 아니지요 / 나는 모순을 가진 사람이랍니다."라고 썼다.《오두막에서의 마지막 날들》(*Hüttens letzte Tage*, Meyer, VIII, 55)

(10) 헤일즈의 알렉산더(Alexander of Hales) 그리고 기욤 도베르뉴(Guillaume d'Auvergne)는 같은 시기에 파리에 있었다. 토마스 아퀴나스는 베이컨이 파리를 떴을 무렵에서야 파리로 왔다.

(11) 무어보다 로버트 그린(Robert Greene)의 희극, 〈수도사 베이컨과 번게이〉(Friar Bacon and Friar Bungay)에 의해 유포되었다.

(12) 〈예술과 자연의 비밀스러운 작품에 관한 논문〉(Espitola de secretis operibus artis et naturae). 이 편지는 아마 자석에 관한 페트루스 페레그리누스(Petrus Peregrinus)의 서한의 영향으로 쓰였을 것이다. 그런데 이와 같은 종류의 예언에 빠져들어서는 안 된다. 내가 생각을 읽어내는 어떤 기술적인 장치가 있게 될 것이라고 예언한다 해도, 이로써 내가 나 자신을 천재라고 입증한 것은 결코 아니다.

(13) 두개골에 구멍을 내는 일은 석기시대와 이집트의 전성기에 있었던 비슷한 종류의 시술법을 연상시키는데, 당시에 그들은 단지 악령으로부터 벗어나게 하는 것을 목표로 했다. 반면에 아르날두스는 다만 해로운 증기를 뽑아내고자 했는데, 이는 근대적이고 의학이론과 어울리는 것이다.

(14) 이것은 나에게 커트 보니것(Kurt Vonnegut)의 소설,《고양이 요람》(*Cats Cradle*)을 연상케 한다. 이 소설에서 세계의 종말은 ß-트리디마이트(ß-Tridymite), 즉 얼음의 결정구조를 가진 아주 특별한 종자 결정이 바다에 도달하여 지구상의 모든 물을 얼려버리는 것을 통해서 찾아온다.

(15) 물론 공상이 들어갈 자리가 없는 역사적 사실은 로즈노블(Rosenoble) 금화가 1465년 이전에 주조되지 않았다는 것에 대해 의심하게 만든다.

(16) 원래 그것은 카드미아(*Kadmia*)라고 불렸다. 아랍 시대에 와서야 그것은 연기(야

금공장 연기, ZnO)를 뜻하는 아랍어 Dûd를 본떠 투티아(*Tutia*)로 표기되었다.

(17) 호박(*Kürbis*)은 오이라는 뜻의 쿠쿠미스(Cucumis)로도 표기되었는데, 이는 오이라는 의미의 카라(Qara)를 연상시킨다.

(18) 이 순서는 페르네티의 '신화-헤르메스주의 사전'(Dictionaire Mytho-Hermétique)에 나오는 것이다. 그런데 이 순서가 기본적으로 임의적이라는 사실은 다른 목록들이 보여 준다. 예를 들어 조지 리플리(George Ripley)의 《연금술의 화합물》(*Compound of Alchymie*)에 나오는 12도식은 다음과 같다. Calcinatio, Solutio, Separatio, Coniuntio, Putrefactio, Congelatio, Cibatio(먹이 주기), Sublimatio, Fermentatio, Exaltatio(고양), Multiplicatio, Proiectio.

(19) 그런데 Dame(숙녀)라는 이상한 표현은 대신(le vizir)이라는 말의 말아프로피즘(malapropism)으로 설명된다. 순결한 여자 'la vièrge'는 'le vizir'에서 유래했다.

(20) 무엇보다 《마파이 클라비쿨라》(*Mappae Clavicula*)란 이름의 모음집은 그리스-고대 원천에 기초하고 있기 때문에, 위대한 고전 문헌학자 헤르만 딜스(Hermann Diels)는 알렉산드리아 연금술 초기에 이미 불완전한 형태의 알코올 증류가 알려져 있었다고 추측했다.

(21) 그래서 알-하지니(Al-Hazini)는 12세기의 첫 50년에 그의 책 《지혜의 저울의 책》(*Kitab Mizan Al-hikma*)을 통해서 저울의 응용과 이론에 관한 아주 상세한 저작을 내놓았다. 이 책에서는 정수저울을 상세하게 다루고 있다.

(22) 실제로 17세기의 입자론자인 요아힘 융기우스(Joachim Jungius) 같은 사람은 자신의 디아진크리지스-이론(*Diasynkrisis-theorie*)에서 변환 — 이때 측정 가능한 것이 전혀 첨가되지 않거나 빠져나가지 않는 — 이 일어날 때, 해당되는 물질을 구성하는 가장 작은 입자가 내적인 변화를 겪는다고 말한다. 그러한 예로 그는 식초가 포도주로 변하는 것을 든다.

(23) 이에 대한 흥미로운 명제는 다음과 같다. "몇 개의 어떤 수단을 통해서도 생겨날 수 없는 본질적인 속성들이 존재한다. 왜냐하면 그것들은 적극적이든 소극적이든 적당한 작용인자를 발견할 수 없기 때문이다. 그러나 [그럼에도 불구하고] 사람들은 어떤 비슷한 것을 실현할 수는 있다. 흡사 연금술사들이 우연적인 속성들과 관련해서 금과 비슷한 것을 만들어 내는 것처럼 말이다. 그렇지만 그들은 진짜 금을 만들어 내지는 못했다. 왜냐하면 금의 본질적인 형상은 연금술사들이 이용했던 불의 열기에서가 아니라 광물적인 힘이 꿈틀거리는 바로 그 장소에 내려쬐는 태양의 온기에서 유래하기 때문이다. 따라서 [연금술적] 금은

[진짜] 금과 같이 행동하지 않는다. 그리고 이는 연금술사들의 행위에 의해 생산되는 다른 사물들에 대해서도 진실이다."(Newm. 45)

(24) 이는 오늘날에도 대체 의학과 관련하여 제기되는 문제이다. 그런데 19세기에도 광물학자 르네 쥐스트 아위(René Just Haüy)와 화학자 아일하르트 미처리히(Eilhard Mitscherlich)는 운모 같은 자연적인 광물이 인공적으로 만들어진 광물과 비교 가능한지를 두고 뜨거운 논쟁을 벌였다. 자연적인 그리고 인위적으로 만들어진 화합물의 일정 성분비를 놓고 조세프 프루스트(Joseph Proust)와 끌로드 루이 베르톨레(Claude Louis Berthollet)가 벌였던 더 유명한 논쟁을 상기해보라.

(25) 그는 구절 17001에서 비록 유리속이기는 하지만 어찌되었든 인간에 의해서 시행된 식물의, 정확히 말해 소다나무(Sodapflanze)의 변이를 언급한다. 그러나 그는 동시에 연금술사들은 금이나 현자의 돌로 변환하는 작업에 결코 성공하지 못할 것이라고 주장한다. 그 이유는 자연이 제일질료의 발견을 허락하지 않을 것이기 때문이라고 말한다.

(26) 흉내(*Imitari*)는 어원학적으로 아이물라리(*aemulari*), 즉 '본받기' 또는 '본받으려고 노력하기', 그리고 이마고(*Imago*), '모사'와 연관되어 있다.

(27) 이해하는 게 거의 불가능하게 — 그리고 일부는 제외된 채로 — 번역된 《70의 책》(*Liber de septuaginta*)이 《숨마》(*Summa*)와 같이 아주 명료한 논문에 들어갈 수 있었다는 것이 기이하게 보일지 모른다. 그러나 텍스트 비교가 이를 증명한다. 칠십의 책도 그 후의 《숨마》처럼 정확히 세 등급으로 된 의학이 존재한다고 말한다. 그뿐 아니라 칠십의 책은 13~14세기에 베스트셀러였다. 거의 이해 불가능한 것이었기 때문에?

(28) 《완전성의 연구의 관한 책》(*Liber de investigatione perfectionis*), 《진리의 발견에 관한 책》(*Liber de inventione Veritatis*), 《화로에 관한 책》(*Liber fornacum*), 《증거》(*Testamentum*).

(29) 이것은 주석의 마이크로결정들이 서로 마찰을 일으키면서 내는 유명한 소리이다.

(30) 다름슈테터(E. Darmstädter)는 그것이 납에서만큼은 가능하고 그 원인은 소량의 납(II)-산화물의 첨가에 있을 것이라고 주장한다.

(31) 1541년 인쇄본을 기반으로 하는 다름슈테터의 경우 이 부분은 다음과 같이 되어 있다. "그것(아르세니크)은 섬세한 질료로 되어 있고, 본성상 유황과 친연 관계이다. 따라서 사람들은 그것을 유황 같은 것 외의 다른 어떤 것도 아니라고 정의할 수 있다."(Darm. 36)

(32) 속성상 잘 분류되지 않는 염들은 그 생산 방식에 따라 분류된다.
(33) 게베르(Geber)의 이론에는 형상(*Forma*)과 관련된 친연성이 존재한다. 여기서 그것은 부수적인 속성들을 의미할 것이다. 그리고 질료(*Materia*)와 관련해서는 그것의 본질적인 속성들을 의미할 것이다.
(34) 뉴먼(W. Newman)은 연금술의 '색 입히기 이론'은 13세기에 이르러 관련 전문용어는 사용되었다 해도 완전히 포기되었다고 추정한다. "이는 중세후기 라틴 저자들에게도 해당된다. 이들은 염료를 뜻하는 명사 'tinctura'를 변형의 작용인자로 쓰고 있다. 비록 이 색 입히기 기술을 위한 이론적인 정당화가 이미 13세기에 혹은 그보다 이전에 상실되었음에도 제법 자체는 왕왕 충실히 전수되었다는 것을 지적하는 것은 아주 중요하다."(Newm. 127)
(35) 아르키메데스(Archimedes)와 히에론 왕의 왕관과 관련된 역사에도 불구하고 중세와 근대초기의 비중 개념은 아주 불분명했다. 게베르는 아마 금의 비중이 납의 그것보다 더 높다는 사실을 알지 못했을 것인데, 우리는 이를 탓할 수는 없다.
(36) 후미디타스(*Humiditas*, 습기)는 아마 물이라는 원소의 비율을 의미할 것이다. 그러나 내가 보기에 후미디타스가 황-입자나 수은-입자 속에서 이 원소의 과잉을 가리키는 것인지 혹은 어떤 식으로든 달라붙어 있다는 것인지 분명치 않다. 게베르는 항상 실천적인 관점에서 출발하여 논증하지 이론을 위한 이론을 추구하지 않는다.
(37) 게베르는 겉보기에는 모든 광물이 최종적으로 유황과 수은으로 이루어져 있다고 생각하지 않는 것 같다. 그러나 다른 한편, 금속만이 수은과 유황으로 조성되어 있다고도 믿지 않았다. 그는 'Machasite'(아마 황철광), 남성적 그리고 여성적 형태의 '마그네시아'(아마 능망간광) 그리고 '투티아'(*Tutia*), 즉 불순물이 섞인 탄산 아연 내지 산화 아연을 금속의 산물로 보고 황-수은 화합물에 포함시켰다.
(38) 성 야콥 폰 콤포스텔라(Hl. Jakob von Compostela, Santiago de Compostela)가 연금술사들의 보호자로 여겨지게 된 것은 아마 노바 아르스(*Nova ars*)가 피레네 산맥 남쪽으로부터 유입되었기 때문일 것이다. 연금술사들이 그를 자신의 보호자로 선택한 이유는 아마 그가 두 개의 휘장이 십자가 모양으로 감겨져 있는 '순례자의 지팡이'를 지닌 모습으로 묘사되었기 때문일 것이다. 그런데 이 지팡이는 헤르메스의 카두케우스(Caduceus)를 강하게 연상시킨다. 콤포스텔라는 당시에 매우 인기 있는 순례지였는데, 이는 악행을 범한 죄인들에게 속죄의 순

례를 위해 그곳으로 가라는 판결이 빈번하게 내려졌기 때문이다. 이는 경건한 방식으로 그러나 가능한 한 멀리 쫓아버리는 석방이다.

(39) 우로보로스(Ouroboros)는 1850년에 괴를리츠(Görlitz) 백작부인의 죽음을 둘러싼 소송에서 유별난 역할을 했다. ― 하나는 금, 다른 하나는 백금으로 제작된 두 마리 뱀으로 이루어진 반지의 형태로. 이 반지는 소송의 주요 증거물이었다. 유스투스 리비히(Justus Liebig)도 감정인으로 참여했던 이 간접증거에 의한 소송에서 증인은 젊은 아우구스트 케쿨레(August Kekulé)였다. 이 소송에서 케쿨레는 잘 알려진 것처럼 그의 획기적인 벤젠 고리구조 발견과 관련하여 자신의 백일몽에 관해서 이야기했는데, 이 꿈에서 그는 자신이 서로 꼬리를 물고 있는 두 마리의 뱀, 즉 우로보로스들을 보았다는 것이다. 이는 많은 심층심리학자들을 기쁘게 해 주는 이야기겠지만, 이렇게 생각할 수도 있지 않을까? 케쿨레는 분명히 그 뱀들을 연금술의 상징으로 알고 있었는데, 그렇기에 그것들을 그의 집단 무의식의 가장 깊은 심층으로부터가 아니라 그의 아주 개인적인 기억의 얕은 곳으로부터 가져온 것이 아닐까?

(40) 이 문장은 '투르바'(Turba)로까지 거슬러 올라갈 수 있을 텐데, 거기에서 어떤 오해나 번역상의 실수가 있었던 것 같다. 그 문장은 《자연의 비밀 또는 다섯 번째 본질의 비밀에 관하여》(De secretis naturae seu de quinta essentia)라는 저작에도 나오는데, 이 저작은 루페스키사가 쓴 것으로 알려져 널리 퍼졌다. 그러나 이 저작은 라이문두스 룰루스의 《숙고》(Consideratio)와 가짜-룰루스의 문서들을 뒤섞은 것이다. 간첸뮐러(Ganzenmüller)는 다른 언급 없이 이 문장을 아르날두스 데 빌라노바가 쓴 것으로 본다.

(41) 이는 물론 종의 배가(Multiplication species)를 연상시킨다. 13세기에 로버트 그로스테스트(Robert Grosseteste)와 로저 베이컨은 이 개념을 가지고 빛의 확산을 설명했다.

(42) 게베르의 견해는 가짜-아리스토텔레스의 논문 〈완전한 숙련에 관하여〉(De perfecto magisterio)에 기반을 두고 있다.

(43) 모든 의견에는 어딘가에 그 반대의 의견이 있다. 〈돌의 의사 아비센나가 그의 아들 아보알리에게 한 설명〉(Declaratio lapidis physici Avicennae filio suo Aboali) [Theatrum Chemicum IV(1659), 875f]이라는 문서에는 다음과 같은 말이 있다. "우리는 왕과 높은 직위의 인물들 외에는 모든 사람을 멀리해야 한다. 왜냐하면 이들만이 작업의 실행을 위한 수단을 미리 빌려줄 수 있기 때문이다."

(44) 이것은 숫자를 평가하는 일이 ― 3은 홀수로 남성적이고 4는 짝수로 여성적이

다 ─ 중요한 역할을 하고 있는 융(Carl Gustav Jung)의 분석심리학에서 특별한 의미를 지닌다. 이 심리학에 따르면 무의식은 4라는 숫자를 갈망한다고 한다. 나는 이와 같은 상징들을 별로 중요하게 여기지 않는다. 이는 내가 무엇보다 한국에서는 숫자 '4'가 불행을 뜻하고, 이런 이유에서 그곳 호텔에는 종종 4층이 없다는 말을 들은 후에 더욱 그렇게 되었다. '남성적인' 3과 관련해서 말하면 예를 들어 이집트에는 3신(Göttertriade)이라는 상징이 있는데, 그중 하나는 여성이다.

(45) 연금술의 다른 소논문들에서 그리스도는 동시에 '아버지'(Mercurius)이고 '아들'(Lapis)이다.

(46) 이것은 두 손과 두 발의 흉터이며, 나아가 창에 찔린 흔적, 그리고 가시왕관과 채찍질에 의해 생긴 상처이다.

(47) 1550년 나온 〈철학자의 묵주〉(*Rosarium philosophorum*)라는 연금술의 소논문에서는 헤르마프로디토스를 여성인 육체, 남성인 영, 그리고 혼인 아니마라는 3분법에 따라 혼을 불어넣어주는 끈, 즉 육체와 영을 연결하는 끈으로 해석한다.(Anima vocatur rebis [Hermaphroditus])[융(5), 259]

(48) 여기서 또 한 번 강조되어야 할 점은, 연금술사들이 형이상학자도 아니었고 심리학자는 더더욱 아니었다는 것이다. 헤르마프로디토스를 둘러싼 심리학적인 문제들은 나중에 논의될 것이다.

(49) 연구대상이라는 측면에서 보아도 오늘날 자연과학과 기술과학 사이에는 어떤 원리적인 차이도 존재하지 않는다. 지난 세기의 기술과학 출범과 함께 자연과학도 기술과학화하기 시작했다. 이런 경향의 징후를 가장 잘 보여 주는 분야가 화학이다. 화학은 이미 20세기가 시작된 이래 특히 1830년경부터 집중적으로 탐구된 치환반응과 관련된 인공 화합물을 과학적 연구의 기초로 삼았다.

(50) 이는 자연이 물건처럼 다루어질 수 없다는 것을 의미하지는 않는다. 자연은 이를 어느 정도 '용인'할 뿐이지 보통의 경우 그렇게 하지는 않는다. 한 가지 사례는 식물의 접목이다.

(51) 만약 황제가 "예술을 통해서 부를 쌓고 이로써 로마에 대항하는 것을 가능하게 해줄 수 있는 재산을 확보하기 위해"[Berth. (I) 4] 금속 주조를 수행했던 사람들에 대해 조치를 취했다면, 그는 교황과 아주 비슷한 목표를 가지고 있었던 것이다.

(52) 중세의 보편적인 이해에 따르면 기계적인 기술도 자연적이지 않은 어떤 것이다. 만약 기술이 아래로 떨어지려 하는 바위의 자연적인 갈망에 반하여 도르래

를 이용해 위쪽으로 당긴다면, 이때 그 기술의 목표는 인간에 의해 설정된 것이지 대상 자체로부터 나온 것이 아니다. 자연을 속이는 것으로서의 기술은 그 자체에 어떤 교활함을 가지고 있지만, 그렇다고 '나쁜 것을 도모한다는' 의미에서 비도덕적인 것은 아니다. 그 밖의 기술은 비학적인 힘들과 관계하지 않는다.

(53) 아리스토텔레스의 기본 전제, 예를 들어 집의 현존재를 위한 기본 전제는 다음과 같다. (1) 형상인(*Causa formalis*), 이것은 집의 설계도에 상응한다. (2) 질료인(*Causa materialis*), 이것은 건축자재에 상응한다. (3) 작용인(*Causa Movens*), 시공자의 행위에 조응하고 오늘날의 자연과학적으로 파악된 원인과 동일한 것으로 볼 수 있다. (4) 그리고 그토록 중요한 목적인(*Causa finalis*), 이것은 인간이 일단 집짓기를 시작하기 위해 반드시 가지고 있어야 하는 목표지향적인 의도이다.

(54) 베를린 국립도서관에 소장되어 있는 판본(codex germ. fol. 42)은 본래 네덜란드 지역에서 유래한 꽃장식을 가지고 있는데, 이는 그 저작이 16세기 말엽에 아우크스부르크(Augsburg)에서 출간되었음을 시사한다.

(55) 그의 《전집》 제16권(《전이의 심리학》)에서.

(56) 요한 하위징아(Johan Huizinga)는 '중세의 가을'에서 이 시기에 관해 다음과 같이 말한다. "사상적 삶의 전체 내용은 그림을 통해 표현된다. 모든 금은 소형의 얇은 판형 화폐로 주조된다."(Huiz. 209)

(57) 다음 두 명 중 한 사람이 저자일 것이다. 16세기의 요세푸스 퀘르케타누스(Josephus Quercetanus, Joseph Duchêsne) 그리고 17세기의 야코부스 톨리우스(Jacobus Tollius).

(58) '*ratiomorph*'라는 말은 내가 알고 있는 한 동물 행동학자 콘라트 로렌츠(Konrad Lorenz)가 처음으로 쓴 말이다. 이 말은 다음 사실을 지적한다. 우리는 우리가 의식하는 것보다 훨씬 더 많은 정보를 받아들이고 이를 이성적으로 처리할 수 있다. 이런 이유에서 우리는 종종 우리의 인식과 사고과정을 합리적으로, 즉 완벽하고 논리적인 단어 배열을 통해 나타낼 수 없다. 훈련받은 동물학자는 한 동물을 보자마자 그것이 오리와 거위의 잡종이라는 것을 금방 알아챌 수 있다. 그러나 그는 이 동물에서 무엇이 거위의 특징으로 또 무엇이 오리의 특징으로 간주되어야 하는지를, 아울러 무엇이 공통성질로 두 동물에 모두 속하는지 또는 그것이 오직 잡종에만 속하는지를 언어로 진술할 수 있는 것은 아니다.

(59) 연금술은 중세 스콜라적인 사고와 호환적이었는데, 이는 둘 다 '관여'(Partizipation)를 세계이해의 기초로 삼고 있었기 때문이다. 그러나 만약 토마스 아퀴나스 같은 학자가 아리스토텔레스에 의거해서 "모든 것은 어떤 식으로든 혼이

다"(Anima est quodammodo omnia, Garf. 86)라고 주장한다면, 그가 뜻하는 것은 모든 질료가 혼을 가지고 있다는 것이 아니라, 인식은 인식되어질 대상과 인간의 인식능력의 협력을 통해서만 이루어진다는 것이다. 토마스 아퀴나스가 보기에 이 인식능력은 곧 혼과 동일한 것이고, 이 혼은 신의 인식 기관이다. 따라서 우리는 우리가 인식할 수 있는 모든 것에서 신을 인식할 수 있는 것이다.

(60) 17세기까지도 사람들은 세계의 음악(Musica mundana)과 인간의 음악(Musica humana) 그리고 악기의 음악(Musica instrumentalia)을 구분하지 않았다. 이 중에서 악기 음악은 세속적이며 말 그대로의 의미에서 하찮은 것이었다. 여기서 의미하는 것은 악기 음악이다.

(61) 마이넬(Meinel)은 두 가지 재능을 동시에 가진, 한편으로는 원형화학을 수행했고 다른 한편으로는 작곡을 시도했던 인물 둘을 거명한다. 한 사람은 요한 다니엘 밀리우스(Johann Daniel Mylius)이고 다른 한 사람은 모리츠 폰 헤센-케셀(Moritz von Hessen-Kessel)이다. 그러나 두 사람은 이 두 영역을 서로 결합시키지는 않았다.

(62) 다음은 원문이다. "Enfin, ô bonheur, ô raison, j'écartai, de ciel l'azur, qui est du noir, et je vécus, étincelle d'or de la lumière nature."(Rimbaud 306)

지은이 · 옮긴이 소개

지은이_ 한스 베르너 쉬트(Hans-Werner Schütt, 1937~2023)
독일 베를린에서 태어났다. 김나지움을 마친 후 독일 북부의 킬대학에서 화학 공부를 시작해 1966년 물리화학 박사학위를 받았다. 그 후 파리의 파스퇴르연구소와 유니레버에서 수년간 화학연구를 했으나, 역사에 대한 강한 관심으로 함부르크대학 과학사학과로 옮겨 과학사, 특히 화학사 연구를 시작했다. 그 결과 1972년에 독일의 19세기 화학자이자 과학사학자 에밀 볼빌의 전기를 내놓았고, 1975년에는 교수자격을 취득했다. 1977년 함부르크대학 교수로 임용되었고, 1979년에는 베를린공과대학의 과학기술사학과 교수로 취임하여 연구와 교수활동을 하며 2004년 정년퇴임할 때까지 재직하였다. 퇴임 후에도 연구활동을 계속하는 한편 투르나우라는 필명으로 어린이 책을 세 권 내놓았다. 주요 저서로는 《에밀 볼빌 전기》(1972) 외에도 《동형성의 발견》(1984), 《아일하르트 미처리히 전기》(1992), 《현자의 돌을 찾아서》(2000; 영어판·스페인어판 2002; 중국어판 2006) 등이 있다.

옮긴이_ 이필렬
서울대와 베를린공과대학에서 화학을 공부했으며, 유니버시티콜리지 런던(University College London)과 임페리얼콜리지 런던(Imperial College London), 베를린공과대학에서 과학사를 연구했다. 1992년부터 2023년까지 한국방송통신대 교수로 재직했다. 현재는 30여 년의 교수생활을 마치고 글쓰기와 파시브하우스 건축 자문을 하며 지낸다. 《에너지 대안을 찾아서》(1999), 《석유 에너지》(2016), 《생태적 삶을 찾아서》(2018), 《과학, 우리 시대의 교양》(공저, 2004) 등을 썼고, 《하이젠베르크》(1997), 《지구환경정치학》(1999), 《객관성의 칼날》(2005) 등을 우리말로 옮겼다.

옮긴이_ 박진희
서울대에서 물리학을 공부했으며, 베를린공과대학에서 과학기술사를 전공해 박사학위를 취득했다. 가톨릭대와 국민대의 전임 연구원을 거쳐, 현재는 동국대 다르마칼리지 교수로 재직 중이다. 공저로 《한국의 과학자사회》(2010), 《녹색전환》(2020) 등이 있고, 《테크노 페미니즘》(2009), 《나노기술의 미래로 가는 길》(2022) 등을 우리말로 옮겼다.